経済学者たちの日米開戦

秋丸機関「幻の報告書」の謎を解く

牧野邦昭

新潮選書

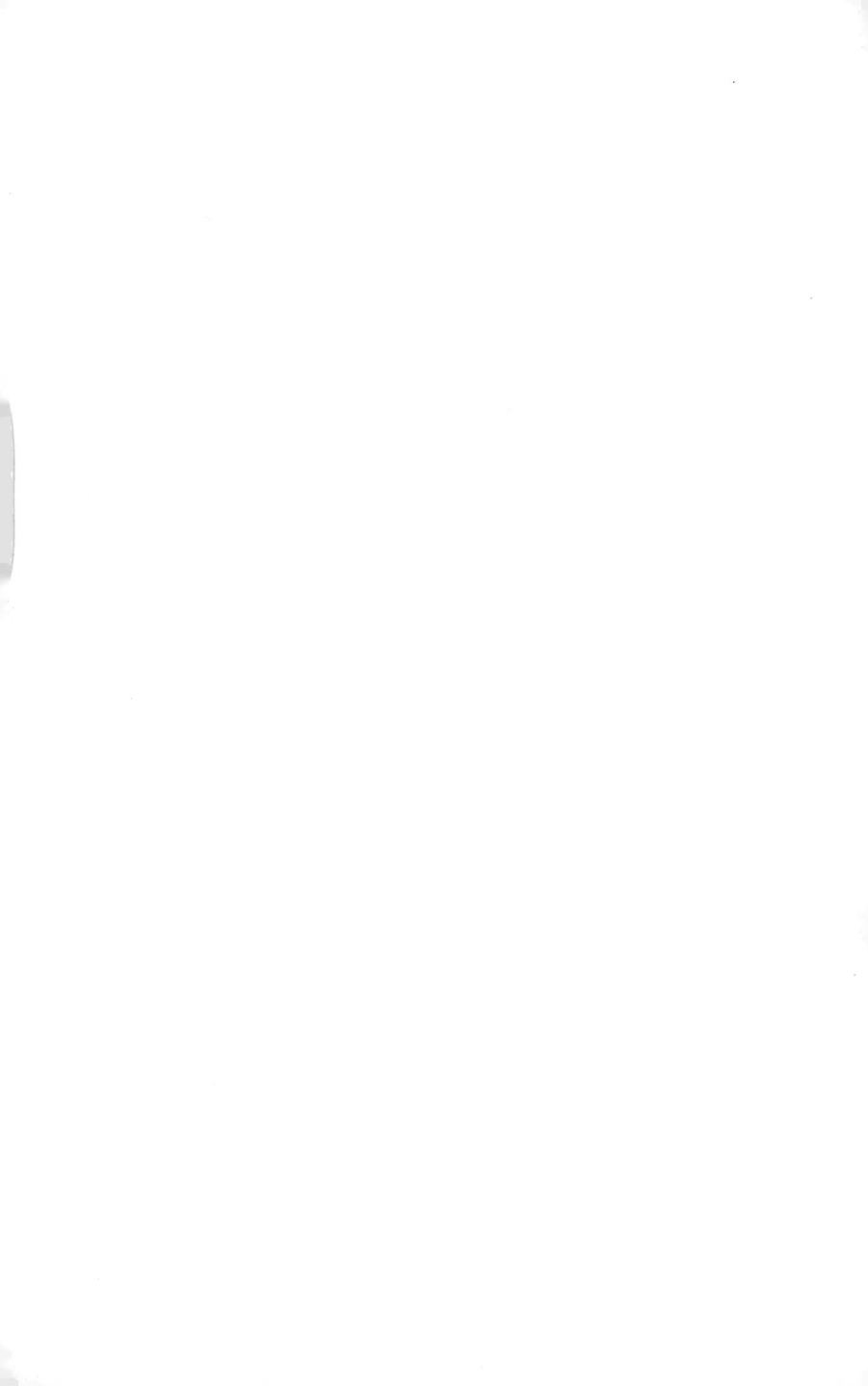

はじめに

昭和一六（一九四一）年、日本はなぜ勝ち目のないアメリカとの戦争を始めたのだろうか。戦後の視点からすれば「対米開戦」、正確には「イギリス、アメリカへの宣戦布告」という選択肢は非合理の極致としかみえない。とはいえ、当時のエリートである日本の指導者たち（特に軍人）が格別に「愚か」「非合理的」であったわけではない。

政治学者の丸山眞男も次のように語っている。

海軍や陸軍というのは、もともと組織的に頭のいいのがいたというせいもあるけれど、よほど合理的だったのではないかな。変な学者や、ファナティックな右翼はもちろん、便乗学者というのはあまり信用しない。そういう一種の直感みたいなものは持っていたのではないかな。あまり知られていない秘話です。有沢さんは人民戦線事件で保釈中なのです。保釈中の被告を使うというのは、かなり大胆です。(1)

この発言に出てくる「有沢さん」とは、戦後の経済政策・エネルギー政策に幅広く関わった東京大学教授の有沢広巳のことである。有沢は主に昭和一五年から一七年にかけて活動した陸軍省戦争経済研究班（対外的名称は陸軍省主計課別班）、通称「秋丸機関」に参加しており、丸山の発言は有沢没後の平成元（一九八九）年に刊行された有沢の回想録や追悼文集中の秋丸機関に関する記述についての読後感である。

有沢自身は最晩年の昭和六二（一九八七）年に受けたインタビューで、秋丸機関について、次のように振り返っている。「大東亜戦が始まるちょっと前ぐらいですけど、僕は軍部の秋丸次朗大佐［正確には当時中佐］から、日本の戦力、つまり、英米と比較して日本の戦力を評価してくれという依頼をもらったんだ」。さらに続けて、次のように語っている（聞き手の「矢野」は元経済企画事務次官の矢野智雄）。

矢野　先生はまだ［昭和一三年の第二次人民戦線事件で検挙され］訴訟中の……

有沢　訴訟中ですよ。被告の身ですから。それが僕をつかまえて、「あなたは迎合したことを書いてはいけません」と言うんだ。例えば軍部に迎合するようなことを書いてはいけない。あなた自身が本当に考えていることを、真実を書いてくれと。そういうことを当時言われた。(2)

「非合理的」「情報軽視」といったイメージのある日本陸軍であるが、実際には開戦前に多くの一流の経済学者を「秋丸機関」に動員して、日本のほかアメリカ、イギリス、ドイツなどの主要国の経済抗戦力の調査を行っていた。その際に、当時治安維持法違反容疑で検挙され保釈中の身であった有沢をメンバーに引き入れ、「迎合せずに真実を書いてくれ」と依頼していたのである。

しかし、そこまでして陸軍が正確な情報を得ようとしていたにもかかわらず、日本は昭和一六年一二月にアメリカ、イギリスに宣戦を布告し太平洋戦争に突入することになる。それはなぜなのだろうか。

それについて有沢は、秋丸機関の報告書は「国策に反する」ものだったのですべて焼却されてしまった、と何度も語ってきた。有沢の死去後の平成三年、報告書のうち一冊が発見され、そこで英米の経済抗戦力の巨大さが示されていたことが明らかになると、秋丸機関については「経済学者が対米戦の無謀さを指摘したにもかかわらず、陸軍はそれを無視して開戦に踏み切ってしまった」という理解が定着し、現在ではそれが通説となっている。

有沢広巳

やはり陸軍という組織は、根本的には非合理的で情報を軽視する傾向を有しており、有沢の証言するように都合の悪い情報を握りつぶしてしまったのだろうか。それとも、平成三年に見つかった報告書の中にも戦略らしきものが書かれているように、経済学者たちは実際には高度な経済分析に基づく「秘策」を提示し、それを信頼した陸軍が開戦に踏み切ったのだろうか。あるいは、実はそのどちらでもなく、報告書そのものは正確に戦争の困難さを指摘していたものの、それが何らかの理由で全く別な形で解釈されて「開戦」の判断材料になってしまったのだろうか。

こうした疑問に学術的な立場から答えることは、これまでは資料の制約もあり難しかった。しかしインターネットの発達に加え、この一〇年ほどのあいだに公的な歴史資料データベースが飛躍的に充実し、一昔前とは比較にならないほど容易に資料の所在の確認や閲覧が行えるようになった。後述するように、このような環境変化を受けて筆者は数多くの未発見の秋丸機関関係資料を発掘することができた。

本書では、そうした研究成果をもとに、秋丸機関の実像を描き直してみたい。筆者はすでに平成二二（二〇一〇）年に刊行した『戦時下の経済学者』（中公叢書）第一章で秋丸機関について論じているが、その分析と評価にも大きく修正を加えることになった。

もちろん、多くの新資料が見つかったとはいえ、まだその数は正確な全体像を描くには不十分であり、随所に推測が入らざるを得ない。そうした制約を踏まえながらも、本書では秋丸機関の研究を通じて、「なぜ日本の指導者たちは、正確な情報に接する機会があったのに、アメリカ、イギリスと戦争することを選んでしまったのか」について考察したい。

現代でも「正確な情報はあったはずなのに、なぜこのような結果になってしまったのか」と疑問に思うことはしばしば起きている。そうした現代の問題を想起しながら本書を読んでいただければ幸いである。

経済学者たちの日米開戦　目次

はじめに　3

第一章　満洲国と秋丸機関　15

満洲事変から太平洋戦争へ　陸軍省戦争経済研究班（秋丸機関）の創設
満洲国における秋丸次朗　秋丸次朗の国力認識
「陸軍版満鉄調査部」としての秋丸機関　有沢広巳の参加
「秋丸機関」の結成

第二章　新体制運動の波紋　39

新体制運動をめぐって　有沢広巳と経済新体制　秋丸機関の苦心
新体制運動の挫折がもたらしたもの

第三章　秋丸機関の活動　55

「班報」に見る秋丸機関の研究　秋丸機関の世界情勢認識
秋丸機関の研究手法　日本班の報告　研究の遅延
秋丸機関の「中間報告」

第四章　報告書は何を語り、どう受け止められたのか　79

昭和一六年前半の世界情勢　報告書の作成時期
報告内容についての証言の食い違い　報告書の「発見」
『英米合作経済抗戦力調査』の内容　重要なのは『独逸経済抗戦力調査』
報告書は何を伝えたかったのか　秘密ではなかった秋丸機関報告書の内容
報告書はどう受け止められたのか①――通説の問題点
報告書はどう受け止められたのか②――異説の問題点

「陸軍上層部への報告会」とは何なのか　北進か南進か
「北進させない」ためのレトリック
「対英米開戦」ではなく「対英米ソ開戦」の回避

第五章　なぜ開戦の決定が行われたのか　137

岩畔大佐と新庄大佐は何を伝えようとしたのか　陸軍省戦備課の判断
アクティブラーニングの一環だった総力戦研究所のシミュレーション
「正確な情報」は皆知っていた
なぜリスクの高い選択が行われたのか①——行動経済学による説明
なぜリスクの高い選択が行われたのか②——社会心理学による説明
硬化する世論と悩む指導者　「国際情勢の推移」に期待した開戦の決定
先の見通しが立たなかったからこそ始まった戦争

第六章　「正しい戦略」とは何だったのか　*171*
秋丸機関の「戦略」は有効だったか　日本とドイツとのすれ違い
陸軍と海軍の戦略不一致　根本的な問題①―日本の船舶の減少
根本的な問題②―アメリカの造船力の桁外れの大きさ
「日英米開戦」はどうすれば避けられ、経済学者は何をすべきだったのか

第七章　戦中から戦後へ　*205*
「一部の」報告書や資料の回収の可能性　ゾルゲ事件の影響
大本営での秋丸次朗と秋丸機関の「武村機関」化　秋丸機関の解散
その後の秋丸次朗　その後の武村忠雄　その後の有沢広巳

おわりに　*237*

註　*245*

※本文中の文献名および引用文は旧漢字を新漢字に、旧仮名遣いを新仮名遣いに、カタカナ交じり文のカタカナはひらがなに直している。また引用文中の［　］は筆者による挿入を意味し、重複を避けるためなどによる軽微な省略は……で表している。

経済学者たちの日米開戦

秋丸機関「幻の報告書」の謎を解く

第一章　満洲国と秋丸機関

満洲事変から太平洋戦争へ（1）

昭和六（一九三一）年九月、満洲（中国東北地方）に駐留する関東軍によって満洲事変が引き起こされ、その結果満洲国が翌年三月に建国される。

昭和五年から続く昭和恐慌の最中に満洲事変が起きたこともあり、「誤った経済政策による昭和恐慌が国民の不満を高め満洲事変支持につながり、それがその後の戦争へとつながった」とみなされることが多い。しかし実際には、金解禁論争以前から中国における国権回収運動とそれに対する日本の世論の反発などを通じて、日中関係はかなり悪化して武力衝突も頻発していた（南京事件一九二七年、済南事件一九二八年、張作霖爆殺事件一九二八年）。満洲事変をこの時期に起こした石原莞爾は、一九二九年のニューヨーク株式市場における大暴落を契機とした世界恐慌の広がりの中で、アメリカなど各国は恐慌への対応に追われて動けないと判断していたと考えられる。昭和恐慌と無関係に満洲事変が起き、国民の支持を得た可能性も大きい。

ただ、満洲事変の結果誕生した満洲国への投資が金輸出再禁止後の日本の景気回復に貢献したのは事実である。日本は高橋是清蔵相による財政拡張政策、通称「高橋財政」下で通貨が膨張する中、満洲事変で成立した満洲国に投資を拡大することで日本と満洲との経済的結びつきを強化していく。

さらに、満洲国が「成功」したことによって、「二匹目のドジョウ」を狙い、満洲国で足りない資源を求めて中国北部に第二満洲国といえる傀儡政権を創ろうとする華北分離工作が盛んになっていく。ただこうした中、日中関係は昭和一〇—一一（一九三五—三六）年にかけて表面上は安定して日中間の貿易は増加する。これは「日支親善」を唱えながら排日運動の取り締まりや日満支経済合作（事実上の満洲国承認）などを要求し、同時に華北分離工作を進める日本との将来の戦争は避けられないと考えた蔣介石が、国力を培養する時間を稼ぐための工作であったとされている。表面的な安定の裏で、満洲事変により利益を得た日本は一層「日満支経済ブロック」の確立に固執するようになり、中国との間での妥協は不可能となり、日本と中国は昭和一二年の日中戦争勃発へと進んで行く。

さらに高橋財政期における日本の景気回復に大きく貢献したのは輸出の増加であったが、日本からの綿織物を中心とする輸出の急増はイギリスとの間で激しい貿易摩擦を引き起こし、イギリスは不況の中で自国の貴重な市場である植民地を守るためにスターリング・ブロック（イギリスポンド経済圏）の強化を図っていく。イギリスとの経済関係の悪化はスターリング・ブロックに対抗する「日満経済ブロック」、さらには「日満支経済ブロック」の建設の主張につながっていった。世界がブロック経済に移行していくという認識が広まり、さらに実際に満洲国を勢力下に置いた日本が（少なくとも資金面では）多くの利益を得たことで、「日満経済ブロック」「日満支経済ブロック」の建設は軍人だけでなく財界を含む国民の世論となっていった。

さらに昭和一二年の日中戦争勃発後、日本では蔣介石の国民政府を支援していると考えられたイギリスに対する反感が強まり、また日本が「日満支経済ブロック」の確立を目指して中国中部から南部に支配地域を拡大していくことによって香港や上海におけるイギリスの経済活動は大きな打撃を受け、日英関係は一層悪化していく。ドイツと友好関係を結んでいた日本では一九三九年に第二次大戦が勃発すると排英運動が激化し、さらに昭和一五（一九四〇）年に日独伊三国軍事同盟が結ばれると日本とイギリスとの関係は決定的に悪化していく。イギリスとの関係悪化はアメリカ合衆国と日本との関係悪化につながり、太平洋戦争を引き起こすことになる。太平洋戦争はイギリス要因を無視できず、さらに後述するように日本は開戦に際しイギリスを屈服させることによりアメリカと有利な講和を結ぶことを考えていた。本書のタイトルは「経済学者たちの日米開戦」であるが、より正確には「経済学者たちの日英米開戦」なのである。

ともあれ、こうした一連の歴史を見ると、太平洋戦争は日中戦争が原因で起き、日中戦争は満洲事変に起因していることがわかる。そして、満洲国の建国が太平洋戦争の遠因となったということをある程度理解した上で、はじめて「秋丸機関」の性格がわかってくるのである。

陸軍省戦争経済研究班（秋丸機関）の創設

さて、昭和一四（一九三九）年九月、関東軍参謀部第四課から陸軍省経理局課員兼軍務局課員に転任を命じられた秋丸次朗主計中佐は、満洲国から東京に着いた翌日、陸軍省に出頭して軍務局軍事課長の岩畔《いわくろ》豪雄《ひでお》大佐に着任の挨拶をした。陸軍省の経理局主計課と軍務局軍事課は協力して陸軍予算編成に関わっており密接な関係にあった[2]。すると岩畔は「貴官の着任を待っていた。新任務について、ここでは詳しい話も出来ないから外に出よう」と言い、他の経理局課員と共に外の洋食店（麴町宝亭）で昼食を食べた後、次のように秋丸に熱心に語った。

わが陸軍は、先のノモンハンの敗戦に鑑み、対ソ作戦準備に全力を傾けつつあるが、世界の情勢は対ソだけでなく、既に欧州では、英・仏の対独戦争が勃発している。ドイツと近い関係にあるわが国は、一歩を過まれば英米を向うに廻して大戦に突入する危惧が大である。大戦となれば、国家総力戦となることは必至である。しかるに、わが国の総力戦準備の現状は、第一次世界大戦を経験した列強のそれに比し寒心に堪えない。企画院ができ、国家総動員法は施行されたが、総力戦準備の態勢は未だ低調である。そこで陸軍としては、独自の立場で、秘密戦の防諜《ママ》、諜《ママ》報活動をはじめ、思想戦、政略戦の方策を進めている。しかし、肝心の経済戦について何の施策もない。貴公がこのたび本省に呼ばれたのも、実は経理局を中心として経済戦の調査研究に着手したいからである。既に活動している軍医部の石井細菌部隊に匹敵する経済謀略機関を創設して欲しいのである[3]。

秋丸はこうした岩畔の話に戸惑ったが、経理局主計課の上司の協力を得て陸軍省戦争経済研究班（秋丸機関）の創設に着手していく。

当時の陸軍省の課長会議における発言を見ても、岩畔が「ノモンハン事件において戦車の攻撃法、飛行機の戦斗法において彼我の差違を痛切に感じたり」と衝撃を受けていたことがわかる(4)。秋丸の証言によれば秋丸機関は、諜報要員養成所である陸軍中野学校の創設に深く関与するなど「謀略の岩畔」と呼ばれた岩畔の意図により、ノモンハン事件や第二次大戦の勃発といった緊迫する国際情勢の中で総力戦への準備のため、「軍医部の石井細菌部隊」（関東軍第七三一部隊）のような機関をモデルにして作られたものといえる。

秋丸次朗

ただここでの疑問は、こうした「経済謀略機関」を作る際、秋丸次朗をわざわざ関東軍から陸軍省に呼び寄せた理由は何だったのかということである。秋丸次朗とはどのような人物だったのだろうか。

満洲国における秋丸次朗

秋丸次朗はこの岩畔と会う前の話を次のように書いている。

昭和十四年九月、関東軍参謀部付として満州国経済建設の主任を担当していた私は、陸軍省経理局課員兼軍務局課員へ転任を命ぜられた。当時満州国では産業開発五カ年計画に基づき、日満一体の国防経済の一翼をにない、重工業開発のため鮎川義介の主宰する日産コンツェルンの満州移駐を図りつつあった。これがため鮎川を総裁とする満州重工業開発会社を創建してこれが育成強化に努めていた。私は、内面指導の立場から満州国当局のバックアップに専念していた。従って、この度の転任は当然陸軍省にあって、引き続き満州国関係の仕事を命課されるものと思い急いで赴任した。(5)

ここに書いてある通り、秋丸はもともと関東軍第四課で満洲国の経済建設に深くかかわっていた人物である。宮崎県の飯野村（現・えびの市）出身で陸軍経理学校を経て主計将校としての職を積んできた秋丸は、昭和七（一九三二）年に陸軍経理学校高等科を卒業後に陸軍省依託学生として東京帝国大学経済学部に入学し、河合栄治郎門下の山田文雄に工業政策を学んだ。昭和一〇年に東京帝大を卒業した後、関東軍交通監督部部員兼奉天航空廠廠員となり満洲航空会社会計監督官を兼ね、昭和一一年八月に陸軍主計少佐に昇任後、関東軍参謀部付の関東軍第四課主任として勤務する。(6)関東軍第四課は満洲国に対する内面指導を行う「関東軍の頭脳」であった。第四課の任務は満洲国に対する国政指導と産業関係を担当することであり、関東軍参謀副長が課長につくことになっていた。(7)当時の第四課経済班の責任者はやはり東大経済学部で学んだ経験がある秋永月三中佐であった。(8)

一方、昭和一〇（一九三五）年に陸軍参謀本部作戦課長となった石原莞爾はソ連の五ヶ年計画

満洲国における秋丸次朗（左から２人目）。秋丸の前列隣は岸信介（当時満洲国国務院総務庁次長）。康徳６（昭和14）年８月２日撮影。

に刺激を受け、日本と満洲国を一体とした生産力拡大のために満鉄経済調査会の宮崎正義を中心として日満財政経済研究会を組織して計画立案を進めた。宮崎の案は昭和一一年七月にはまとまり、陸軍省軍務局軍務課満洲班長の片倉衷《ただし》らによって修正を加えられ、八月三日に「満洲開発方策綱要」が決定され関東軍に示達された。関東軍はただちに八月一〇日に「満洲国第二期経済建設要綱」を対案として提示している。これを基に関東軍、満洲国、満鉄の三者による協議が進み、昭和一二年一月に「満洲産業開発五ヶ年計画綱要」として確定される。[9] この五ヶ年計画の討議に参加したのは秋永月三（昭和一一年末に野戦重砲兵第六連隊付として小倉に転任）、片倉衷のほか、関東軍第四課の秋丸次朗、満洲国実業部次長の岸信介（戦後首相）らであった。[10] 片倉は昭和一二年三月からは関東軍参謀となり、昭和一三年一二月から一四年七月まで関東軍第四課長を務め秋丸の上司となる。

　この満洲産業開発五ヶ年計画は鉱工・農畜産・交通通信・移民の四部門において昭和一一年と比較した五年後の目標数値が掲げられた。銑鉄、鋼鉄ともに生産力を約三倍程度に増強して国内自給を図ると共に余力を対日供給にあてることが目指され、燃料では石炭の二倍以上の増産が目標とされた。さらに石炭液化による人造液体燃料に期待がかけられると共に、アルミニウムの製造とそれを用いる飛行機工業、自動車工業のような機械工業の創始が謳われた。農業及び移民の面では内地からの日本人移民一〇万戸の移植と、それによる水稲の増加と小麦の二倍以上の増産が目指されていた(11)。関東軍第四課で当初経済参謀格として農業部門を担当していた秋丸は、満洲移民の推進者として知られる加藤完治（日本国民高等学校校長）らの協力で日本人開拓団の導入と定着に力を注いだ(12)。また昭和一一年に満洲国の首都新京で開かれた土地制度調査会第一回委員会の幹事には美濃部洋次（当時総務庁企画処参事官）や毛里英於菟《もうりひでおと》（当時財政部国税科長）ら、満洲国に日本から派遣され帰国後に「革新官僚」（第二章参照）として活躍する人物のほか、秋丸が関東軍参謀部三等主計正として名を連ねている（委員は岸信介、秋永月三など(13)）。

　秋丸次朗は自身も満鉄（南満洲鉄道）の嘱託となるなど満鉄との関係も深かった(14)。満鉄の経済調査機関である経済調査会から関東軍第四課に出向していた小泉吉雄によれば、小泉が満洲産業開発五ヶ年計画における農業増産のためには農業協同組合の創設が必要であると考えて農業協同組合設立要綱を起案して農政担当の秋丸に提出したところ秋丸は異存を唱えず、満洲国農政関係者との会合席上でも反対は出なかった。しかし当時秋丸と同じ関東軍第四課の政治班にいた辻政信（のち作戦参謀としてノモンハン事件、ガダルカナル島の戦いなどに関与）が「農業協同組合は「赤」だ」と主張し始めて同調者が多くなったので、小泉は慎重に構える秋丸に計画の促進を求め、関東軍第四課の意思統一が図られて実質的な農業協同組合である農事合作社が設立（昭和一二年）されたとしている。[15] 秋丸と辻は開拓政策でも意見の相違があったようである。[16] なお、関東軍第四課における秋丸の協力者だった小泉は後述するように秋丸機関結成の際に大きな働きをしており、また秋丸機関の解散の直接の原因ともなったと推測される。

その後、同じ関東軍第四課の中で秋丸は商工業部門を担当するようになる。満洲産業開発五ヶ年計画は創始早々に始まった日中戦争により大規模な修正を余儀なくされ、日満軍需生産力の一体化と増大化を目指して重工業部門の急速な増大が目指される。この中で多分野にわたり事業を展開する一方で利潤原則を貫く満鉄は満洲における急速な重工業の拡大の障害とみなされるようになり、満鉄を解体してその傘下企業を鮎川義介の率いる日産コンツェルンに任せることとなった。[17] 回想にあるように秋丸はこの日産の満洲移駐と満洲重工業開発株式会社（満業）設立に関与している。昭和一二年八月に秋丸はほかの関東軍参謀や陸軍参謀本部、満洲国関係事務局と一緒に「満業設立に関する要綱」について協議している。これを基に「満洲重工業確立要綱」が同年一〇月に日本政府で閣議決定され、一二月に鮎川義介を総裁とする満業が設立された。

鮎川義介

さらに昭和一三年三月、日中戦争の本格化により鉄鋼生産を拡充するため満洲国からの委託により満業傘下の昭和製鋼所が「鉄鋼増産拡充五箇年計画」を策定する。この拡充計画は同年四月から東京で行われた日満政府交渉の席で討議されるが、その際に満洲国側代表だったのが片倉衷、椎名悦三郎（当時産業部鉱工司長、のち帰国して商工次官、戦後は政界入りし自民党副総裁などを歴任）、小日山直登（昭和製鋼所社長）らのほか秋丸次朗であった(18)。

秋丸は回想において、鮎川義介のほか、当時の日本財界の大物だった野口遵《したがう》（日窒コンツェルン総裁）などを相手に手腕を発揮したこの時期、「「関東軍参謀部に秋丸参謀あり」と日本内地の財界に知られていた」と述べている(19)。

秋丸次朗の国力認識

このように関東軍で活躍した秋丸次朗は、「国力」というものをどのように考えていたのだろうか。それを知る手がかりが昭和一四年一二月に開かれた東亜経済懇談会第一回大会の記録に残っている。この記録『東亜経済懇談会第一回大会報告書』は現在Google Booksで全文閲覧可能である。

東亜経済懇談会は昭和一四年七月に創立された官民の意見交流機関であり、日本商工会議所や日本経済連盟会、業界団体などの経済団体と日本政府および軍、満洲国、中国に置かれた日本の協力政権や日本系企業の関係者により組織されていた(20)。秋丸は東京で開かれた第一回大会に陸軍省から畑俊六陸相、阿南惟幾陸軍次官、武藤章軍務局長、岩畔豪雄軍事課長と有末精三軍務課長、石川半三郎経理局長らとともに参加している（秋丸の所属は「軍務局軍務課」となっている）[21]。ちなみに同大会には当時商工次官だった岸信介のほか秋永月三（企画院事務官）、毛里英於菟（興亜院経済部第一課長）、椎名悦三郎（商工省総務局総務課長）など秋丸が満洲国で共に仕事をした人物を含む各省庁の幹部、団体や企業の幹部、来賓として主要新聞社や雑誌社の社長、民間エコノミスト（高橋経済研究所所長の高橋亀吉や東洋経済新報社社長の石橋湛山など）も招かれている[22]。東京での大会後、東亜経済懇談会は名古屋、大阪、九州（門司）で座談会を開いており、秋丸はこのすべての座談会に出席している。特に九州座談会（座長は東亜経済懇談会九州委員会委員長だった出光佐三）では秋丸はかなり長く発言しており、当時の秋丸の経済についての考えを知ることができる。

「私は陸軍省軍務局に勤めまする秋丸中佐であります」という挨拶の後で秋丸は「国防上の見地から考えまして、此の東亜経済ブロック所謂東亜経済協同体の建設が、何故必要であるか」を語っている。「第二次の欧洲大戦が始まりまして既に三ケ月約百日を経過」しているが、西部戦線（ドイツとフランス等との国境）では「所謂射撃演習と云う程度の戦闘が行われて居るに過ぎませんと、第二次大戦開戦当初の「まやかし戦争」について触れたうえで、海上では「極めて活潑に海上封鎖が行われて居る」「経済封鎖のための封鎖とそれを突破せんとする所の潜航艇の戦争と云うような極めて地味な戦争」が行われていると指摘している。つまり第一次大戦で各国は戦争に負ければもちろん、勝っても「国力が非常に弱る」という経験をしているため、孫子の「戦わずして勝つは上の上なるものである」と同じく「要するに今日の戦争は先ず武力戦に訴えるまでに成るべく之を行わないで勝敗を決しよう、之がために敵国を封鎖致しまして物資が入って行かないように又出て行かないように之を押えて行く、一方には国内で自給自足を計り成るべく永く持ち耐える、斯う云う風な戦争状態が続けられる訳であります」と述べている[23]。ここから秋丸は、恐らくこれから行う秋丸機関での研究を念頭に置いて国力の判定基準とは何かを語っている。

斯く申しまする経済戦争の特質は、今後吾々が戦争を致しまするのに、一国の戦争能力がどの程度にあるかと云うことを判定する所の一つの基礎でありまして、其の国がどの程度に自給自足が出来るかと云うことが、其の国の戦争力を判定する一の重要なる要素に相成って参る訳でございます。即ち自分の国又は自分の勢力圏に在る国家群を擁して、其の中で自給生活をやることがどの程度出来るかと云うことに依って、其の国力と云うものが判定される。斯う云う風に相成って居る訳であります[24]。

このように当時の国際情勢から見て、自国及び自国の勢力圏での自給能力が国力の判定基準であるとする秋丸は、「アメリカブロック、ソ聯のブロック、英帝国を一つにする所のブロック、中部欧洲即ち独逸、伊太利、バルカンを一体とする所のブロック」の四つのブロックが形成されているとし、「斯かる世界の状勢の中に独り東亜のみが取残される訳に参らんのでございます」「之に依って始めて東洋永遠の平和を期し得る十分な力を養い、凡ゆる勢力を排撃する力を養い得る訳であります」と述べて「東亜経済ブロック」の建設の必要性を訴えている。

東亜経済ブロックに自給能力があるかについて秋丸は「私は日満支を一丸にして連環の経済関

係を打立てるならば十分に自給自足が出来る、世界を相手にして戦うとも敢て恐れない所の確信を有つものでございます。特に私は満洲と云うものに付きまして吾々の認識を更に改めなければならないと思うのであります」として、特に満洲国の資源（鉱業、農業、水力）開発を進めて行けば自給自足は十分にできると強調し、満洲を他の地域よりも優先して開発していくことを訴えている。これは関東軍第四課で満洲国の経済建設に深く関わった秋丸の立場からは当然の主張といえる。(25)

なお、秋丸はここで「最近満洲に於ては阜新炭田に阜新採油田を発見致しました。既に原油を採取し瓦斯の噴出を見て居る訳でありまする」「世界的大家の折紙に依って此の油田は極めて有望なものであると云うことが明かでございます」と述べており、満洲国内での油田探索の試みに注意を払っていたことがうかがえる。ここで秋丸が述べている阜新炭田の近くには現在の遼河油田がある。満洲国では以前から油田の探索が何度も試みられており、特に阜新付近での採掘の結果、石油が採取されたという情報は新聞でも報道された。

しかし秋丸は「併し之はも少し現実に掘るようにならなければ良いか悪いかは申上げられませんけれども」と断りを入れている。(26)秋丸の発言が公的な報告書に記載されているにもかかわらずその後この話が消えてしまったことからもわかるように、阜新での石油探鉱は満洲国により大々的に行われたにもかかわらず、ごく薄い油層しか確認できず成功しなかった。満洲国における石油探鉱は軍事機密であったためアメリカの進んだ探鉱技術を利用することができず、結局大規模な油田を発見することはできなかった。(27)日本の敗戦後に満洲を占領したソ連の技術者も油田を発見できず、結局、中国での石油は古い地質学の歴史を持ち支配的な学説にとらわれずに柔軟な発想をした中国人技術者によって戦後に発見された[28]。

この東亜経済懇談会九州座談会の座長が翌年に出光興産を設立する出光佐三であったこと、二年後に起きる太平洋戦争が結局のところ石油を確保しようとする戦いだったこと、そして秋丸機関が太平洋戦争開戦前に石油資源を含めた交戦国の国力判断を行ったことを考えると、この秋丸の満洲国での「新油田」に関する発言を読むと複雑な思いに駆られる。

「陸軍版満鉄調査部」としての秋丸機関

話を元に戻すと、このように秋丸次朗は満洲国の経済と深く関わった軍人であり、満鉄経済調査会やその後身の満鉄調査部と密接な関係があり、さらに岸信介や椎名悦三郎、美濃部洋次ら、日本の官庁から満洲国に派遣されていたいわゆる「革新官僚」との人脈も持っていた。「経済謀略機関」を作ろうとしていた岩畔豪雄も昭和七（一九三二）年八月から昭和九年まで関東軍特務部で満洲国の経済を指導し[29]、さらに昭和九年一二月から一一年八月まで対満洲国行政を一元化する目的で設置された対満事務局の事務官を務めていた[30]。したがって岩畔が自分の目指す組織を作ろうとする際に参考にしたのが満鉄経済調査会や後身の満鉄調査部、さらに日満財政経済研究会であっただろうことは容易に想像できる。秋丸次朗が関東軍第四課から呼ばれたのは、秋丸自身が満洲国における経済建設に深く関わっていたことに加え、経済関係の官僚とも協力でき、満鉄経済調査会・満鉄調査部のようなシンクタンクを使った調査もできる人員と評価されたからであろう。そして秋丸自身も「秋丸機関」を作っていくにあたり満洲国時代の人脈や手法を使っている。秋丸機関はいわば「陸軍版満鉄調査部」であった。

秋丸の回想では、岩畔に内命は受けたものの予算も手足となる人員も相談相手もなく途方にくれたが、経理局主計課長の森田親三大佐や高級課員の遠藤武勝中佐（昭和一六年三月より終戦時まで主計課長）が相談相手として退役主計少佐の加藤鉄矢を推薦し、若干の予算も配当され、事務所を九段にあった偕行社（陸軍将校の集会所）の一室に構えて研究班の編成に着手した。後に事務機構も二十数名に達して事務室も狭隘になったので昭和一五年正月早々麴町の銀行の二階を借用して移転し、本格的な活動に入った(31)。

ただ、ここで秋丸が名前を挙げている加藤鉄矢は満洲国において関東軍司令部附調査課長を務め、その後満洲国土地局総務処長、地籍整理局総務処長として一九三二年から一九三八年まで満洲国の地籍整理事業計画の中心となっていた人物であり、加藤は秋丸が幹事だった前述の土地制度調査会第一回委員会では幹事長を務めている(32)。秋丸が自分から加藤に協力を求めたか、森田や遠藤らが秋丸と旧知の加藤に相談することを勧めたというのが実態だと思われる。

有沢広巳の参加

さらに秋丸は経済戦の真髄は武力戦と同様に「敵を知り己を知れば百戦殆《あや》うからず」という孫子の兵法にあると考えた。「そのためには彼我の戦争経済＝経済戦力を測定し、その優劣を比較検討することから始めなければならない」ため「統計学者の確保が何よりも急務であった(33)」。

一方、関東軍第四課でスタッフとして働いていた小泉吉雄は当時内地留学で満鉄東京支社に来て調査室新設の仕事に携わっていたが、その頃陸軍大佐のまま企画院第一部調査官に就任していた秋永月三の要請により昭和一四年末に企画院嘱託となっていた[34]。学者メンバーの確保を進めていた秋丸は小泉が東京にいることを知ると、小泉に手足となって働くスタッフの斡旋を依頼した。各界に顔が広かった小泉は翌日すぐに満鉄調査部の神崎誠を連れてきた。東大経済学部で有沢広巳のゼミに所属していた神崎は、有沢が起訴保釈中で休職中なので有沢を起用してはどうかと進言した[35]。有沢は昭和一三（一九三八）年の第二次人民戦線事件で大内兵衛、脇村義太郎、美濃部亮吉ら他の労農派マルクス経済学者と共に治安維持法違反容疑で検挙され、その後昭和一四年に保釈されていた。東大で有沢の講義を受けたことはあるが直接会ったことのなかった秋丸は早速平服で有沢と虎ノ門の満鉄支社で対面し、「この調査は、軍が世界情勢を判断する基礎資料とするもので、科学的客観的な調査結果が必要なので、学者達の参加を求め、その自由な調査研究に俟つことになりました。是非とも先生のご協力をお願いします」と要請したところ、有沢は次のように答えたという。

私はいま思想問題で係争中である。しかし、マルクス経済学については、経済分析の科学的手段ぐらいに考えているので、いわば生産に対する産業技師と同様である。だが、いま起訴保釈中の身分である。それをご承知の上なら、ひとつやりましょう[36]［。］

有沢のこうした発言は、自身のマルクス経済学に対する冷静な態度を示すものとして興味深い。国際的にみても当時は国民経済全体を扱う「マクロ経済学」は体系的には存在していなかった（ケインズの『雇用・利子および貨幣の一般理論』が刊行されるのは一九三六年であり、国民所得分析は第二次大戦における戦時経済の運営を機に急速に発達した）。そのため、「再生産」の考え（経済を消費財生産部門と生産財生産部門とに分け、経済全体の拡大のためには生産財生産部門を拡張する必要がある）に基づくマルクス経済学を国民経済全体の分析のための「手段」「道具」として用いることは特に日本では珍しいことではなかった。

また、有沢は早い時期から陸軍に高く評価されていた。陸軍統制派の将校と親しかった矢次一夫（民間国策研究団体の国策研究会の主宰者）は、片倉衷から聞いた話として、昭和九（一九三四）年の在満機構改革（関東州における関東庁の廃止や対満事務局の設置）の際、当時陸軍省軍務局長だった永田鉄山が関東軍特務部の顧問に最初大内兵衛、次いで有沢を推したが、陸軍次官の橋本虎之助の反対で中止されたと証言している。(37) 昭和一二年に刊行された有沢の著書『日本工業統制論』は満鉄系の財団法人東亜経済調査局と外部研究者の協力により刊行された日本経済研究叢書の一冊であった。(38) 有沢は第一次大戦における総力戦の実態に詳しく、『日本工業統制論』と同じ年に刊行された著書『戦争と経済』ではドイツの総力戦体制について詳細に分析しており、当時の日本における戦時経済研究の第一人者であった。(39)

さらに、昭和一六年後半に第二次人民戦線事件第一審のために作成されたとみられる『有澤廣巳治安維持法違反被告事件弁護要旨』(40) において、弁護人の鈴木義男（戦後衆議院議員）は、有沢が「昭和十一年秋頃からは某陸軍大佐や某陸軍少佐の仕事に協力しており」、さらに昭和一二年六月からは臨時内閣物価委員会の小委員会で活躍した事実を挙げて有沢が「国家意識に目覚め且つマルクス主義を抛棄した」証拠としている[41]。有沢はこのように昭和一三年に検挙される前から陸軍に協力していたとみられるので、秋丸からの依頼で陸軍の研究機関に関係することも特別なものとは認識していなかったと思われる。有沢は念のため岩畔豪雄および遠藤武勝にも会ったところ、両者とも科学的客観的調査の必要性を強調したため、最終的に秋丸からの依頼を引き受けることになった[42]が、岩畔らが有沢の起用を認めたのも以前からの有沢と陸軍との関係を知っていたためとも考えられる。有沢は晩年のインタビューで、陸軍は当時としては高額の月給五〇〇円をくれ、第二次人民戦線事件の裁判で裁判長から現在の陸軍の仕事の手当を聞かれ、正直に答えたところ驚かれたと回想している[43]。

第二次人民戦線事件で有沢と共に検挙された脇村義太郎は「日支事変後、有沢広巳さんが、中山〔伊知郎〕さんと戦争経済の研究をいっしょにしはじめられてから、中山さんのお話をひんぴんと聞いた[44]」と書いている。脇村は当時有沢から秋丸機関について断片的な事は聞いていたようであるが、後述するように詳しいことは聞かされていなかったとみられる。

なお、第二次人民戦線事件で有沢を取り調べた予審判事が有沢の人物と能力に傾倒しており、保釈後に有沢の能力を生かそうとして、三菱合資会社最高顧問の桐島像一《しゅういち》の息子の龍太郎が事実上のオーナーだった上海の日本語新聞「大陸新報」に有沢を推薦した。桐島龍太郎が有沢に連絡すると、「一週間前に知人の紹介で新しい就職先〔秋丸機関〕をきめたばかり」「私はおことわりするしかないが、いまだに職がきまっていない高橋〔正雄〕君の面倒をみていただけないだろうか」と言われたため、第二次人民戦線事件で共に検挙された高橋正雄（九州帝国大学）が有沢の代わりに上海の大陸新報に行くことになった[45]。有沢がもし上海に渡っていたとすれば秋丸機関の性格はかなり変わったと考えられる。

「秋丸機関」の結成

ともあれ有沢を主要主査として委嘱した後、中山伊知郎（東京商科大学）を日本班に、宮川実（立教大学、河上肇門下）がソ連班に加わった。中山が参加したのは昭和六年に創設された日本統計学会で有沢と共に発起人だったためと推測される。

また秋丸は主計中尉（正確には少尉）として召集された武村忠雄（慶應義塾大学）を起用したとしている[46]。その武村は、有沢から秋丸機関に参加してドイツの経済力調査を担当することを要請されたと証言している。武村はナチス政権下のドイツに留学して昭和一〇年に帰国する際にドイツに出回っていた第一次大戦中に出版された戦争経済に関する文献を大量に持ち帰っていた。こうした武村の持つ戦争経済に関する多くの資料を活用したいというのが有沢の要請の背景にあったとみられる（ただし武村の召集は昭和一六年六月であり、前述の秋丸の回想には召集時期について記憶違いがあるようである）[47]。後述するように武村は慶應義塾大学教授を務めながら現役の陸軍主計将校として活動し、有沢と共に（あるいは有沢以上に）秋丸機関で活躍することになる。

当時中央大学教授だった沖中恒幸も秋丸機関に加わったが、それは沖中が昭和一一年に刊行した『日本経済発展の様相』が有沢らから高く評価されたためであると沖中門下の川口弘（元中央大学学長）は述べている。(48) 有沢自身は「どういうふうに関係者を集めたか、その間のことはよくわからないが」と書いているが、(49) それとは裏腹に実際には秋丸機関の経済学者の選定には中山や武村、沖中の例のように有沢がかなり関わったとみられる。

さらに秋丸は小泉吉雄が参加していた昭和研究会（近衛文麿のブレーン組織）のメンバーの蠟山政道（行政学者）・木下半治（政治学者）らに小泉の紹介で参加を求めた。(50) 経済地理学者の佐藤弘（東京商科大学）、農業経済学者の近藤康男（東京帝国大学農学部、当時農林省統計課長を兼任）も昭和研究会に参加していたことがきっかけで秋丸機関に加わることになったと考えられる。

秋丸によれば、こうして有沢を中心とする英米班、武村の独伊班、宮川のソ連班、中山の日本班、蠟山および木下の国際政治班という体制が整ったとしている。(51) ただし秋丸は「南方班に名和統一氏（元サイゴン駐在の正金銀行員）」と書いているが、これは既に指摘されているように、名和統一（大阪商科大学）と横浜正金銀行調査部長代理で東亜研究所にも所属していた名和田政一を混同した記述である。(52)

こうした個別の研究班と共に「謀略的個別調査」のため、「各省の少壮官僚、満鉄調査部の精鋭分子」が集められる。(53)「各省の少壮官僚」はこれまでも名前が出てきた革新官僚らを中心とするもの、さらに「満鉄調査部の精鋭分子」は神崎誠らのことと考えられ、秋丸の満洲国時代の人脈により集められたと考えられる。

このように満洲国や満鉄の人脈を利用して人材を集めた秋丸次朗は、研究にあたりやはり満鉄

秋丸機関「英米班」の写真。中央で腕組みをしているのが秋丸次朗、その右隣が有沢広巳。

秋丸機関「独伊班」の写真。中央一番左の椅子に座っているのが武村忠雄、右隣が秋丸次朗。

調査部の手法を参考にしようとしていたとみられる。やや時期は後になるが昭和一五年夏に満鉄調査部は中国（蔣介石政権）の抗戦力を分析した『支那抗戦力調査報告』をまとめ、陸軍各部局や各省庁向けに報告会を行っているが、七月一日には東京で「麴町宝亭において、午前九時より経済研究班長秋丸中佐よりの懇望に基き懇談会を開き討論を行」っている[54]。秋丸機関の報告書が『英米合作経済抗戦力調査』『独逸経済抗戦力調査』という題になっていることから考えても、秋丸機関の調査研究が『支那抗戦力調査報告』に代表される満鉄調査部のそれを参考にしていた可能性は高い。なお「抗戦力」という言葉は日中戦争開始後に中国側がしばしば自国の強さを示すのに使用し、それを受けて日本でも使われるようになったものである[55]。

昭和一五年六月末現在で海軍省調査課が作成した文書「陸軍秋丸機関に関する件[56]」には業務委嘱者としてこれまで名前の出てきた中山、宮川、武村、蠟山、沖中、神崎、佐藤、近藤らのほか、経済学者では、長谷部文雄（同志社大学）、高木寿一（慶應義塾大学）、深見義一（東京商科大学）、大川一司（宇都宮高等農林学校、戦後一橋大学）、森田優三（横浜高等商業学校、戦後一橋大学）、塩野谷九十九（横浜商業専門学校、戦後名古屋大学）、小原敬士（横浜商業専門学校、戦後一橋大学）などの名前がある。そのほか企画院（嘱託の八木沢善次）や参謀本部（嘱託の直井武夫）ほか各省庁や業界団体、高橋亀吉が主宰する高橋経済研究所や山崎靖純の主宰する山崎経済研究所の所員、さらに東洋経済新報社で石橋湛山に長く仕え戦後は社長になる村山公三などが業務委嘱者とされている。なお有沢の名は記載されていない。

ただしここに記載されている人物には実際に調査報告を執筆している人物もいれば現在残され

ている秋丸機関の資料に執筆者として名前の無い人物もおり、また記載されていなくても調査報告を執筆している人物もかなりいる。また参加した人物が名前を挙げていても実際に参加したとは考えにくい人物もいる。[57]中心となる人物以外は必要に応じて個別に調査を委嘱していたのが実態だったとみられ、研究所を作って大規模に組織的な活動をしていたわけではない。

なお、海軍省調査課の資料に記載されている人名の中で佐藤弘、小原敬士のほか国松久弥（上智大学、戦後茨城大学）、新井浩（東亜研究所）、阿部市五郎（成城高等学校、戦後専修大学）は経済地理学者であり、佐藤弘の人脈で集められた可能性が大きい。[58]また同じく経済地理学者の川西正鑑が昭和一七年三月に刊行した地政学を扱った著書では「絶えず激励と示唆に富んだ御指導を賜った秋丸次朗氏に対し、衷心より深甚の謝意を表する次第である」とある。[59]秋丸機関には経済学者・統計学者と並び地理学者も多く動員されていた。

また、川西が恐らく秋丸機関で行った研究成果を著書として刊行しているように、秋丸機関に参加した研究者たちはその研究内容（統計含む）を市販書や雑誌の論説で公表していた。神戸商業大学教授だった生島広治郎は多数の統計を含む大部の『大東亜共栄圏綜合貿易年表』を編集して昭和一七年中に各国ごとに刊行しているが、その際の序文（昭和一六年九月一日付）で「陸軍大佐秋丸次朗殿の御高配」に感謝している。[60]国際政治班に加わった木下半治も昭和一七年一一月に刊行された著書の序文で「著者はさきに某機関にあって戦争指導と政治との関係の研究を委嘱せられた。本書はその報告の一つを基礎として一般に公表することの妥当ならざる諸点及び余りに専門的に過ぎる記述並びに資料等々を省き、叙述の様式を通俗化したものである」と書いている。[61]

秋丸機関の研究内容の大半は公表しても問題視されないものであったことに留意する必要がある（この点については第四章で改めて触れる）。

このように秋丸機関は、いわば「陸軍版満鉄調査部」として多くの学者や官僚などを集めて活動を始め、昭和一四年一二月の陸軍大臣決裁を経て翌一五年一月末に設立され、五月にその陣容が整った。(62) しかしその後、様々な障害が発生する。一体何が起きたのだろうか。

第二章　新体制運動の波紋

新体制運動をめぐって

秋丸次朗は回想で次のように書いている。

　研究班の体制が整い、活動が緒についた頃、一般政財界のわが機関に対する注目が強くなった。満州国における関東軍のように、内地でも陸軍が日本の経済界を牛耳り、統制経済体制に移行するのではないか、との疑念が起ったのである。

［中略］その上、さらに厄介な事件が起った。

　最有力メンバーの有沢教授《ママ》が例の第二次人民戦線事件に連座、治安維持法違反容疑で起訴保釈中の身分であることが問題となった。私は、この事は最初から承知の上で依頼したのだが、検察当局から苦情がでる。右翼関係から抗議が来る。世間一般からも陸軍の赤化と騒がれる[1]。

秋丸はこの「一般政財界」からの疑念と、有沢を起用したことについての抗議を別のことと考えていたようであるが、これらは実は同じことであったと考えられる。つまり当時起きていた「政治新体制」「経済新体制」を確立しようとする新体制運動に関する論争が激しくなり、その中で有沢広巳を起用した秋丸機関がいわば経済新体制を推進しようとする司令塔のように見なされ、そのために新体制の批判勢力だった「政財界」「検察」「右翼」から攻撃が行われたということである。

こうした背景を知るために、まず新体制運動とは何かを説明する必要がある（以下、本章の新体制運動についての記述で註の無いものは拙稿「近衛新体制と革新官僚」(2)を基にしている）。

まず政治面での新体制が求められた背景として、大日本帝国憲法下における意思決定の機能不全が深刻化してきたことが挙げられる。大日本帝国憲法下では特定の組織や人物への権力集中を防ぐ権力分立体制が採られており、例えば内閣総理大臣も国務大臣の首班ではあるものの他の大臣と対等な地位とされていた。こうした権力分立体制を補い政治を安定させていたのが元老制度であったが、元老が死去していき、既存政党は相次ぐ汚職や内紛によって国民の信頼を失い、他方で「高度国防国家」建設のためにより一層の統制を求める軍とそれに反発する政党・財界とが対立する中、権力の空白が生じ内閣は次々に代わった。こうした権力の空白状態が続いたことも一因となり日中戦争は泥沼化し、第一章で述べたように英米との関係悪化により日本を国際的孤立に追い込むこととなった。このため、ナチスのような（そして公言はされないがソ連共産党のような）一国一党体制を作り上げ、強力な指導力を発揮して事態を打開するために政治新体制が叫ばれるようになる。新体制運動の開始とともにそれを支持する社会主義政党の社会大衆党が真っ先に解散し、既存政党も新体制運動の内部で主導権を握るために敢えて解散し、ほぼ全政党が解散して新体制運動に参加した。こうして形式的には一国一党体制を作り上げる条件が整った。昭和一五（一九四〇）年八月に近衛文麿首相は木戸幸一を通じて昭和天皇に意見書を提出したが、そこでは自由放任の経済に「全体的公益の立場」から統制を行うために執行権を強化することが強調され、そのため憲法改正、少なくとも憲法の運用の変更が必要であると述べられていた。政治新体制は究極的には大日本帝国憲法の改正を目指すものであった。

また、経済新体制が求められたのは、社会主義やナチスの統制経済などの影響もあるが、直接的には戦時経済の運営が困難になってきたことが原因である。昭和恐慌後に行われた高橋財政により景気は回復に向かったが、赤字国債の日本銀行引き受けによる財政膨張を続けたことで逆にインフレの恐れが出てきた。このため高橋是清蔵相は健全財政に回帰しようとしたが昭和一一年の二・二六事件で暗殺され、事件後に成立した広田弘毅内閣は軍事費予算の大幅な増額を受け入れ、一層の財政膨張が進むことになった。景気回復後も軍事費を中心に財政膨張が一層進んだことにより景気は過熱気味となり、それに伴い市場が逼迫したことにより多くの課題が生じ、それへの政策的対応として各種の統制が必要となった。例えば軍需品生産増大のために多くの原料や資

近衛文麿

材の輸入が必要になったが、これにより外貨が不足するようになったため貿易為替管理が行われるようになる。また国内での財の需要が増加することでインフレが懸念されるようになり、物価統制が行われると共に必要物資の配給制が導入されていく。

すでに日中戦争勃発前には経済統制の実施は不可避となっており、内閣の総合政策立案能力を高めるために内閣調査局（昭和一〇年設置）は昭和一二年四月に企画庁に改組され、日中戦争勃発後の同年一〇月には内閣資源局と統合され企画院が発足した。多くの資源を輸入に頼る「持たざる国」日本が経済力を超えた軍事費支出を行うことで経済統制が必要となり、それは日中戦争により一層深刻になっていた。そのために資本主義原理そのものを変革し、公益優先の原則の下で「資本と経営の分離」を実行して私益を追求する資本家から企業の経営を切り離して国家の方針に従って経営する「経済新体制」の実現が目指されるようになったといえる。

第一章において「革新官僚」という言葉を説明なく使ってきたが、これは経済新体制運動において陸軍と結びついてその推進役となった官僚群のことである。狭義の革新官僚といえるのは岸信介、椎名悦三郎、美濃部洋次（以上商工省）、奥村喜和男（逓信省）、毛里英於菟、迫水久常《さこみずひさつね》（以上大蔵省）らであり、彼らは国策研究会主宰者の矢次一夫（陸軍省軍務局長の武藤章のブレーンでもあった）が昭和一四年一〇月に始めた月曜会と呼ばれる集まりで武藤のほか秋永月三、そして軍務局軍事課長の岩畔豪雄らと意見交換を行っていた。岸や椎名ら商工省の幹部、奥村や毛里ら統制経済のイデオローグ、美濃部や迫水ら実務能力のあるテクノクラート、武藤ら陸軍幹部、矢次ら民間人がネットワークとして結び付くことにより「革新官僚」が一つの有力な集団として登場してくる。このネットワークには岸、椎名、美濃部、毛里、武藤、岩畔、秋永といった秋丸次朗と関係の深い人物が多数含まれており、秋丸もこうしたグループの周辺に位置づけられる。

さて矢次一夫の証言によると、米内光政内閣が成立（昭和一五年一月一六日）して数日後、武藤章軍務局長から「今日の内外重大の時局に対処するため」「五年先、十年先を展望した上で、これを広く国民に訴え、充分に支持され、協力されるような政策」の立案と「このような政策を実現する為」「かかる政策を充分に呑み込み、同志的に結合し、協力し合う人材の結集」を要請された。矢次はこれに応えて河村参郎軍務課長と岩畔軍事課長と打ち合わせの上、秋永月三にも協力を求め、国策研究会として「総合国策十カ年計画案」の策定を進めた(3)。秋永は企画院嘱託となっていた小泉吉雄に原案を作らせ、それを国策研究会のメンバーが議論していく形で案が策定された(4)。矢次によると「延べ百人余の軍人官僚、政党人、民間等の有力者が参加協力したが、中将少将とか、次官、局長、課長、重役など、それに数十名の大学教授の協力も仰いだ」という。これに岩畔や秋永らと近い位置にいた秋丸次朗や秋丸機関の参加者が加わったかどうかは不明であるが、秋丸機関への風当たりが新体制運動期に強まったことを考えると無関係であったとも考えにくい。ともあれこうして完成した「総合国策十カ年計画案」をもとに武藤や秋永、矢次らが作り上げた政策案は陸軍からの要望として第二次近衛文麿内閣発足時に近衛に提出され、これが内閣から「基本国策要綱」として七月二六日に発表された。

この「基本国策要綱」では、世界の「歴史的一大転機」において「万難を排して国防国家体制の完成に邁進」するために根本方針としては「皇国を核心とし日満支の強固なる結合を根幹とする大東亜の新秩序」を建設し、そのための「国家態勢を確立」（新体制を確立）することが目指されている。

この「基本国策要綱」を具体化して「新体制案」を作るために秋永月三が企画院に審議室を設けるが、そのメンバーには秋永、美濃部洋次、毛里英於菟、小泉吉雄といった秋丸と近い人物が多数含まれていた(5)。

有沢広巳と経済新体制

経済新体制で目指された「資本と経営の分離」はこれまでの資本主義経済に大きく変更を加えようとした。これは配当を受ける企業の資本所有者の私利の追求により企業経営が行われることを批判し、いわば「民有国営」方式で国家の必要とする生産を行おうとするものであった。近衛文麿のブレーン組織として設立された昭和研究会で活躍した朝日新聞論説委員の笠信太郎の『日本経済の再編成』（昭和一四年一二月刊）はこうした「資本と経営の分離」論を「利潤本位から生産本位へ」と表現し、経済新体制の理念の概説書としてベストセラーとなった。

この笠の『日本経済の再編成』の基となったのが近衛文麿のブレーン・トラストで多くの知識人が参加した昭和研究会の「日本経済再編成試案」であったが、これを事実上執筆したのは有沢であったと、昭和研究会で事務方を務めた酒井三郎が証言している。

この経済再編成試案は、当時また今日なお、昭和研究会関係者の間でも、経済再編成研究会の作成案であり、笠信太郎執筆のものと思われている。しかし、最初の試案は、実は有沢広巳の執筆が根幹となっているのである。この研究は、昭和研究会というよりは、政治運動推進のために借りた別館の事務所が企画して、有沢に研究を委嘱し、大山岩雄がその事務を担当した。有沢には大山が同行して、主な企業、鉱山の営業所などを回って、経営担当者に会い、自ら鉄かぶとをかぶって炭坑内まで入り込み、実情をつぶさに調査して経済再編成試案をまとめたのであった。当時、有沢は大内兵衛、脇村義太郎、美濃部亮吉ら労農派教授グループの一人として大学を追放され（昭和十三年）、執筆も禁止され、表立った活動を一切封じられていた状態にあった。したがって経営担当者に会う場合など、私［酒井］になりすまして酒井の名刺を使用したりなどした。

笠信太郎

　昭和研究会では、笠信太郎らが研究に協力し、笠が有沢の再編成試案について意見をきくという形でこの報告を基にして研究会を開き、まとめをした。そして、そのあと笠信太郎が有沢試案とは別な形の『日本経済の再編成』(6)（昭和十四年十二月刊、中央公論社）を世に出したのであった。

　大内兵衛らのグループについての研究書（邦訳『理性ある人びと　力ある言葉』）を書いたアメリカの日本現代史研究者ローラ・ハインは、有沢が「日本経済再編成試案」を執筆したというこの酒井の証言に否定的であるが、(7)実はこの事実は有沢本人が認めていることである。(8)酒井がこの証言をした著書『昭和研究会―ある知識人集団の軌跡』(昭和五四〈一九七九〉年刊)の帯で推薦文を書いているのは有沢である。

また、昭和研究会外交部会長だった政治学者の矢部貞治が昭和研究会主宰者だった後藤隆之助の事務所で戦時中に有沢と会ったり、(9)有沢の日記を見ても昭和二〇年九月―一二月に後藤としばしば会っていることからも、(10)有沢が昭和研究会と関係がありその後も後藤と親しかった様子が窺える。

昭和一四年秋まで満洲国にいた秋丸次朗が有沢と経済新体制運動との関係をどの程度知っていたのかは定かではなく、「新体制」を推進したグループと近かった秋丸が有沢を招いたのも偶然なのかそうでないのかはわからない。しかし結果としては経済新体制運動の重要人物が秋丸機関の中心的な存在となったことになる。

そして秋丸自身も「新体制」の必要性を認識していた。秋丸は昭和一六年一月に刊行された『陸軍主計団記事』に「欧洲戦争と世界経済の新動向」という記事を載せている(執筆の日付は昭和一五年一一月二〇日)。これは「主計分団陸軍省班野外作業に於てなしたる講話の要旨」とあるので秋丸が主計将校向けに行った講義の内容といえる。この中で秋丸は最後に「日本の進むべき途」として「何よりも国内革新を断行し高度国防国家を確立し国家総力による一元的世界政策の遂行」「国内新体制に依る国民精神の鉄の団結と機略縦横の総力的政治力の発揮」が必要であると述べている。(11)したがってやはり秋丸自身も政治新体制および経済新体制が必要であると当時考

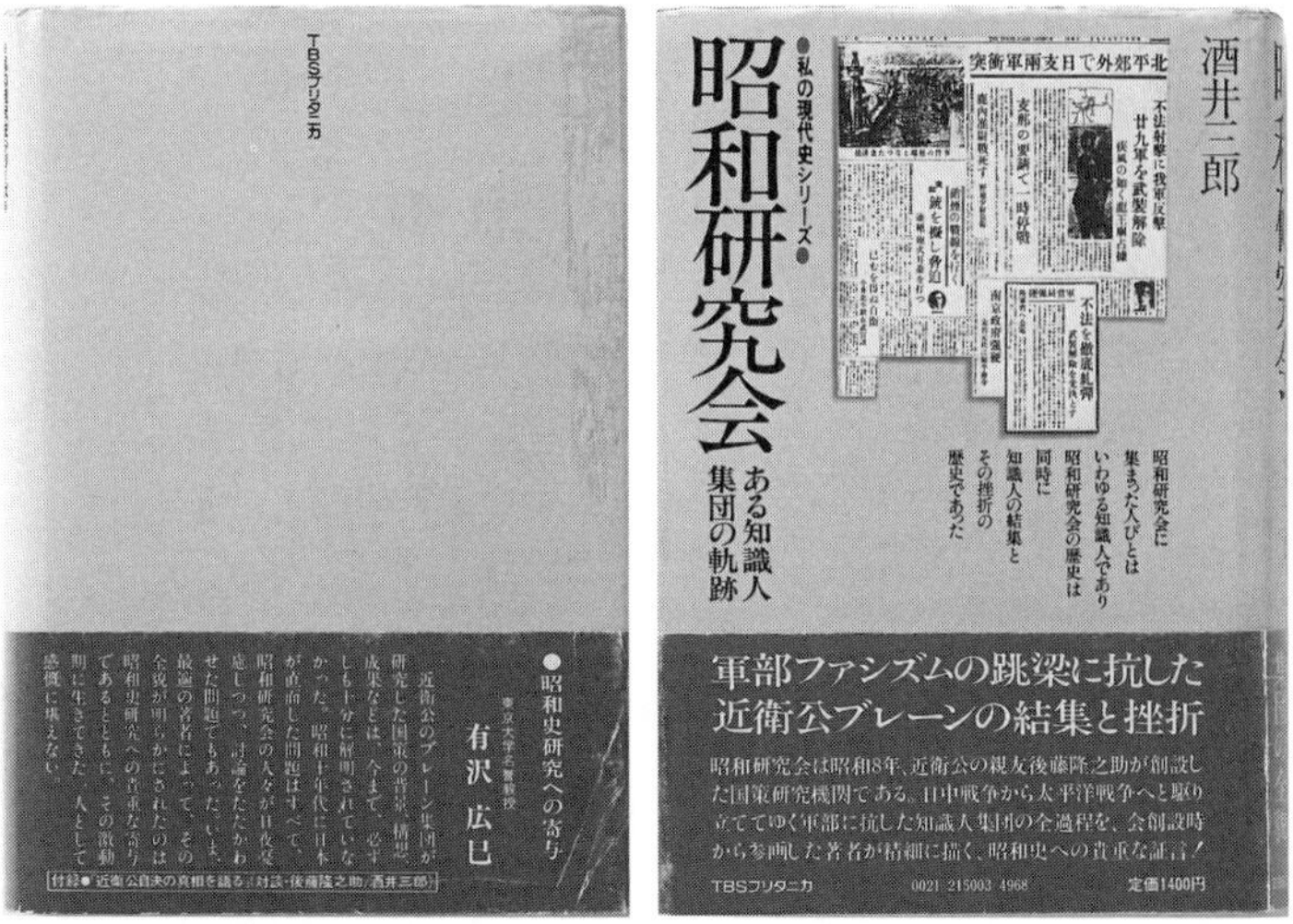

酒井三郎『昭和研究会―ある知識人集団の軌跡』のカバーと帯。帯の裏側に有沢が推薦文を寄せている。下に全文を抜き書きした。

●昭和史研究への寄与

東京大学名誉教授
有沢広巳

近衛公のブレーン集団が研究した国策の背景、構想、成果などは、今まで、必ずしも十分に解明されていなかった。昭和十年代に日本が直面した問題はすべて、昭和研究会の人々が日夜憂慮しつつ、討論をたたかわせた問題でもあった。いま、最適の著者によって、その全貌が明らかにされたのは昭和史研究への貴重な寄与であるとともに、その激動期に生きてきた一人として感慨に堪えない。

えていたと思われる（なお、この記事の他の内容についても後述する）。

つまり、関東軍第四課で満洲産業開発五ヶ年計画に秋永月三の下で関わり、岸信介、椎名悦三郎、美濃部洋次、毛里英於菟ら革新官僚と交流がある秋丸が陸軍省に経理局課員兼軍務局課員として配属され、武藤軍務局長および岩畔軍事課長の下で経済学者（特に経済新体制の原案となった「日本経済再編成試案」を書いた有沢）や企画院関係者を動員して経済研究機関を創設すれば、「満州国における関東軍のように、内地でも陸軍が日本の経済界を牛耳り、統制経済体制に移行するのではないか」という疑念を持たれるのは当然のことだったのである。

秋丸機関の苦心

新体制運動に対しては大政翼賛会を天皇親政の否定とみなす観念右翼、議会の役割を否定することに反発する政党政治家、そして「資本と経営の分離」論などを「アカ」（社会主義運動）とみなす財界からの強い批判が行われた。大日本帝国憲法では第一条で「大日本帝国は万世一系の天皇之を統治す」、第二十七条で「日本臣民は其の所有権を侵さるることなし」と規定していた。新体制反対派にとって、幕府のような大政翼賛会を作り、経済統制を強化し所有権に制限を加えようとする新体制運動は大日本帝国憲法に反するものであり、明治維新の成果（治安維持法がその変革を取り締まりの対象とした「国体」と「私有財産」）を失わせるいわば「反革命」、新体制ではなく封建的な旧体制（アンシャン・レジーム）への復帰であった。

秋丸次朗はこうした新体制運動とそれへの反対運動による秋丸機関への注目を避けるため、

「それまでは、研究班の名称を陸軍省戦争経済研究班としていたが、このような疑念を避けるため、陸軍省主計課別班と変名したり、部外には、単に秋丸機関と称してその内容を糊塗するなど苦心が多かった」としている。[12] 実際に秋丸機関が刊行した資料の大半は「陸軍省主計課別班」名義であるが、一方で後述するように「極秘」扱いで人の目にあまり触れない資料であった『英米合作経済抗戦力調査』『独逸経済抗戦力調査』は「陸軍省戦争経済研究班」名義で刊行されているため、正式名称は変えずに対外的名称を変えていたと考えられる。ただし秋丸機関参加者の沖中恒幸は昭和一六年一二月五日に発行された本の「著者紹介」で「陸軍省経済研究班研究員を兼ぬ」と堂々と書いており、[13] あくまでもあまり目立たないようにできるだけ「陸軍省主計課別班」という名前を使うようにしていたというのが実情とみられる。

なお、昭和一六年九月に印刷された「陸軍省各局課業務分担表」（省外秘）では、陸軍省経理局主計課の業務分担について、他の主任者については詳細な業務の記載があるものの、「秋丸主計中佐、川岸主計大尉、武村〔忠雄〕主計少尉」については「経済研究に関する事項」とだけ記載されており、陸軍省内においても秋丸機関の詳細な活動については伏せられていたとみられる。

東条英機

また有沢の起用について「右翼関係から抗議」が来たり「陸軍の赤化」として騒がれるようになったので「やかまし屋の東條陸相」から経理局長を通じて再三注意があり、「一度は大臣に呼ばれ、首を覚悟で行ったが、森田〔親三〕主計課長の配慮で、私は室外で待機し、課長がひとり入室して釈明に当られたので事なく済んだこともあった。その後も憲兵隊からは、毎日ほど偵察にやって来る。世間からはうるさく言われるので、仕方なく苦肉の策をめぐらし、有沢教授《ママ》は表向き解嘱の形をとり、蔭の人としてひそかに研究を続けてもらった」と秋丸は書いている。(14)

ただ、東条英機が第二次近衛文麿内閣の陸軍大臣になるのは昭和一五年七月二二日であるが（それ以前は陸軍航空総監）、前述の「十五年六月末現在」における海軍省調査課「陸軍秋丸機関に関する件」には業務委嘱者の名前が多数記載されているものの有沢の名前は無い。新体制運動に対して財界や右翼からの攻撃が激しくなるのは昭和一五年末であるのでその頃に東条陸相から有沢の起用に注意があったことは事実と思われるが、有沢はそれ以前から委嘱はしても表に出ない「蔭の人」として扱われていたと考えられる。

一方、海軍省の「陸軍秋丸機関に関する件」では調査委嘱者の中で「研究班員として研究班より直接業務を依嘱せるもの」（中山伊知郎、宮川実、神崎誠、八木沢善次、直井武夫、森田優三、大川一司、小原敬士ら）に○印がつけられており「其他は○印の者をして選定せしめし者なり」とされている。さらに「○印中一名は左翼前歴を三名は左翼傾向を有しあるも現下の処注意を要すべき動向なし」(15)と書かれている。これが誰を指すのかは明確にはわからないが、○印がついている人物には河上肇門下のマルクス経済学者であった宮川、有沢ゼミ出身の満鉄調査部の神崎、企画院嘱託の八木沢、日本共産党入党後に昭和三年の三・一五事件で検挙され転向した経験を持つ直井、

経理局

池内主計中佐 安達主計少佐 篠谷主計少佐 水口主計大尉	陸軍総予算ノ編成総括ニ関スル事項 動員予算ニ関スル事項 臨時軍事費予算ニ関スル事項 軍政費用ノ研究審議ニ関スル事項 帝国議会ニ於ケル予算ノ審議ニ関スル事項 予備金支出及其ノ事後承諾ニ関スル事項 歳入歳出科目表並例規ニ関スル事項 科目設定ニ関スル事項 軍用通貨ニ関スル事項
小澤主計少佐 沖山主計大尉	陸軍総決算ノ調製ニ関スル事項 支払予算ノ調製送付ニ関スル事項 臨時軍事費ノ使用、支出認可並決算ニ関スル事項 帝国議会ニ於ケル決算ノ審査ニ関スル事項 陸軍予算定額ノ令達、流用並繰越其他経費使用認可ニ関スル事項 定額繰越、過年度支出、定額戻入、年度開始前支出ニ関スル事項 諸払戻金及小切手支払未済金償還請求ニ関スル事項 歳入歳出簿登記ニ関スル事項 金銭ニ係ル経理及出納官吏ニ関スル事項 俸給予算ニ関スル事項 雑給及雑費予算ニ関スル事項 短期現役兵及自費生諸費予算ニ関スル事項 諸支出金予算ニ関スル事項 其ノ他主計課分掌予算ニ関スル事項ノ 俸給、雇員給、傭人料、諸手当及旅費等ノ規定ニ係ル事項 賞与ニ関スル事項
秋丸主計中佐 川岸主計大尉 武村主計少尉	経済研究ニ関スル事項
千味主計少佐 波多野主計大尉 鈴木主計大尉	本省ニ係ル経費ノ支出及歳入徴収業務ニ関スル事項 西伯利及支那事変行賞賜金ノ取扱ニ関スル事項 退職賞与支出ニ関スル事項 賜金公債ニ係ル物品会計官吏ニ関スル事項 航空勤務遭難者保護賜金ノ支出ニ関スル事項 元屯田兵其他救恤金支出ニ関スル事項 靖国神社寄附金支出ニ関スル事項 帝国在郷軍人会補助金支出ニ関スル事項 退職及轉職賜金ノ支出ニ関スル事項

監査課

「陸軍省各局課業務分担表」（昭和16年9月）における経理局主計課の業務分担（アジア歴史資料センター〈JACAR〉Ref. C13071013000）。

そして哲学者の戸坂潤らが参加した唯物論研究会の機関誌『唯物論研究』に寄稿していた小原といった「左翼関係者」とみなされてもおかしくない人物がいた。秋丸機関参加者に左翼関係者がいることへの警戒は当初からあり、そしてこれがその後の秋丸機関の活動に影を落とすことになったと思われる。

新体制運動の挫折がもたらしたもの

さて、新体制運動に対する批判を受けて、新体制運動の中心であったはずの近衛文麿は動揺し、政治や経済の革新に著しく消極的になっていく。政治新体制の面では昭和一五年一〇月に当初目指されていた「党」ではなく全国民的な組織として大政翼賛会が発足するが、総裁となった近衛は綱領や宣言を発表せず「臣道実践」というあいまいな方針を示しただけであった。また同年一二月に閣議決定された経済新体制確立要綱からは「資本と経営の分離」という言葉が消え、「適正なる企業利潤」も認められるなど、経済新体制も当初の革新色は失われた。

新体制運動が大きく後退した後も大政翼賛会が憲法違反であるとする批判はやまず、昭和一六年四月の改組により大政翼賛会は政治性を失って事実上戦争協力のための政府の外郭団体となり、当初の政治新体制の目標とは程遠いものとなった。結果として残ったのは、各種の個別の経済統制や大政翼賛会など、国民動員のための枠組みだけであった。

こうして、新体制運動に対する批判が繰り広げられ、それによって政治新体制も経済新体制も事実上骨抜きにされたことは、大日本帝国憲法と議会制度、資本主義経済の原則といった明治以来の体制が守られたことを意味する。しかしその一方で、特に政治新体制が解決を目指していた「権力分立的な大日本帝国憲法の制度下では意思決定が効率的に行われない」という問題は全く解決されずに残ってしまったことになる。

そして昭和一六年になると国際情勢はますます大きく変化していく。その中で日本が明確な意思決定を十分に行えない権力分立的な状態にあったことが、逆説的ではあるが「対英米開戦」という重大な意思決定を行う結果となってしまったとも言えるのである。それについては第五章で詳しく説明していきたい。

第三章　秋丸機関の活動

「班報」に見る秋丸機関の研究

秋丸機関がどのように研究を行っていたのかを知ることのできる資料が、一般社団法人農山漁村文化協会が運営する農文協図書館（現在休館中だが資料・蔵書は保存されている）に残されている。これは秋丸機関参加者で戦後に同図書館理事長を務めた近藤康男が残した資料に含まれていたものである。近藤は自身の回想(1)では秋丸機関に参加したことは述べていないが、第一章で取り上げたように海軍省が作成した資料では秋丸機関の業務委嘱者として名前が掲載されている（「物的資源より観たる経済抗戦力」の「農産原料」を担当）。近藤の資料の中で秋丸機関に関係するのは昭和一五年中の秋丸機関（対外的名称の陸軍省主計課別班名義）の「班報」と、昭和一六年に刊行された報告書『英米合作経済抗戦力調査』『独逸経済抗戦力調査』の基礎資料（昭和一七年にその多くが刊行されている）を作成する際の準備書類、近藤の作成した原稿、「独逸組」の各項目の担当者と委嘱者の一覧表（「独逸班」のことと考えられるが、前述の秋丸の回想の内容とは異なっているため昭和一五年初期のものか）である。ここでは「班報」から秋丸機関の実際の活動の様子を見てみたい。[2]

「班報」第一号は昭和一五年八月一〇日に出されている。「研究上の注意」として「研究の態度」「研究の眼目」「報告の集約」「研究報告の形式」「報告期限の厳守」について注意点が列挙されている。「班研究の目的其の他眼目等に就ては主査を通じ充分に徹底しある筈《はず》なるも愈々《いよいよ》本格的研究へ突進の時機に際し重ねて注意を喚起し研究の完璧を期したいと思います」という文面からは、秋丸機関の研究が本格的に開始されたのが昭和一五年夏であること、正確な研究を行なうことが目指されていたことがわかる。

「研究の態度」としては、「各国政治経済の分析研究」をするにあたって「常に客観的の実体を把握するに努め主観的の観察に陥らざる」ようにするため、「論拠を努めて計数に求め簡明直裁《ママ》に推論する」こと、つまり統計など確実な根拠を踏まえて客観的な判断を行い簡潔に推論することが求められている。

「研究の眼目」としては、「啓蒙的、一般論的の研究に陥る」のではなく、具体的に「研究の重点を常に戦時体制下に於ける各国民経済の脆弱点の究明に置く」ことが要請されている。「仮想敵国の経済戦力を詳細に分析・総合して、最弱点を把握すると共に、わが方の経済戦力の持久度を見極め、政《ママ》防の策を講ずること」[3]から始めようとする秋丸の意図がこうした要請に反映しているとみられる。「各国民経済の脆弱点」はもちろん日本の敵国についてはそこを攻撃する要所となるが、日本および同盟国についてはそれを指摘することで戦争の困難さを指摘するものともなる。その意味で秋丸機関が「各国民経済の脆弱点」を調べていたことは両義的な意味を持つもの

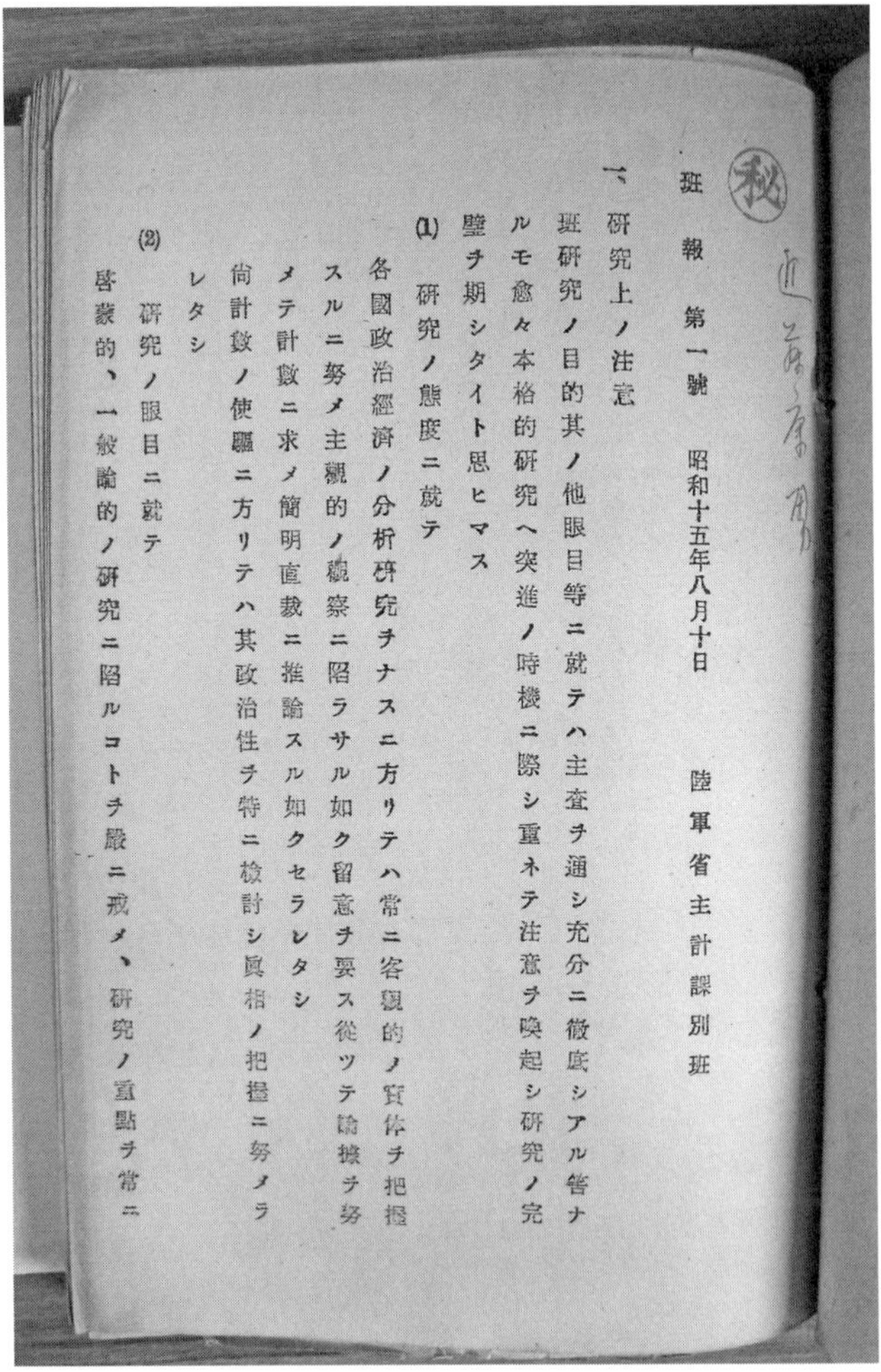

秘

班報　第一號　昭和十五年八月十日　陸軍省主計課別班

一、研究上ノ注意

班研究ノ目的其ノ他眼目等ニ就テハ主査ヲ通シ充分ニ徹底シアル筈ナルモ愈々本格的研究ヘ突進ノ時機ニ際シ重ネテ注意ヲ喚起シ研究ノ完璧ヲ期シタイト思ヒマス

(1) 研究ノ態度ニ就テ

各國政治經濟ノ分析研究ヲナスニ方リテハ常ニ客觀的ノ實体ヲ把握スルニ努メ主觀的ノ觀察ニ陷ラサル如ク留意ヲ要ス從ツテ論據ヲ努メテ計數ニ求メ簡明直截ニ推論スル如クセラレタシ

尚計數ノ使驅ニ方リテハ其政治性ヲ特ニ檢討シ眞相ノ把握ニ努メラレタシ

(2) 研究ノ眼目ニ就テ

啓蒙的、一般論的ノ研究ニ陷ルコトヲ嚴ニ戒メ、研究ノ重點ヲ常ニ

陸軍省主計課別班「班報　第一号」

である。

「報告の集約」は、「各主査は各研究分担者より提出する研究報告を単に取次ぐことなく自ら其内容を検討して綜合完成する如く」した上で、「報告書には主査の作成せる「要約」を冒頭に添付し研究内容（結論）を容易に理解」できるように構成することが求められている。研究内容をまとめ、また報告書を容易に理解できるように工夫するうえで主査の役割が大きかったことがわかる。中山伊知郎の「われわれはいつもバラバラに作業しておった」という証言(4)からも、個別に委嘱した調査を主査が取りまとめる形で調査が行われていたと考えられる。

また「研究報告の形式」について、「統計其他の資料を引用の場合には出所を明示」すること、形式を守らない場合は研究の総括上支障が多いので「規格違反のものには更に書換を要求することとなる」と注意が促され、さらに「本班の研究は分業協同の原則に依るもの」なので「一名が期限を遅るるときは全体の研究推進の障碍を来す結果となる」ため、「報告期限の厳守」が求められている。全体として、責任者の秋丸次朗の非常に真面目な性格（ご子息の秋丸信夫氏談）が窺える。

なお、この班報第一号では七月一〇日に青山一丁目にあった臨時陸軍東京経理部内に秋丸機関が移転したこと、旧麴町分室は引き続き会議室として利用できるということが記載されている。秋丸の回想では、「煙幕を張るため」青山に事務所を移して「地下に潜って任務の遂行に邁進した」(5)のは東条陸相から有沢の起用について注意があった後というように読めるが、前述の海軍省が作成した昭和一五年六月末現在の「陸軍秋丸機関に関する件」でも「近き将来名称を主計課別班と改名し更に本省内に移転する予定なり」とあるため[6]、実際には東条の陸相就任（七月二二日）の前から秋丸機関の移転が計画され実際に移転していたことがわかる。

秋丸機関の世界情勢認識

秋丸機関の「班報」第二号は九月五日に出されている。最初の「研究の促進に就て」では、時候の挨拶とともに「吾等の研究もヘビーに入る秋となりました」「完成期も近づきつつある折柄」「御努力を切望する次第であります」とある。「班報」と共に綴じられている資料には物的資源力から見たアメリカ、イギリス、ドイツの抗戦力の研究項目と担当者が記載されており、そこに「完成期日　昭和拾五年十一月卅日」とあるため、昭和一五年一一月三〇日を目途に基礎調査を終えてそれを基に研究報告をまとめることが予定されていたとみられる。ただし後述するように実際には日本班以外の研究はかなり遅れている。

この「班報」第二号で注目されるのは、当時の第二次大戦初期の世界情勢（同年六月にイタリアが枢軸国側で参戦しフランス降伏、ソ連のバルト三国進駐、八月からイギリス上陸を目指すドイツ軍とイギリス軍の航空戦〈バトル・オブ・ブリテン〉の激化）についての秋丸機関の分析が行われていることである。

伊太利の参戦、仏国の降伏に次で英独決戦が熾烈化し独逸の優勢に対し英国の頽勢は覆うべからざるものがある、一方米国は内に軍拡を急ぎ外には英国の援助を強化し独逸の制覇を抑え

又日本の東亜再建政策を阻害しつつ自ら世界制覇の地位を確立することに狂奔している

蘇聯は欧戦不介入のまま失地の回復と国土建設に専念して内に国力の充実を図ると共に英米対独戦を長期化し又援蔣赤色ルートを強化して日本の事変処理の遷延を図り相対的に国力の増強を期しつつあると思われる

つまりドイツが優勢に戦いを進める一方で、アメリカはイギリスを援助してドイツと日本を抑えて自国の勢力を伸ばそうとしている。ソ連も直接ヨーロッパでの戦争に参加しない一方で「英米対独戦」を長期化させ、さらに蔣介石政権を援助することにより日中戦争を長期化させ、諸国を戦争に巻き込むことで相対的に自国を強化しようとしている。

こうした国際情勢分析から、秋丸機関の研究として次のような方針を取ることが打ち出されている。

一、蘇聯は依然研究の重点たること

二、英国は本国以外の地域の向背及戦略的価値が重視せらるるに致《ママ》ったこと

三、米国が仮想敵国として研究上重要となりたること

四、独逸は戦勝を齎《もた》らしたる最大原因と認めらるるナチスの国防経済体制の研究が重視せらるべきこと

五、仏国は研究上の重要性を減じたるも独逸占領地域の経済力の検討が必要であり又仏国惨敗

の原因は如何なる政治経済的の欠陥に基くかの研究が重要なること
六、伊太利は地中海、紅海の制覇にあり北阿及近東地方への進出が注目される外大した変化はない
七、東亜は英米依存の脱却に依り東亜共栄圏を如何に確立すべきかの検討が重要となりたること

「以上に基き研究プランの内容を構想せられ度」とあるのでこれ以降の研究はこうした方針で進められたと考えられる。特に「英国」について本国以外（植民地や自治領）の戦略的価値の重要性が検討されるようになったこと、「米国」が仮想敵国とされて重点視されるようになったこと、フランスの占領地がドイツに与える影響が分析の対象とされたことは、翌年に出された『英米合作経済抗戦力調査』『独逸経済抗戦力調査』の内容に影響を与えたとみられる。なお「蘇聯は依然研究の重点たること」とあり、秋丸機関の設立の契機がノモンハン事件であったことからもソ連の研究も重要視されていたことがわかる。

なお、一〇月二五日には「班報」第三号が出されており、「研究報告の提出時期も愈々切迫しつつあり各位着々御研鑽を重ねられありと存するも研究促進に就て一段と御努力を願います」と、研究の完成が督促されている。約一ヶ月前の九月二七日には日独伊三国軍事同盟が成立しており、また同時期に「援蔣ルート」を遮断するための北部フランス領インドシナ（仏印）への進駐（北部仏印進駐）が行われたことによりイギリスとアメリカとの関係が一層悪化し、アメリカは一〇

月一六日に屑鉄の対日禁輸を実施している。このようにイギリスとアメリカが日本の「敵」となる確率が高まったことから、研究の完成が急がれていたとみられる。

また、「班報」第二号および第三号には秋丸機関の刊行物が紹介されており、海外事情の分析のほか海外の資料の翻訳などが中心に行われている一方、「貿易額より見たる我が対外依存状況」「米国屑鉄禁輸の我国への影響」という日本の研究も行われていたことがわかる。この二つの日本の研究のうち前者は東京大学経済学図書館に現存している（正確には「貿易額より見たる我国の対外依存状況」）が、後者については「（極秘）」とあり、軍用資源秘密保護法（昭和一四年三月公布）などで日本経済の詳しい情報が機密扱いされ、海外の分析と比べてより厳しい情報管理がなされていたと考えられる。そしてそれが戦後に「秋丸機関の資料は軍の意に反するものだったのですべて焼却された」という一種の「神話」を作ることになったと推測される（第七章参照）。

なお近藤康男の資料の中にある秋丸機関の資料は昭和一五年中のものだけである。近藤は昭和一五年中（または年度中）に委嘱された研究を提出し、それ以降は秋丸機関と関係しなかったのではないかとみられる。

秋丸機関の研究手法

秋丸機関の昭和一五年一二月一日付け『資料年報』を見ると、ハイエクやケインズ、ロビンズなどの著名な経済学者の著書やアメリカ政府の国勢調査局（U.S. Bureau of the Census）発行の統計資料をかなり収集していたことがわかる。(7)

中山によれば秋丸機関では日本の国民所得統計のモデルを求めるためにドイツのワーゲマン（ベルリン景気研究所所長）の研究、ソ連のゴスプラン（国家計画委員会、ソ連の計画経済を指導）の情報、「レオンティエフのアメリカ経済の分析」（産業連関分析）を利用して国民所得の循環をつかもうとしていたという[8]。有沢は秋丸機関で「アメリカのインプット・アウトプットのレオンチエフの報告書をアメリカから取り寄せてくれたんだ。あれが非常に参考になった」と言っており、中山伊知郎もレオンチェフの『アメリカ経済の構造』*The Structure of American Economy, 1919–1929*（1941）などを基に「日本の経済循環の図形をつくるために、ずいぶん苦労したことは覚えているんです。それの一部を、それは報告書じゃなしに、論文として『戦争経済の理論』という書物のなかに、部分的にはたくさん書いているわけです」としている[9]。このように有沢も中山も現在のマクロ経済分析で広く用いられる産業連関表を秋丸機関で参考にしたと証言している。

しかし、中山の『戦争経済の理論』（日本評論社、昭和一六年一〇月刊）を読んでも「新しい経済表」の必要性は説かれていてもレオンチェフの名前や産業連関表と思しき記述は無い。現在残されている秋丸機関の報告書や基礎資料ではコーリン・クラークなどが行った海外の国民所得推計は紹介されているものの、産業連関表の紹介やそれを用いた研究の形跡は管見の限り無い。

晩年に秋丸機関について調べていた脇村義太郎は戦争中に数理経済学者の安井琢磨と産業連関表について話したことを覚えていたため、安井及びハーバード大学でレオンチェフと共に学んだ都留重人に秋丸機関と産業連関表との関係について確認している。脇村が安井に「あの本［『アメリカ経済の構造』」を半年くらいで読んで、それを日本の戦争経済力の測定に応用できるかどうか」と聞いたところ、安井は「あの数字はアメリカの一九二九年前後の数字と三〇年代の中頃の数字を基にして計算して、数年がかりでつくり上げた議論であって、あの本を見たからといって、すぐ日本の統計を集めて計算をするなんてことはできるものではありません」と脇村に述べている(10)。

戦時期の日本における経済学の研究水準を見ても、秋丸機関で産業連関表を用いて経済抗戦力の研究が行われたとは考えにくい。日本では昭和初期から内閣統計局により国民所得推計が行われていたが、本格的に政府内で国民所得の研究が行われるようになったのは、革新官僚の一人で当時大蔵省理財局金融課長だった迫水久常が主導し昭和一六年七月に閣議決定された財政金融基本方策要綱において、「国家資力」(事実上の国民所得)を測定し、それを財政、産業及び国民消費に配分する国家資金基本計画を設定することが決められて以降のことになる。国家資力測定のために昭和一六年九月に大蔵省理財局に国家資力研究室が設置された(室長は東京帝国大学経済学部教授の荒木《あらき》光太郎《みつたろう》、顧問は同経済学部教授で統計学者の中川友長)。さらに国民所得の理論的な研究を行なうため、大蔵省と日本銀行の協力により昭和一八年九月に財団法人国家資力研究所が設立され、荒木や中川のほか戦後に池田勇人のブレーンとなる下村治らが参加した。国家資力研究所の資料は現在、名古屋大学所蔵「荒木光太郎文書(11)」ほかに収められているが、それを見る限り産業連関表の研究は理論レベルにとどまっている。秋丸機関に参加した森田優三が昭和一九年五月二五日に国家資力研究所の研究会で発表しているのはドイツの国民所得論とケインズのナショナル・アウトプット論の比較で、産業連関表には触れていない。昭和一九年時点において国民所得研究のために作られた国策機関である国家資力研究所で産業連関表の研究が理論研究の段階に留まっていたことは、当時の日本における経済学研究で産業連関表が具体的な計算にまで至っていなかったことを物語っている。

なお産業連関表的なオペレーションズ・リサーチモデルを用いた資源配分や戦力の研究がやはり迫水久常の主導で、橋本元三郎、河田龍夫、坂元平八ら数学者を動員して昭和一八―一九年に内閣戦力計算室で行われた例はあるが、経済学者との関係は無かったようである[12]。

以上のことを見ても秋丸機関で産業連関表を用いて分析を行っていたとは考えにくい。実はレオンチェフが作成した産業連関表が一部に含まれているアメリカ国家資源局の *The Structure of the American Economy, Part 1, Basic Characteristics*（1939）という本（A・バーリと共に企業の「所有と経営の分離」の概念を指摘したG・ミーンズの指導下でまとめられた）があり、日本でもアメリカ経済の分析の重要な資料として注目され、戦時中にリプリントが行われているので、レオンチェフの本とよく似た名前のこの本の数字や経済循環の考え方を参考にした程度で、実際には秋丸機関の経済抗戦力研究では産業連関表は使われなかったとみられる[13]。

後述する『英米合作経済抗戦力調査』では、現在のマクロ経済学的な国民所得を用いた分析（国民所得推計の数字はクラークなど海外の経済学者の推計を用いたと考えられる）とマルクス経済学の再生産表式に基づく生産財部門と消費財部門とに分けた分析とが併用されており、『独逸経済抗戦力調査』では執筆者と考えられる武村忠雄の独自の分析手法（後述）が用いられているなど、秋丸機関の研究全体で研究手法が統一されているとは言い難い。

現在残されている秋丸機関の翻訳や資料は経済学の理論的な研究というよりも、具体的な海外の資源についての統計を紹介するものや海外の「経済戦」の考えに関する書籍の翻訳が多数であり、それらの資料は国立情報学研究所が運営する大学図書館を中心とする書籍検索サービスであるCiNii Books、国立国会図書館サーチ、国立公文書館アジア歴史資料センターなどで「陸軍省主計課別班」名義で検索することができる。

日本班の報告

現在残されている秋丸機関の資料のうち、数少ない日本に関する資料を見ると、日本経済の脆弱性、そして仮想敵国である英米への高度な経済的依存を指摘している。既に言及した昭和一五年九月に出された資料「貿易額より見たる我が対外依存状況」では次のように分析されている。昭和一四年の段階で日本の輸入は「満支円ブロック」（日満支経済ブロック）からは二三％強に過ぎず、七七％弱は第三国からであった。そして第三国からの輸入のうち八一％強が英米依存であり、しかも「米ブロック」からの輸入が五二％強を占めていた。さらにヨーロッパにおける第二次大戦の勃発によりイギリス経済圏（英帝国）からの輸入が減少した一方でアメリカからの輸入の割合は逆に高まり、日本は一層アメリカに輸入を依存するようになっていた[14]。

こうした日本経済の脆弱性は経済学者だけではなく陸軍自身が痛感しており、それゆえ陸軍は何度も日本が英米を敵として開戦した際の想定を行っている。昭和一五年五月から八月にかけて企画院は陸軍からの依頼を受けて、英米とソ連に対して宣戦を布告し南方を占領した場合の経済国力の推移予測（応急物動計画試案）を策定していたが、その結果は鋼材生産額は三分の二に減少し、民需はほとんどの重要物資が五割以下に切り下げられるという悲惨なものだった[15]。その後も昭和一六年末の太平洋戦争開戦まで陸軍は何度も国力判断を行っているが、それは日本に国力が無いことを良く知った上で何とか打開策を探そうとする陸軍の焦りの表れでもあった。

秋丸機関[16]の日本班の研究は比較的順調に進んだようであり、昭和一五年の終わりまたは昭和一六年の初めに東京・九段の偕行社において開かれた秋丸機関の報告会で中山伊知郎は日本班の結論を説明している（中山は「向こうはたしか遠藤という主計中将がその中心でした」としているが、これは主計課における秋丸次朗の上官で当時主計中佐だった遠藤武勝のことであろう）。中山の回想によれば、そこでの課題は「日本の戦力は［日中戦争の］倍の戦争に耐えられるか」というものであり、班

中山伊知郎

にこだわらず有沢が兵力をどれだけ出せるかという人口の問題、中山が生産力の問題、武村忠雄が資源確保のための「船と油の問題」を研究し、結論として「二倍の戦争はできない、これでいっぱいだ、これ以上戦争を広げたらもう日本の戦力はなくなるのみならず、生活力さえなくなるようになるだろうという結論を出した」としている[17]。

中山によれば、こうした日本の経済国力の悲観的な見通しに対して、陸軍側からは特に批判は無かった。すでに企

画院の応急物動計画試案などで開戦後の国力見通しの厳しさを知っていた陸軍側にとっては予想通りの結論であったと考えられる。ただ、報告会後に「ご苦労さんでした」という形で行われた会食で陸軍側の一人は「戦争というものは、四分くらい勝つ見込みがあったらやるもんだ」と述べ、中山は「あれには、まったくまいったね」と回想している(18)。

一方、昭和一五年冬に参謀本部は陸軍省整備局戦備課に対して、昭和一六年春季の対英米開戦を想定して物的国力の検討を要求した。これに対し戦備課は昭和一六年一月一八日に「短期戦(二年以内)であって対ソ戦を回避し得れば、対南方武力行使は概ね可能である。但しその後の帝国国力は弾発力を欠き、対米英長期戦遂行に大なる危険を伴うに至るであろう」と回答している。戦備課長の岡田菊三郎大佐は三月二五日にやはり物的国力判断を参謀総長らに説明しており、その内容は「物的国力は開戦後第一年に80–75%に低下し、第二年はそれよりさらに低下(70–65%)する、船舶消耗が造船で補われるとしても、南方の経済処理には多大の不安が残る」という悲観的なものであった(19)。こうした戦備課の国力判断と、同じ陸軍省内の秋丸機関の日本班の研究とが関連していたのかは不明であるが、先行して進んでいた秋丸機関の研究が戦備課の判断材料に使われていた可能性はある。

陸軍省軍務課高級課員だった石井秋穂は、回顧録において「秋丸中佐は金融的国力判断を大規模にやって何回も報告してくれた」と回想しており、秋丸機関や三菱経済研究所の研究を参考にしたのが「対南方施策要綱」(昭和一六年六月六日大本営陸海軍部により決定)であったとしている(20)。同要綱では「帝国の自存を脅威せられたる場合」と「帝国国防上忍び得ざるに至りたる場合」に武力を行使するとされたが、基本的な方針はあくまで「綜合国防力を拡充」することにあった。石井は「武力南進はしたくも出来ないのだという共通観念が支配しておったので、この共通思想を数字的研究の教訓として更めて文章的に確認した」のが対南方施策要綱であったとしている。日本の物的国力では対英米長期戦を遂行できないことは秋丸機関や陸軍省戦備課などの研究により十分認識されており、英米を刺激しない形での南方進出が意図されていた。[21] 秋丸機関の研究は少なくとも昭和一六年前半時点では当局者に日本の国力の限界を認識させ、武力行使を抑制させる働きを持っていたのである。

なお中山は昭和四六年のインタビューで、有沢広巳は昭和一六年の夏に非常にせかされて報告をある程度まとめてガリ版で作ったと書いているが、という質問に対して、「それは覚えていないんだけれども」と答えている。[22] 中山のほか日本班の森田優三も日本の研究についてしか回想では述べていないので、日本班の研究は順調に進み昭和一六年初めまでにはできあがり報告も終え、それで中山らの役目は終わったので、それ以降はほとんど秋丸機関に関与しなかったとみられる。後述するようにその後に出された『英米合作経済抗戦力調査』『独逸経済抗戦力調査』では具体的な戦略が提案されているが、この時点で日本班の活動が事実上終わったとすれば、中山の回想「われわれが〔戦争を〕やってもいいという答申をしたというのは完全な誤解だ」[23]や、森田の回想「秋丸機関の仕事とその内容については、巷間一部で若干の誤解があるようであるが、実際は日本の戦力について消極的な結論を出していたのである。少なくとも日本の交戦力には限界があるという判断であった」[24]は、日本の経済抗戦力についての結論への評価としては正しいだろう。日本班の研究の資料はほとんど見つかっていないが、内容としては企画院の応急物動計画試案や陸軍省戦備課の研究とあまり変わらないものだったと推測される。

研究の遅延

ただ、日本班以外の研究は遅延していた。有沢も「ほかの班も同様であったが、英米班の調査もはじめのうちは遅々として進まなかった」と回想している。[25] 有沢を中心とする英米班の会合は昭和一六年一月及び三月に行われている。経済地理学者の佐藤弘に連れられてこの会合に参加した新井浩（佐藤と同じ東大理学部地理学科出身）が戦後に脇村義太郎にした証言によれば、二〇人ほどのグループが出席して佐藤はいつも有沢の隣に座っていたといい、[26] 有沢と佐藤が特に資源の研究のとりまとめをしていたようである。新井は昭和一五年一二月まで東亜研究所第一部自然科学班に参加し「南方地域の錫」という報告書を出した関係で有沢の英米班の分科会「米国の戦時資源力」グループに参加し、アメリカの弱点になる可能性のある錫、タングステン、モリブデン、バナジウムの研究を担当した。参加者は三月二五日までに各自の報告を出すように言われ、新井は五日間ほとんど徹夜で仕上げて陸軍経理部に提出したと証言している。なお新井は自分の報告がその後どう扱われたかは知らず、資料が全部焼却されたという話を脇村が書いているのをみて落胆したというが、[27] 実際には新井の執筆した報告「非鉄金属資源力」を含む『抗戦力判断資料第五号（其二）　第一編　物的資源力より見たる米国の抗戦力』（昭和一七年三月刊）は東京大学経済学図書館や昭和館（東京・九段下）、防衛省防衛研究所に所蔵されており、現在ではアジア歴史資料センターからオンラインで閲覧することができる。新井の報告では大半の鉱物資源はアメリカ国内で豊富に産出されたり勢力圏内から輸入できたり他の資源で代用できるため弱点にならないものの、水銀、錫、マンガン、タングステン、コバルト、カリウムについては「資源不足し、明かに弱点を認め得るもの」としている(28)。

さらに、秋丸機関の「ソ聯経済抗戦力判断研究計画」は昭和一六年二月二八日に作成されており、研究は五月をめどに完成する予定になっていた(29)。海軍省が作成した「陸軍秋丸機関に関する件」では昭和一五年六月末の時点で「蘇国経済抗戦力」という研究項目と担当者(直井武夫ら)が決まっていたにもかかわらず、ずっと遅い昭和一六年二月末に研究が開始されているのである。しかもこれが完成して『蘇聯邦経済力調査』(30)が陸軍省主計課別班名義で刊行されるのは昭和一七年五月のことである(現在、防衛省防衛研究所所蔵)。

なぜこのように日本以外の研究が遅延したのかは不明であるが、「研究班員として研究班より直接業務を依嘱せるもの」つまり主要メンバーが検挙されてしまったことが原因の一つではないかと考えられる。「資源力」を担当していたアメリカ経済の専門家の小原敬士は唯物論研究会のメンバーが治安維持法違反容疑で検挙された唯物論研究会事件と呼応して昭和一五年一一月に検挙され(31)、同様にソ連の経済抗戦力を担当していた直井武夫(当時参謀本部嘱託)も昭和一六年二月一八日に企画院事件で検挙されている。特にソ連研究の中心であった直井が検挙されてしまったため、ソ連経済抗戦力の研究は一からやり直すことになったと推測される。さらに昭和一六年四月八日にはやはり主要メンバーで食料資源の調査を担当していた八木沢善次が同じく企画院事件で検挙されている[32]。なお秋丸機関と直接関係していたかどうかは不明だが、企画院から昭和一三年二月に応召されて陸軍省経理局に主計中尉として勤務していた井口東輔も、昭和一六年一月二二日に応召解除の上で検挙されている[33]。

直井や八木沢らが検挙された企画院事件は、新体制運動を「アカ」の策動とみなしその関係者の排除を目指す観念右翼の大御所の平沼騏一郎（昭和一五年一二月から第二次近衛文麿内閣内務大臣）の影響で起きたといわれる[34]。秋丸次朗は満洲国で満鉄経済調査会や革新官僚と共に経済政策立案に取り組んだ経験から思想に関係なく人材を集めたのだろうが、もはや当時の日本ではイデオロギー対立と無関係に研究を行なうことは困難になっていたのである。

秋丸機関の「中間報告」

日本班以外の研究が遅延する中で、「中間報告」として「経済戦」とは何かという一般的な内容を記した秋丸機関の報告書『経研報告第一号（中間報告） 経済戦争の本義』が昭和一六年三月に刊行されている[35]。その存在は昭和五二（一九七七）年に三輪公忠氏が紹介しており、現在はその内容については特定の場所においてではあるが閲覧できる状態になっている[36]。

この中間報告『経済戦争の本義』の下書きでほとんど内容が同じ『経研報告第一号 経済戦の本質（中間報告案）』（昭和一五年一二月刊）が現在国立公文書館つくば分館に所蔵されている[37]。これは平成二三（二〇一一）年に独立行政法人経済産業研究所から国立公文書館に移管された商工政策史資料の中の一つであり、秋丸次朗と共に満洲国の土地制度調査会に参加した革新官僚の美濃部洋次の旧蔵資料である。このことからも秋丸機関と革新官僚との間で関係があったことが窺える。前述のように秋丸機関の研究が遅延する中で、経済戦の一般論を中間報告として刊行することになった可能性もある。

『経済戦の本質』の要旨ではまず、「近代国家総力戦に於て経済戦の果すべき役割の極めて重大なることは殆んど一般の常識であるにも拘らず「経済戦とは何ぞや」の問題に対しては識者の間に於いても未だ明確なる回答が与えられていない」として、その理由を「経済戦の本質を究明する鍵とも云うべき「戦争と経済の関係」に関する把握の不十分なること」に求めている。では「戦争と経済の関係」とはどのようなものなのか。『経済戦の本質』では「国防経済的関係」がそれだとしている。

国防経済的関係とは経済が戦争遂行に及ぼす影響の点に於て両者の関係を把握せんとするものであって、之は今次欧洲戦争の近迫と共に主としてナチス・ドイツに於て前大戦の教訓を学びとりて確立するに至った全然新たな立場である。経済戦の本質はこの見地に立って始めて正当に認識せられるのであって本研究の重点も亦この立場に置かれる。

「国防経済的関係」は近代戦が莫大な資材を必要とするようになったことから生じ、経済は「単に軍需品供給の基礎たるに止まらない。それは戦線を支える強力なる支柱であり、武力を幾度も再建する広汎な地盤であり、同時に国民生活の基礎として後方活働の枢軸たるの重大任務を負荷される」。それゆえ「交戦両国の経済に対する抗争が戦争に於ける最重要なる手段の一つとなること当然である」。

斯くて今日の戦場は軍隊のみでなく文字通り交戦国民の全範囲に亘り、全国民はその程度の差こそあれ直接間接に闘争の対象となる。

而もその闘争のためには人智の及ぶ限りの戦争手段が用いられるのであって、国家総力戦とは正に斯る戦争状態を謂うのである。

総力戦はこのように全国民と全国民とが「人智の及ぶ限りの戦争手段」で戦う戦争である。そのため、一国の戦争能力として「潜在的戦争力」、中でも経済力が最も重要となる。そして「経済も国家のために、国家の下に存在すると考えられる今日の統制経済の時代」においては、「一国の国民経済は既に平時に於て国防力として培養され、国防力としての条件を備え、国防力としての訓練を施されねばならぬ」とされている。そして「国防経済力」の強弱の測定は次の三原則で行われる。

第一、一国の国防経済力の強さは之を構成する諸力の最弱点に依って定まる。

第二、一国の国防経済力は戦争勃発に際して即時配置し得べき経済力が大なれば大なるほど、而して爾余の主要経済力が動員されるまでの期間が短かければ短いほど大である。

第三、一国の国防経済力の強弱はその国の経済力が戦争力として戦時に如何なる曲線を辿るかに依って左右される。

こうした原則からすれば、一国の国防経済力を増強するためには最弱点を補強し、経済動員の準備計画を整え、経済力の培養・育成・節約をしなければならない。このような「国防経済」は戦争が始まると今度は消耗の経済である「戦争経済」となる。

このように経済と戦争が緊密化した以上、敵の戦争経済を崩壊させることが敵の抵抗力を壊滅させることになるため、戦争において経済が敵の攻撃の対象となる。これが「経済戦争」である。ただしクラウゼヴィッツの『戦争論』から、経済力は武力なくして戦争力にはならないので「経済戦は本質的には武力戦に対し従属的地位に立つもの」とされている。経済戦にはあらゆる手段があるが、たとえば主要手段である「経済封鎖」にしても軍事的手段を用いなければ実行できず、また非合法的な「経済謀略」も含まれるなど暴力的性質をもつものであるとされている。ここで「経済謀略」に言及されているのは、秋丸次朗に「経済謀略機関」の設立を求めた岩畔豪雄の存在が考えられる。前述のように岩畔は陸軍中野学校の創設のほか、中野学校と陸軍登戸研究所第三科が協力して行っていた「杉工作」（中国の紙幣〈法幣〉の偽札を大量に発行して中国経済を撹乱しようとした謀略）に関係し、「謀略の岩畔」と呼ばれた。

そして敵の戦争経済を破壊するのが「狭義の経済戦」であるとすれば、敵の攻撃から戦争経済を守ることまで含むのが「広義の経済戦」である。つまり敵の経済を攻撃するために最大限の力を発揮する一方、自国の経済を守り培養していく努力も必要になる。

されば長期消耗戦下に於ては戦争に決定的な時間的要素と睨み合せて両政策を統一調和せしむべきである。戦争経済の安定条件を無視した集中政策の偏倚は長期戦下に於ては正に当を失するものであって、安定条件の確保の下に持久性ある可能の戦争力を創出することが絶対的要請となる。

是に於て防禦的経済戦は戦争経済に対しその集中政策と培養育成政策との均衡を要求する。この要求たるや、実に戦争に対する透徹せる見透し、徹底せる政戦両略の一致、統一ある綜合計画の下に於て、換言すれば真の総《ママ》総力戦体制の完整によって始めてよく達成し得るところのものである。

最後に「狭義の経済戦」とは「敵の戦争経済を崩壊せしめて、以て敵の軍事機構を破壊せんがために用いられる一切の軍事的・政治的・思想的・及経済的措置である」、「広義の経済戦」とは「戦争経済に対する攻防戦にして、之がため用いられる一切の軍事的・政治的・思想的及経済的措置である」という定義がなされている。

主要な内容をまとめれば、一国の「潜在的戦争力」特に経済力の大きさは、その「弱点」、すぐに動員可能な経済力とその動員までかかる時間、さらに「その国の経済力が戦争力として戦時に如何なる曲線を辿るか」つまり時間が経つにしたがってどのように変化していくか（経済発展するか消耗するだけになるか）によって決まる。そして敵の経済を攻撃するだけでなく自国の経済を守り育成していくことも必要である、ということになる。

こうした考えに基づけば、それぞれの国の弱点を探し、すぐに動員できる経済力と動員にかかる時間、経済力の戦争開始後の推移を計算していくことで、その国と戦争する場合、あるいは同盟を組む場合の戦略を立てることができるようになる。これ自体は経済戦争一般の考えをまとめたものであるため、日本が開戦すべきか避戦すべきかという問題とは別に考えなければいけないが、後述する『英米合作経済抗戦力調査』『独逸経済抗戦力調査』の内容を考える上では念頭に置いておく必要がある。

それではこの中間報告案『経済戦の本質』は誰が執筆したのか。実はこの本文には有沢広巳の『産業動員計画』（昭和九年刊）および『戦争と経済』（昭和一二年刊）と同じ文章が多数ある。さらに第一章で取り上げた『有澤廣巳治安維持法違反被告事件弁護要旨』には有沢の手記が引用されており、そこに次のような記述がある。

凡ゆる学問も実は国家の下にあり、社会生活も国家があって始めて可能なることを教えているのであります。この考えから私はすべての学問は出直さなければならぬと考えて居ります。私はこの考えの下に現在私のやっている仕事に関聯して「経済戦の本質」という報告を書きました。統制経済も亦この考えの下に立って見るとその本質を明確に把握することが出来ると思われます。現在統制経済は戦時の経済に関聯して考えられているが、併し統制経済は何も戦時にのみ限らないのであります。それはこれからの新な経済体制であります。私はそれを確信して今後は右の考えの下に統制経済の完成に専心したい考えであります。[38]

したがって、少なくとも中間報告案『経済戦の本質』は有沢広巳の執筆によるものであることは確実である。

ただし秋丸次朗が東大経済学部時代に依託学生として学んだ際にまとめた論文で引用している文献が使われているほか、秋丸次朗がほぼ同じ内容を『陸軍主計団記事』昭和一八年二月号に「総力戦に於ける経済戦の本質」という題名で投稿している。秋丸は後述するように昭和一七年一二月にフィリピンに出征しているので、これは一種の「遺書」的なものとして投稿したものと考えられる。[40] こうした事実を踏まえると、『経済戦の本質』および『経済戦争の本義』は秋丸と有沢が共同で内容を考え、有沢が執筆したものといえるだろう。

このように中間報告として「経済戦争」とは何かについての一般論を提示し、遅れながらも具体的な研究を進めていた秋丸機関は、それを基にどのような報告を作り、それはどのように受け止められたのだろうか。

第四章　報告書は何を語り、どう受け止められたのか

昭和一六年前半の世界情勢

秋丸機関の報告書の内容を検討する前に、昭和一六年前半の世界情勢を理解しておく必要がある。前年七月から一〇月までイギリス上空においてイギリス軍とドイツ軍との間で激しい航空戦（バトル・オブ・ブリテン）が行われたが、レーダー網を整備し強固な防空体制を敷いていたイギリスがドイツを撃退し、イギリス上陸作戦は事実上中止されていた。一方で昭和一六年二月にはロンメルが指揮するドイツアフリカ軍団がリビアに派遣され三月から四月にかけてスエズに向けて侵攻し、五―六月にはイギリス軍との間で激しい攻防戦が繰り広げられる。さらにドイツは四月にユーゴスラビア及びギリシャへの侵攻を開始して制圧し、六月一日にはギリシャのクレタ島がドイツ軍に占領された。こうしたヨーロッパにおけるイギリスとドイツの攻防は日本でも盛んに報道されていた。

日本は前年の日独伊三国軍事同盟成立と北部仏印進駐によりイギリスとアメリカとの関係が悪

化したため屑鉄など重要資源の入手が困難になりつつあった。そこで本国がドイツに占領された蘭印（オランダ領東インド、現在のインドネシア）との間で石油、ゴム、錫などの重要資源の入手をめぐり交渉（第二次日蘭会商）が続けられたが、蘭印側はイギリスとアメリカの支援を期待して日本に抵抗したため交渉は六月一七日に事実上打ち切られた。重要資源の入手が困難となった日本では、資源を求めて蘭印とイギリスの植民地を確保するための南進論が高まるようになった。一方、四月一三日には日ソ中立条約が結ばれ、日本陸軍の長年の仮想敵国であったソ連との間の外交関係は一応安定した。

なお、昭和一五年一二月から、カトリックのウォルシュ、ドラウト両神父と産業組合中央金庫理事の井川忠雄とによる日米国交調整の努力が開始され、秋丸機関の創設を命じた岩畔豪雄軍事課長と武藤章軍務局長はこれを熱心に推進した。岩畔豪雄は昭和一六年二月五日に陸軍省軍務局御用掛となって米国出張を命じられ、三月六日に在米日本大使館駐在武官補佐（正式の訓令を受けたものではない）として渡米したが、[1]その際に秋丸次朗と同じく陸軍省依託学生として東大経済学部に学んだ新庄健吉主計大佐が同行した。野村吉三郎駐米大使および井川、岩畔は四月に日米諒解案をまとめて日本に送り、武藤軍務局長を中心として陸軍は賛成したが、日ソ中立条約を結んで帰国した松岡洋右外相はこうした動きを全く知らされていなかったこともありこれに反対した。

報告書の作成時期

こうした国際情勢の中で秋丸機関の報告書の作成が行われ、陸軍上層部への報告が行われることになったが、その時期がいつだったのかはこれまで不明確であった。有沢は「九月下旬」に報告書が完成し「九月末」に報告会があったと証言している。(2) 一方、秋丸は「茨の道を歩きつつも、十六年七月になって一応の基礎調査ができ上ったので、省部〔陸軍省および陸軍参謀本部〕首脳者に対する説明会を開くこととなった」と回想している。(3) 第二章や第三章で述べたように新体制運動に伴う妨害があったり研究委嘱者が次々に検挙されてしまったりしたため、「茨の道を歩きつつも」は秋丸の偽らざる心情だったのだろう。秋丸によればドイツ・イタリアの抗戦力判断を陸軍主計少尉として召集されていた武村忠雄が担当し、次いで秋丸が「蔭の人」有沢に代わり英米の総合戦力判断を説明したという(つまりあくまでも陸軍内部の報告会であり、武村以外の経済学者ら民間人は参加していない)。

この時の報告書が長年見つからなかったため、報告書ができあがり陸軍上層部への報告が行われた時期について有沢の証言と秋丸の証言とどちらが正しいのかは最近まで不明であった。(4) 平成三(一九九一)年に発見された報告書『英米合作経済抗戦力調査(其一)』には作成時期が書かれておらず、その中に同盟通信社が出していた国際情報誌『国際経済週報』(七月五日発行)が参考文献に挙げてあることから、報告書ができあがったのは七月上旬以降であるということしかわかっていなかった。(5)

しかし、近年見つかった秋丸機関の報告書『英米合作経済抗戦力調査(其二)』および『独逸経済抗戦力調査』の表紙には、いずれも「昭和十六年七月調製」と明記されている。したがって報告書が作成された時期は昭和一六年七月中で間違いないため、秋丸の証言の方が正しく、したがって報告会も七月中、遅くとも八月初めには開催されたと考えられる（なお、報告書自体については後ほど説明する）。

報告内容についての証言の食い違い

また、陸軍上層部にどのような報告をしたのかについても有沢広巳と秋丸次朗の証言には微妙に違いがあり、そのうえ秋丸の上官で当時主計課長だった遠藤武勝はまた違ったニュアンスの証言を残している。

まず、有沢は次のような回想をしている。

日本班の中間報告では、日本の生産力はもうこれ以上増加する可能性はないということだった。軍の動員と労働力とのあいだの矛盾がはっきりと出てきていた。ドイツ班の中間報告もドイツの戦力は今が峠であるということだった。

ぼくたちの英米班の暫定報告は九月下旬にできあがった。日本が約五〇パーセントの国民消費の切下げに対し、アメリカは一五～二〇パーセントの切下げで、その当時の連合国に対する物資補給を除いて、約三百五十億ドルの実質戦費をまかなうことができ、それは日本の七・五倍にあたること、そしてそれでもってアメリカの戦争経済の構造にはさしたる欠陥はみられないし、英米間の輸送の問題についても、アメリカの造船能力はUボートによる商船の撃沈トン数をはるかに上回るだけの増加が十分可能である……といった内容のものであった。それを数字を入れて図表の形で説明できるようにあらわした。秋丸中佐はわれわれの説明をきいて、たいへんよくできたと喜んでくれた(6)。

一方、秋丸は次のように回想している。

説明の内容は、対英米戦の場合経済戦力の比は、二〇対一程度と判断するが、開戦後二カ年間は貯備戦力によって抗戦可能でも、それ以降はわが経済戦力は下降をたどり(7)、彼は上昇し始めるので、戦力の格差が大となり、持久戦には堪え難い、といった結論であった。

有沢の証言ではアメリカの国力の大きさが強調されており、「英米間の輸送の問題についても、アメリカの造船能力はUボートによる商船の撃沈トン数をはるかに上回るだけの増加が十分可能である」と、英米間の輸送についてもアメリカの造船能力の大きさから問題とはならないという内容だったとしている。一方で秋丸の証言では英米と日本との総合的な戦力の差が問題であり、短期的（二年間）には抗戦可能であっても持久戦は難しいという結論だったとしている。ただ、有沢も秋丸も共にアメリカ（とイギリス）と日本との大きな国力の格差を指摘したと証言している点では一致している。

ところが、遠藤武勝は昭和五七（一九八二）年の回想で次のように書いている。

戦争を中心において、先ず戦力としての自己の経済力を測定し、また敵側の経済力を研究する、という目的を以て、陸軍省経理局内に主計課別班というのが置かれた。昭和10年を幾ばくも過ぎない頃のことであったが、当時の錚々たる学者、実際家に委嘱して研究してもらった。

がこの結果は、一つには「その科学的、合理的な結果を尊重し、受入れて、戦争指導理念の再検討に資する」というのではなく、戦争意志は別のところで決められ、その遂行上如何なる配慮を加えらるべきか、という極めて戦術的な問題として取扱われたに過ぎなかった。

二つには、研究に当った諸学者に於ても、その気配に媚びて、結論としての報告に於て、強く厚いその経済力でも『突き崩し得ないことはあるまい』という意見が加えられた。軍の一つの機関としてのことであったから、そこにある限界があるのは止むを得ないことであったかも知れないが、僕にはちょっと割り切れない気持を持った記憶が今に残っている。(8)

「昭和10年を幾ばくも過ぎない頃」というのは遠藤の記憶違いであるが、秋丸機関の研究結果は戦争遂行上の戦術的な問題でのみ利用され、参加した学者も「その気配に媚びて」、報告において英米の大きな経済力についても「突き崩し得ないことはあるまい」という意見が加えられたとしている。

英米と日本との間の大きな経済力格差について報告されたことは有沢も秋丸も遠藤も共通しているといえるが、遠藤の言う「強く厚いその経済力でも『突き崩し得ないことはあるまい』という意見」とは何だったのだろうか。秋丸機関の報告書が見つかったことにより、それがまさに有沢が述べている「英米間の輸送の問題」であったことが明らかになった。

報告書の「発見」

秋丸機関の報告書『英米合作経済抗戦力調査（其一）』『英米合作経済抗戦力調査（其二）』『独逸経済抗戦力調査』についてはすでにこれまで何度か言及している。昭和一七年三月に陸軍省主計課別班名義で刊行された『抗戦力判断資料第五号（其一）第一編　物的資源力より見たる米国の抗戦力』の「例言」に「本調査を基礎とせる米国経済抗戦力の綜合判断は当班が既に刊行頒布したる英米合作経済抗戦力調査（二部）並に英米合作経済抗戦力戦略点検討表に明示せる所である」とあり[9]、また昭和一七年二月に刊行されている『抗戦力判断資料第三号（其四）第四編生産機構より見たる独逸の抗戦力』[10]の序文に「本報告は先に本班の提供せる「独逸経済抗戦力調査」の基礎資料第四編をなすものである」とある。したがって、二部構成の『英米合作経済抗戦力調査』と「英米合作経済抗戦力戦略点検討表」、そして『独逸経済抗戦力調査』が刊行されたこと、さらに「既に刊行頒布したる」「先に本班の提供せる」とあるので昭和一七年時点で回収も焼却もされていないことは明らかであるが、これらの報告書そのものは長い間見つかっていなかった。ここでは報告書が見つかった経緯を説明したい。

まず『英米合作経済抗戦力調査（其一）』は有沢広巳の旧蔵資料中から発見されたものである。有沢は蔵書の多くを昭和六二（一九八七）年に中国社会科学院日本研究所に寄贈しているが、脇

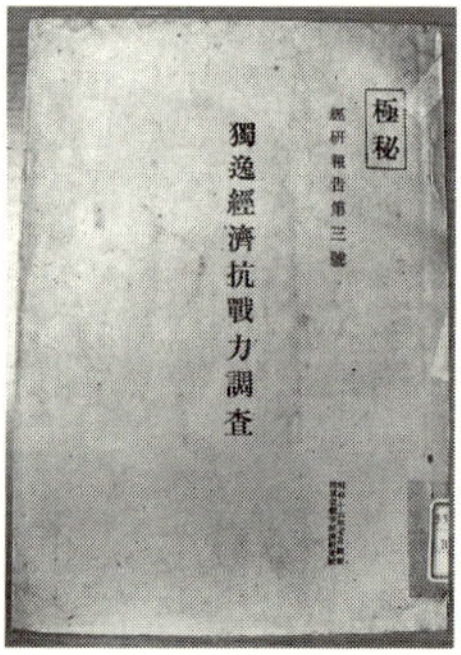

『独逸経済抗戦力調査』表紙

『英米合作経済抗戦力調査（其二）』表紙

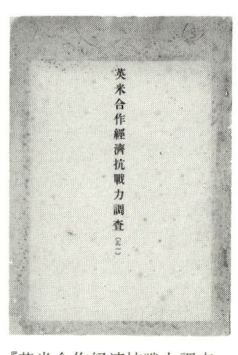

『英米合作経済抗戦力調査（其一）』表紙

村義太郎は晩年にワイマール体制期のドイツの研究をしていた有沢に対して「先生は書物を全部中国へご寄贈になっているが、お手元に置いておられるワイマール研究の書物は、日本に他にないものだし、とくに東大経済学部においては大戦間の書物はあまり買っていないので、非常に貴重だと思うから、中国へは寄贈なさらないでご用済みになったら東大へ寄贈していただきたい」と頼み、脇村と有沢との間に約束ができていた。有沢が昭和六三年に死去した後、脇村は有沢夫人にワイマール体制研究のノートやその他の書類も東大経済学部で預からせてほしいと頼んで了承を得ていた。しかし有沢夫人は翌年一月に亡くなったため、遺族と相談の上、残された大部分の書物や資料は東大経済学部に入れられ、その後の整理の際に『英米合作経済抗戦力調査（其二）』が発見された。(11) 現在東京大学経済学部資料室に所蔵されている有沢資料を改めて確認すると、数は少ないものの戦時期の資料が残されており、その中に『英米合作経済抗戦力調査（其一）』が含まれていたことがわかっている。表紙には『英米合作経済抗戦力調査（其二）』

の表題のみ記載されており、紙を貼って修正するなど、急いで作成したような形跡がある。

これと対を成す『英米合作経済抗戦力調査（其二）』は、筆者が平成二六（二〇一四）年七月に東京都古書籍商業協同組合が運営する古書データベース「日本の古本屋」[12]で検索したところ、東京都の書店から売られているのを見つけて購入したものである。[13]現物は平成二七年二月に東京大学経済学部資料室に寄贈したが、『英米合作経済抗戦力調査（其二）』が見つかったことについては同年三月九日に中日新聞・東京新聞・西日本新聞で報じられ、書籍（東京新聞・中日新聞経済部編『人びとの戦後経済秘史』岩波書店、平成二八年刊）でも紹介されている。なお、残る「英米合作経済抗戦力戦略点検討表」は現在まで発見に至っていない。

中日新聞
2015年(平成27年) 3月9日(月)
英米の国力 詳細分析
旧陸軍の機密文書発見
開戦止めず

『英米合作経済抗戦力調査（其二）』発見を報じる『中日新聞』平成27年3月9日朝刊1面。

『独逸経済抗戦力調査』はこれに先立ち、CiNii Books で平成二五年二月に筆者が検索して静岡大学附属図書館に所蔵されていることを見つけ、閲覧および調査を行ったものである。[14]

このように『英米合作経済抗戦力調査（其二）』と『独逸経済抗戦力調査』については筆者がインターネットで検索して「見つけた」ものであり、そうした理由により本節の表題を「発見」とカッコつきにしている。

現在、『英米合作経済抗戦力調査（其一）』『英米合作経済抗戦力調査（其二）』はデジタル化され東京大学ＯＰＡＣ経由でオンラインで公開されており、[15] また前者は脇村義太郎が日本学士院で報告した際の記録「学者と戦争」に図を除いて文字起こしされて収録され、国立研究開発法人科学技術振興機構の運営するJ-STAGEにてオンラインで読める。[16]『独逸経済抗戦力調査』の「判決」については筆者が文字起こししたものが経済学史学会ＨＰよりオンラインで読めるようになっている。[17]

『英米合作経済抗戦力調査』の内容

それではまず『英米合作経済抗戦力調査』はどのような内容なのか（以下、本章では『英米合作経済抗戦力調査（其一）』は『英米一』、『英米合作経済抗戦力調査（其二）』は『英米二』と略し、両方合わせる場合は『英米』と表記する）。

まず『英米一』と『英米二』はなぜ分けられているのか。『英米一』の「序論　経済抗戦力の測定方法」には次のような記述がある。

> 凡そ経済抗戦力判断の基礎となるべき要因は次の二者に帰することが出来る。
> (1) 経済抗戦諸要素の構成とその大小の測定（量的抗戦力）
> (2) 経済抗戦諸要素の構成に於ける強弱の判定（質的抗戦力）
> 右の内本報告書は(1)の測定に関するものにして、(2)に就ては別冊（報告其二）を以て報告す

る。(二頁)

つまり「量的抗戦力」を分析したものが『英米一』、「質的抗戦力」を分析したものが『英米二』である。『英米二』の例言において「本調査は報告第一号調査英米合作による経済抗戦力の大いさの測定に関聯して、その構造上における弱点を確認し、その弱点の性格を検出してその全関聯的意義を闡明《せんめい》することにより経済抗戦力の戦略点を究明するに在り」とあることからも、『英米一』は英米の抗戦力の大きさをマクロ的に分析し、『英米二』は英米の経済の構造をミクロ的に分析して弱点を見つけようとしていたようである。もっとも、これは研究手法が統一されていないことの「言い訳」である可能性もあるが、ともあれこうした分析は秋丸機関の中間報告案『経済戦の本質』において、国防経済力の測定に際して「一国の国防経済力の強さは之を構成する諸力の最弱点に依って定まる」とされているのに対応している。

さて、『英米一』の最初には「判決」(要旨)があるが、実は内容の要約としては本文の最後の第五章の「第二節　結論」がわかりやすいので、それをまず紹介する。

以上の所論よりして我々は英米合作経済抗戦力を次の如く判決す。

一、英米合作すれば米国の供給余力を以て英国の供給不足を補い想定規模の戦争遂行に対して堪え得る経済抗戦力を有す。

二、英米合作は更に第三国に対して十四億磅(七十億弗)余の軍需資材の供給余力を有す。

三、但し右の最大供給力の発揮には、開戦後一年乃至一年半の期間を要す。
四、英国船舶月平均五十万噸以上の撃沈は、米国の対英援助を無効ならしめるに充分である。
蓋し英米合作の造船能力は一九四三年に於いて年六百万噸を多く超えることはないと考えられるからである。（七五頁）

つまり一と二では、イギリス一国では供給不足に陥る場合でもアメリカを合わせれば十分な経済抗戦力があり、しかも第三国に対して多くの軍需資材を供給できることが示されており、イギリスとアメリカを合わせた経済力の大きさが示されている。日本の経済力との比較はされていないが、秋丸機関の日本班や同じ陸軍省の戦備課の国力判断、また企画院の応急物動計画試案はすでに出されていたため、それを知っていれば――あるいは知っていなくとも――対英米開戦が無謀であることはよく理解できる。前述のように秋丸次朗は報告会で「対英米戦の場合経済戦力の比は、二〇対一程度と判断する」と説明したと回想しているが、アメリカの経済力の大きさをわかりやすく説明するために秋丸は日本の経済力と比べて「二〇対一」と口頭で述べたのかもしれない（様々な経済指標のうち何を用いて二〇対一と判断したのかは不明であるが、鉄鋼生産量を基にして日米の経済力を比較することは秋丸機関の研究以外にもよく行われていた）。

しかし三では「最大供給力の発揮には、開戦後一年乃至一年半の期間を要す」とある。『経済戦の本質』では「一国の国防経済力は戦争勃発に際して即時配置し得べき経済力が大なれば大なるほど、而して爾余の主要経済力が動員されるまでの期間が短かければ短いほど大である」とあるため、最大の経済力を発揮するまでに開戦後一年から一年半かかるアメリカの動員期間の長さは、アメリカの「国防経済力」の一種の「弱点」を指摘しているといえる。

そして四ではイギリスの船舶を月平均五〇万〔総〕トン以上撃沈すれば、アメリカの対イギリス援助が無効になる（＝イギリスの経済抗戦力を破壊できる）としている。イギリスとアメリカの造船能力は一九四三年（つまり開戦後一年から一年半のピーク時）においても年六〇〇万トンを多く超えず、六〇〇万トンを一二ヶ月で割れば月五〇万トンであり、これ以上撃沈できれば船舶が減少して行きアメリカからイギリスに援助物資が届かなくなっていくからである。つまり、イギリスとアメリカを合わせれば巨大な経済力であるが、イギリス一国については数字の上では屈服させる可能性があることになる。以上が報告書の骨子であり、イギリスへの補給を絶つことが有効とされている。

そこで『英米二』の最初の「判決」では、まずアメリカの生産能力の大きさを指摘する一方、後半ではイギリスは「完成軍需品の海上輸送力」が「致命的戦略点（弱点）を形成する」ことが指摘されている。今後ドイツ・イタリアの撃沈による船舶の喪失が続き、英米の造船能力に対し喪失トン数が超えるときはイギリスの海上輸送力は最低必要量を割り「英国抗戦力は急激に低下すべきこと必定なり」とされている（「判決」二頁）。

その上で「判決」は以下の方針を取ることを提案している。対英戦略は英本土攻略により一挙に本拠を覆滅することが正攻法だが、イギリスの弱点である人的・物的資源の消耗を急速化する方略を取り、「空襲に依る生産力の破壊」「潜水艦戦に依る海上遮断」を強化徹底する一方で「英国抗戦力の外廓をなす属領・植民地」に戦線を拡大して全面的消耗戦に導き、補給を絶ってイギリス戦争経済の崩壊を目指すことも「極めて有効なり」としている。

さらに、アメリカを速かに対独戦へ追い込み、その経済力を消耗させて「軍備強化の余裕を与えざる」ようにすると同時に、自由主義体制の脆弱性に乗じて「内部的攪乱を企図して生産力の低下及反戦気運の醸成」を目指し、合わせてイギリス・ソ連・南米諸国との離間に努めることを提言している（「判決」二頁）。とはいえこのアメリカに対する戦略は「どのようにそれをするのか」という具体案が全く無いので、率直に言えばただの「作文」といえる。

さて、こうした判決はマクロ的な分析をした『英米一』から導かれているが、一方でミクロ的な分析をした『英米二』ではどのようなことが書かれているのだろうか。『英米二』の「要約」はただ一行「別冊「英米圏経済抗戦力の戦略点一覧表」に在り」とだけ書かれている。この別冊は「英米合作経済抗戦力戦略点検討表」と同じものと考えられる。『英米二』の内容を見ると、基本的にはイギリスとアメリカをまず個別に分析し、次いで英米を合わせて分析している。まず与件としての対外関係、地理的条件を分析している。さらに「潜勢力」（潜在国力）のうち「供給力」として、「基本的要因」である人口や各資源の英米及びその勢力圏における産出量、「時間的要因」である交通力や輸入力、経済構造と戦争準備について分析し、次いで「安定力」である生活資料自給力、軍事費負担力、消費規正（消費を制限する余裕）を取り上げて分析している。

目次では最初に「英米圏経済抗戦力の構成的弱点の検討」と書かれており、弱点と言える部分を調査したということが強調されている。しかし実際の内容は「米は電気については充分自給力を有するから、援英物資の生産に対しても弱点なし」（四九頁）、「英米を合作すれば、米国の過剰［石油］は英国の不足を補って尚お余りある状態である」（五四―五五頁）、「英米を合作すれば、殆んど大部分の冶金工業は自給力を有するものとなる」（一〇四頁）など、イギリス単独では弱点と言える場合でも、アメリカとの合同で考える場合には大半で弱点らしい弱点を見つけることはできていない。

しかしその中でも、島国であるイギリスの地理的条件は海運力が確保されれば食糧や工業原料の供給が容易であることは強点である一方、弱点でもあると指摘されている。

鉄、スクラップ、鉄鉱石、ボーキサイト等を欧洲から供給されていることは、欧洲戦争における弱点をなす。その他の工業原料および食糧品が遠隔の地から船舶によって輸送されていることは、一の弱点を形成する。（一二一頁）

英本土の抗戦力を維持するためには輸送力を確保する必要があるが、英国の生命線となる輸送路は ⑴大西洋ルート ⑵地中海ルート ⑶シンガポール・オーストラリア・ルートである。このうち地中海ルートは南阿廻航ルートによって既に代替せられている。シンガポール・濠洲ルートは、日本の南方進出によって危険に曝らされることとなる。（一二三頁）

これに加えて、アメリカの海運の分析の結果、「米国海運の弱点」として、「商船隊の老齢性」（一〇〇総トン以上の船舶のうち船齢が一五年以上のものは全船腹の八四％に達する）のほか「商船隊の速力の低位」「造船能力の不足」「商船乗組員の質的劣悪性」が挙げられており（一七一―一八五頁）、そして現時点では英米を合わせても船舶輸送力が不足がちであるとされている。

(1) 英米合作の下においても、船腹の不足は一の弱点を形成する。現在は多数の第三国船が拿捕または管理されているため、船腹の不足を甚しくは感じないが、喪失船が激増すればこの弱点は表面化するものと思われる。この弱点を補強しうるものは、米国の造船能力の拡大あるのみである。

(2) 船員の不足も一の弱点を形成する。殊に船舶が撃沈される場合には、船員の喪失が伴うのだから、この弱点も時の経つにつれて次第に表面化するものと思われる。（二〇五―二〇六頁）

つまり「質的抗戦力」の面からも船舶輸送力が英米の弱点だとされている。したがって、英米間の船舶による輸送が弱点であるとした『英米一』の「結論」「判決」は、『英米二』の分析でも支持されている。

なお、そもそもここで行われている分析は正確だったのかという問題があるが、まずは秋丸機関のイギリス・アメリカについての分析がこのようなものであったということだけを紹介しておく。分析の正確さについては第六章で検討することとしたい。

重要なのは『独逸経済抗戦力調査』

さて、長々と『英米』の内容の紹介をしたが、この分析で示されているのは結局のところ「英米間の船舶輸送に弱点がある」ということである。その弱点をさらに効果的にするために『英米二』「判決」において「英国抗戦力の外廓をなす属領・植民地」に戦線を拡大していくことが述べられているが、仮に日本が南方に進出して東南アジアのイギリス植民地を奪い、インド洋に進出してインドやオーストラリアとイギリス本国との連絡を絶ったとしても、第三国に対しても供給余力があるほど巨大な経済力を持つアメリカがそれに代わって厖大な軍需物資をイギリスに支援すればイギリスは屈服しない。イギリスが屈服するとすればアメリカからの援助物資を載せた船舶が大西洋で大量に撃沈される場合であるが、地理的に考えてそれは日本ではなくドイツとイタリアの攻撃によるしかない。

武村忠雄

つまり『英米』で浮き彫りになったのは、ドイツとイタリアが大西洋においてどれだけ英米の船舶を撃沈できるか、言いかえればドイツとイタリア、特にドイツの経済抗戦力がどれくらいの大きさなのかによってイギリスが降伏するかしないかが決まるということである。したがって、秋丸機関の報告書で重要なのは実は『英米』ではなく『独逸経済抗戦力調査』なのである。

それでは『独逸経済抗戦力調査』（以下本章では『独逸』と略す）はどのような内容なのか。まずこの執筆者が独逸班の担当者だった武村忠雄であることは、同報告書本文の一部と同じ文章が武村の著書『戦争経済学入門』（慶應出版社、昭和一八年一月刊）にあり、またその分析手法や主張が武村の当時の論文と同じことから確実であると考えられる。内容は大きく三つに分かれており、まず「判決」で結論、「序論」で「経済抗戦力の測定方法」について論じられ、「本論」で「判決」の内容を詳述している。『独逸』の分析手法は『英米二』と比べてシンプルであり、現在入手可能な労働力・資源と組織力による生産力、それと過去に輸入されたり生産されたストックとを合わせて現在の経済抗戦力を求めている。さらに資源の消費量と生産される資源量・占領地から得られる資源量とを比較することによってドイツの将来の経済抗戦力を予測している。つまり単純化すれば生産量・ストックと消費量とを比較してその差によって経済抗戦力の推移予測を行っている。

『独逸』の「判決一」では「独ソ開戦前の国際情勢を前提する限り、独逸の経済抗戦力は本年（一九一四《ママ》年）一杯を最高点とし、四二年より次第に低下せざるを得ず」（一頁）と、現時点（一九四一年）でドイツの経済抗戦力が限界に達していることが最初から指摘されている。ナチス政権誕生時には多くの失業者と豊富な在庫品が存在し、企業の操業率は低かったが、「ナチス統制経済の高度の組織力」を用いて遊休生産力を活用したことで生産力は急速に拡充した。しかし一九三七―三八年頃には完全雇用に達し生産力は増強されなくなった。一九三九年の第二次大戦勃発から報告書執筆直前の独ソ開戦（一九四一年六月）までは現在の生産力のみでは消耗を補えないため過去の生産による軍需品ストックに頼っているが、そのストックも来年（一九四二年）から枯渇してくるため経済抗戦力は低下せざるを得ない（一―四頁）。

そして「判決二」は重大な結論を述べている。

独逸は今後対英米長期戦に堪え得る為にはソ聯の生産力を利用することが絶対に必要である。従って独軍部が予定する如く、対ソ戦が二ケ月間位の短期戦で終了し、直ちにソ聯の生産力利用が可能となるか、それとも長期戦となり、その利用が短期間（二、三ケ月後から）になし得ざるか否かによって、今次大戦の運命も決定さる。（四頁）

「判決理由」は次のように解説している。ドイツは既に労働力の限界に達しており、また食糧不足に悩んでおりこのままでは占領地の不満も高まっていく（フランスの食糧自給率はわずか六割と指摘されている）。したがってドイツにとってソ連の労働力とウクライナの農産物を利用することが絶対に必要である。このため独ソ開戦直前にはドイツはウクライナから大量の小麦の供給を求めていた。また石油も不足しており、ドイツの石油戦時需要量を年一八〇〇万トンとして、人造石油のほかルーマニアからの石油補給年三〇〇万トンを加えてもなお一〇〇〇万トン前後の不足が生じている。したがって石油も年産二三〇〇万トンのバクー油田を有するソ連に求めざるを得ない。石油のほかマンガンなどの不足しがちな天然資源もソ連のものを確保すれば、来年度以降低下すると予想されるドイツの抗戦力を補える。「斯かる理由からして、独逸は来年以後低下せんとするその経済抗戦力を補う為にソ聯の生産力利用が絶対に必要となるのである」。一方で次のような重要な指摘もされており、こちらが報告書の真意であったと考えられる。

然しソ聯生産力を利用せんとして開始された対ソ戦が、万一長期化し、徒らに独逸の経済抗戦力消耗を来たすならば、既に来年度以後低下せんとする傾向あるその抗戦力は一層加速度的に低下し、対英米長期戦遂行が全く不可能となり、世界新秩序建設の希望は失われる。（七頁）

「判決三」では「ソ聯生産力の利用に成功するも、未だ自給態勢が完成するものに非ず。南阿への進出と東亜貿易の再開、維持を必要とす」とされている。ドイツがソ連からの供給だけでは足りないマンガンや石綿など、さらに銅やクロム鉱を手に入れるためには南アフリカまで進出しなければならないとしている。

このように『独逸』はドイツの経済力の限界を冷静に分析しており、それだけを見ると『英米』よりも悲観的な色彩が強い。ただ、『独逸』の判決はそこから日本のとるべき方向についてかなり具体的な提案をしている。「東亜」はドイツの不足するタングステン、錫、ゴム、植物油を供給することができる。ヨーロッパと「東亜」の貿易を回復するためにはドイツがスエズ運河を確保し、日本がシンガポールを占領してインド洋連絡を再開しなければならない（八頁）。

一方我国は独ソ開戦の結果、やがてソ聯と英米の提携が強化されるにつれ、完全の包囲態勢に陥る。この包囲態勢の突破路を吾人は先ず南に求む可きである。その理由とするところは

一、我国の経済抗戦力の現状からして北と南の二正面作戦は避く可し。

二、北に於ける消耗戦争は避け、南に於て生産戦争、資源戦争を遂行す可し。
三、南に於ける資源戦により短期建設を行い、経済抗戦力の実力を涵養し、これによって高度国防国家建設の経済的基礎を確立す可し。
四、実力が涵養されれば自ずと北の問題も解決し得る。
五、更に南方に於ける世界資源の確保は、単に反枢軸国家に対してのみならず、枢軸国家に対しても、我が世界政策の遂行を容易ならしむ。（八―九頁）

つまり日本はドイツを助けるため（そして同じ同盟を結ぶドイツに対し強い立場に立つため）、また独ソ開戦によって一層強化される連合国の包囲を突破するため、ドイツと共にソ連と戦う北進（消耗戦争）ではなく、資源を獲得するために南進（生産戦争、資源戦争）すべきだというのである。秋丸機関の『独逸』は『英米』以上に具体的な日本のとるべき方針を提案していた。

なお「判決」の最後は次のような文章である。

斯く独逸はソ聯生産力の利用（その場合独逸の技術により生産力の拡充必要、然らざる限りソ聯人口の扶養困難）、南阿進出、東亜貿易の維持が可能な場合、独逸の経済抗戦力は対英米長期戦に堪え得るのである。若し斯かる条件が備わるに至るならば、数年後には欧洲占領地内の生産力も恢復し、これ又独逸の経済抗戦力として利用し得るに至るのである。（九頁）

これを基に一九四四年からドイツの経済抗戦力が回復することを図示した「独逸経済抗戦力の動態」が掲載されているが、逆に言えばここまで多くの条件——短期間のうちにソ連に勝利してその資源を利用できるようにし、さらに南アフリカまで進出しないといけない——を満たさない限り、ドイツの経済抗戦力は「対英米長期戦」に耐えられないということになるので、要するに「今後のドイツの経済抗戦力が対英米長期戦に耐えられる見込みは低い」ということを遠回しに言っていることになる。

実は『独逸』執筆者の武村忠雄は、当時の代表的な総合雑誌『改造』昭和一六年八月時局版の座談会「アメリカの世界包囲策を衝く」（七月一九日に開催）において、独ソ戦でドイツが勝利しても「ソ聯の短期開発ということは、ドイツの思うとおりに簡単にゆかないんじゃないか」「パルチザン戦争もありますし、輸送力の点に弱点もありますし、それからソ聯の物資だけではドイツが到底経済力の自給ができない。ゴムとか、錫、タングステン、クローム、銅その他においてまだ自給ができない。しかも今度の大戦争に、非常に包囲戦をして成功したにしても、ドイツの消耗は非常なものです。この非常な消耗をしている時に、必ず米国は手を拱いていない。これが消耗戦争を続けさせよう。こういう手を必ず打って来るだろう」と語っている。[18] つまり武村は陸軍主計少尉として執筆した『独逸』——陸軍の「極秘」扱いの報告書——において指摘したドイツの経済抗戦力回復のわずかな可能性を、同時期に慶應義塾大学教授として参加した総合雑誌の座談会で否定していたのである。後述するように、武村は秋丸機関の研究に基くとみられる論説や分析を当時の総合雑誌に多数寄稿したり、また海軍系の会合で話しており、その中にはこのようにかなり「際どい」記述や発言も多い。

なお、イタリアに関しては「報告」ではなく資料という形で、陸軍省主計課別班名義の『伊国経済抗戦力調査』が昭和一六年一二月に刊行されている。[19] 例言では外務省調査部第二課の協力を得たとされているが、「一九四〇年六月以降既に戦時状態に入り、従って相当巨額の戦時消費を続けつつある伊太利としては、此の巨額の戦時消耗の傍ら顕著なる生産拡充を具現することは極めて困難なるべく、寧ろ戦時消耗の継続するに従い資源の貧弱なる伊太利としては国民生産の低下をすら予想せざるを得ざる」(二四八頁)と書かれるなど、やはり戦力が限界に達しており今後は下降する可能性が高いという分析がされている。

報告書は何を伝えたかったのか

『英米』『独逸』(そして『伊国経済抗戦力調査』)の内容は以上であるが、そこから報告書を通じて秋丸機関が何を主張したかったのかは実は必ずしも明確ではない。

つまり『英米』からはドイツ・イタリアの経済抗戦力次第でイギリスを屈服させることができるかがわかるが、それを示している『独逸』ではドイツの経済抗戦力には限界があることが示されている。したがってこれらを総合すれば、アメリカは論外としてイギリスを屈服させることもできないためイギリス・アメリカと戦っても勝てないということになる。一方で、アメリカの経済動員に時間がかかる一方、ドイツが短期間でソ連に勝利できればドイツの経済抗戦力は強化され、アメリカとイギリスの間を輸送する船舶を多数撃沈していけるので、イギリスをアメリカの経済動員が完了する前に屈服させられる可能性がある、ということも『英米』『独逸』から論理的には言える。

つまり「長期戦になればアメリカの経済動員により日本もドイツも勝利の機会は無い」ことを明示している一方で、「独ソ戦が短期で終われば少なくともイギリスに勝つことはできるかも知れない」という見方を示しているともいえるのである。ただし、前述の武村の雑誌の座談会の発言から考えても、後者の見方が秋丸機関の参加者の本音とは程遠いことは明らかである。ともあれ、秋丸機関の報告書はある意味で「何とでも解釈できる」ものである。

従来の通説は、有沢や秋丸の報告会に関する記述に従って、秋丸機関が強調したかったのは特にアメリカと日本との国力の差による対米開戦の無謀さだった（それゆえに対米開戦を決意していた陸軍上層部には都合の悪いものだったので報告書は焼却された）というものであった。こうした通説から『英米一』が発見されても、その「判決」において英米特にアメリカの経済抗戦力の大きさを指摘している部分のみが強調されてきた。

一方、『英米二』の「判決」の部分で提案されている「英米間の船舶輸送力が弱点でありイギリスと植民地との連絡を絶ったりドイツと協力してイギリスへの輸送船を攻撃する」という内容が昭和一六年一一月一五日に大本営政府連絡会議で承認された「対米英蘭蔣戦争終末促進に関する腹案」に影響を与えたという異説が、斉藤伸義氏により平成一一（一九九九）年に唱えられている。[20] つまり秋丸機関は創設時に意図されていた「経済謀略機関」としての役割を十分果たしており、英米と戦うために弱点を探して戦略立案を行い、それが国策に影響していたという見方である。最近ではそれが「陸軍は合理的な研究により勝てる戦略を立てていた、太平洋戦争は勝てる戦争だった」という形でかなり強引に使われる場合もある。[21]

筆者は一時期は通説と異説とでは異説の方がどちらかといえば正しいのではないかと考えていたが、現在はそのようには考えておらず、一方でやはり通説が正しかったとも考えていない。つまり通説も異説も支持していない。その理由は、通説も異説も共通の前提に立っており、それが誤っていると考えられるためである。

通説も異説も、「外部に広がることを恐れて焼却しなければいけない不都合なもの」か、「太平洋戦争の戦略立案に大いに役立つ機密情報」かという正反対の評価ではあるものの、共に「秋丸機関の報告書に書かれた情報は当時の一流の経済学者が分析した高度なもので、一般には知られていなかった」という前提に立っている。しかし本当にそうなのだろうか。

秘密ではなかった秋丸機関報告書の内容

第二章で取り上げた、昭和一六年一月刊行の『陸軍主計団記事』に掲載された「欧洲戦争と世界経済の新動向」において、秋丸次朗は次のようなことを述べている。

イギリスとドイツとの戦いにおいて、ドイツは制空権の確保ができていないほか、イギリス海軍が優勢なため制海権の確保もできていないので、イギリス本土上陸作戦は困難となっている。そこで「独逸は困難且つ犠牲の多い上陸殲滅作戦を一時断念して長期戦の腹を決め経済封鎖作戦へ戦略を転換したものと思われる」。ではドイツは経済封鎖作戦に勝算があるのかといえば、「独軍最高司令部に依ると本年［一九四〇年］五月より以降十週間に撃沈した英船の損害は二〇〇万トン即ち一日平均二万八千トンに達したとし此の数字を基礎に今後もこの調子で毎月六〇万トン宛撃沈すれば英国の経済封鎖は完全に出来ると発表して居る」。もちろんイギリスは多くの商船を保有しており、これに新造船も加わるが、「相当の船舶を失い従って物資の流入を妨害され経済的欠乏に陥るであろうことは予察に難くない(22)」。

　イギリスとドイツとの戦いは長期経済戦の段階に入り、その勝敗は経済的持久力にかかってくる。しかしドイツは大戦前に多くの食糧を貯蔵している上、開戦後は占領地を広げて資源を獲得し、さらにソ連から食糧や石油の供給も受けられるため経済抗戦力は強化されている（独ソ戦開始の半年前であるのと、独逸班の研究がまだ進んでいなかったためか、秋丸はドイツの経済抗戦力をかなり楽観的に考えている）。一方で「英国の経済力は反対に秋風落莫の感がある」。イギリス本国は極度の食糧不足であり、「英国は今後独逸の逆封鎖によって益々食糧飢饉は深刻となり五千五百万の国民が戦争放棄の決意を余儀なくせらるる危険がある(23)」。

　実際に一九三九年九月の第二次大戦勃発から一年間でイギリスが失った商船は三一一万総トン、二年間で七九一万総トンに達しており、これは開戦時にイギリス商船隊が保有していた商船の三七％に達し、当時のイギリスの造船能力の一〇倍近くの損失であった(24)。当時のドイツ軍も潜水艦（Uボート）によるイギリス商船の撃沈でイギリスを屈服できるだろうと発表しており、日本においても「［ドイツ］海軍による［イギリス船舶］撃沈数は、最近の四ケ月間の平均五十万噸に上り」「この沈没の打撃は甚大で、英米の造船所の懸命の造船能力を以てしても当分は補充されないであろう」と報道されていた[25]。イギリスがドイツによる商船の撃沈によって屈服する（だろう）というのは、当時の常識的な内容であった。

秋丸次朗の文章は当時の陸軍主計将校向けの雑誌に掲載されたものであり、一般の人々の目に触れにくいものであったが、さらに武村忠雄は総合雑誌『改造』昭和一六年七月時局版（六月二六日印刷納本、七月二日発行）における論説「独ソ開戦と日米関係」で次のような分析を行っている。

ドイツがなぜソ連に対し開戦したかといえば、第一にはドイツはクレタ島上陸作戦の経験によりイギリス本土上陸作戦の「難易に対する明瞭な見透しを持つに至る」つまり困難であると認識すると共に、アメリカの参戦の切迫により「長期戦不可避の結論」に至ったことから「長期戦態勢を完成せんが為」である。「長期戦となる場合、独の最も懸念する所は食糧問題と石油の問題であろう」。「現在食糧自給率六割に過ぎ」ないフランスなどドイツの占領地やスペインなどでは食糧問題が深刻になりつつあり、「それ故長期戦に堪える為には、先ず独は欧洲全体の食糧問題から解決してかからなければならぬ。ここに独はウクライナ小麦の巨額の供給増加をソ聯に要求せざるを得なかった」。「更に石油に対しても、仮りに独の戦時需要量年千八百万瓲とし、その内人造石油三百万瓲、ルーマニアから石油三百万瓲が補給されるとすると、残り千二百［万］瓲と云う尨大な石油の補給をソ聯に求めざるを得ない」。そのほかマンガンなどの供給増額も求めなければならず、そのためにドイツは「一戦を辞さずとの態度をとった」。ここに書いてある情報は『独逸』と数字まで含めてほとんど同じである（したがって『独逸』は六月にはほぼ完成していたと考えられる)。

第二の理由は「対英上陸作戦が万一失敗に帰した場合、ソ聯に背後を衝かれざる準備を必要としたのである」。

そして第三の理由として「ドイツの軍事力にしても、その背景をなす経済力にしても、今年が最高潮であり、従ってその最高潮の内ソ聯をたたき、長期戦態勢を完成して置く必要があった」としている。(26) 同盟国のドイツの軍事力と経済力が現在の一九四一年が最高潮(つまり来年から下降する)というのは当時の総合雑誌で普通に書くことのできる情報だったのである。

そして武村は独ソ戦の行方について次のように述べている。

ところで独ソ戦が今次大戦の運命を決すると共に、更にそれが短期戦となるか長期戦となるかによって今次大戦の運命が、否な世界史の動きが決定されるのである。

何となれば、短期戦で終了すれば、独はこれによりソ聯の経済力を利用し、対英米長期戦態勢を完成し得るばかりでなく、更に反転して直ちに英本土攻撃を開始するかも知れない。これに反し長期戦となれば、徒らに独の経済抗戦力を消耗し、本年度を最高点として来年度からはその抗戦力は低下せざるを得ないし、又欧洲の占領地帯の食糧難よりする政治的不安が醸成されることになる。(27)

つまり独ソ戦が短期で終わればドイツは対英米に長期に渡って対抗でき、英本土攻撃も可能になるが、独ソ戦が長期に渡ればドイツは経済抗戦力を消耗して来年度からは抗戦力が低下していく（つまりドイツは最終的に勝利することはできない）と予測されており、どちらになるかで「今次大戦の運命が、否な世界史の動きが決定される」。これは『独逸』判決と表現も含めてほぼ同じ内容である。

さらに武村はバルカン半島やクレタ島からのイギリスの敗退と、ドイツによるイギリス本国の封鎖により「スエズ運河なる英帝国の大動脈切断の危機が迫ると共に、他方独の逆封鎖の強化により英本国の頸動脈切断の時期も切迫しつつある」と述べている。武村はイギリスの船舶があと四〇〇万トン撃沈されるとイギリスは降伏せざるを得ないが、現在のドイツのイギリス船舶撃沈成績は月平均七〇万トンなので、現在のままでいけばあと六ヶ月、更に月一〇〇万トン撃沈すればあと四ヶ月で「英国は悲鳴をあげる」としている(28)。

結局のところ、『英米』『独逸』の内容とよく似た情報は秋丸や武村がすでに雑誌で書いており（特に『独逸』の内容は総合雑誌で数字まで含めて公表されていた）、秘密でも何でもなかったのである。

ドイツの潜水艦がイギリスの艦船を大西洋やインド洋で盛んに攻撃しており多くのイギリスの商船

英抗戰の最大動脈
米も既に參戰の大西洋
獨英の決戰迫る三戰線 ⑦
大西洋

『朝日新聞』昭和 16 年 5 月 16 日朝刊

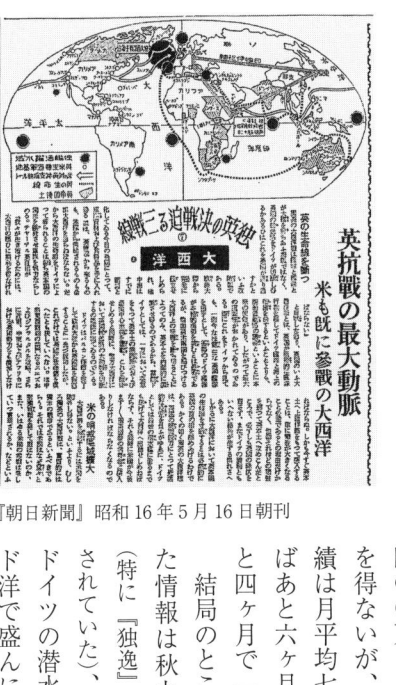

が撃沈されていること、ドイツとイタリアがギリシャを占領しスエズに向かって進撃していることは日本でも新聞や雑誌で盛んに報じられていた。「日本が東南アジアのイギリス植民地を奪ってさらにインド洋に進出し、同盟国のドイツとイタリアが地中海を制圧すれば日独伊の連携が強化されると同時にイギリスは植民地との連絡が絶たれ弱体化する。そしてドイツとイタリアがイギリス本国を潜水艦で封鎖すればイギリスは屈服する」というのは、当時誰でも思いつく戦略だったのである。

そして「極秘」であるはずの『独逸』の主要内容を、執筆者である武村は事前に雑誌に数字まで含めて公表し、しかも自身が執筆した『独逸』の内容に否定的な見解を雑誌の座談会で述べているにもかかわらず、その後も慶應義塾大学教授と同時に終戦まで現役の陸軍主計少尉として陸軍省に勤務し、後述するように陸軍省や参謀本部、海軍の軍人と共に様々な活動を行い、さらに雑誌や新聞に盛んに論説（『英米一』『独逸』と似た内容が多い）を書いて活躍していることから考えても、『英米』『独逸』の内容は外部に発表しても特に問題視されるようなものではなかったのである。

さらに、『英米』『独逸』に記載されている情報は刊行後も秘密にされることなく利用されていたと考えられる。例えば中外商業新報（現在の日本経済新聞）の政治部が「陸軍、海軍、外務、大蔵の各省、日銀、満鉄その他権威ある筋」から資料を得て編集し、東洋経済新報社から太平洋戦争開戦直後の昭和一六年一二月一四日に刊行された（「序に代えて」には「昭和十六年秋日」とある）書籍『列強の臨戦態勢—経済力より見たる抗戦力』では、イギリスとアメリカは船不足に苦しんでおり、「現状では英米が力を合せて精一杯の造船をやってもなおドイツの撃沈数の半分にも追いつかない。仮に月百万トンずつ撃沈されるとすると、その半分の五十万トンずつは新造船で穴埋をして行けるが、あと半分の五十万トン宛は絶対数に於て減少して行かざるを得ない」「現下の英国の――従って米国の最も深刻な悩みの一つは正しく「船」にある」と強調されている。[29] 月に「五十万トンずつは新造船で穴埋をして行ける」ということは一年間の「英米が力を合せて精一杯の造船」は六〇〇万トンということであるが、これは『英米一』が指摘していた数字である。さらに「現在の独蘇戦はウクライナの食糧確保の為」[30]また「日本を中心とする大東亜共栄圏」はドイツの占領地で不足している「タングステン、錫、ゴム等」を産出するとも指摘されており、これは『独逸』の分析によるものと考えられる。[31]

ともあれ、秋丸機関の報告書の内容そのものは、細かい数字は別として当時の常識的なものであり、秘密にする意味は全く無いものであった。

報告書はどう受け止められたのか①――通説の問題点

こうした視点から考えると、秋丸機関の報告書についての通説も異説も事実とは言えないことになる。

有沢広巳によれば、「九月末」の報告会において説明を聞いた杉山元参謀総長は「本報告の調査およびその推論の方法はおおむね完璧で間然するところがない。しかしその結論は国策に反する、したがって、本報告の謄写本は全部ただちにこれを焼却せよ」と述べたという話を秋丸次朗から聞いたという（有沢は当時母親が危篤で郷里の高知県に帰っており、母親の葬式を済ませて帰京した後で秋丸から話を聞いたとしている）。報告書の謄写本は秋丸が全部回収して焼き捨てたので「むろん、ぼくのところにも残っていない」[32]。平成三年に『英米一』が発見されたことを受けてＮＨＫで放送された番組[33]では秋丸次朗はこの有沢証言に肯定的な証言をしている。そのため通説は事実であると信じられてきた。

だが子細に検討すると有沢証言は実はかなり疑問点が多い。有沢は昭和四六年に中山伊知郎のほか赤松要、都留重人が参加した座談会では、「梅津参謀総長」その他の陸軍首脳部の前で報告したところ参謀総長が焼却を命じたと述べている[34]。しかし梅津美治郎は昭和一六年当時関東軍司令官であり、参謀総長になるのは昭和一九年なので有沢証言の正確性に疑問符がつく。また、そもそも秋丸機関は陸軍省の機関であるが、陸軍省と参謀総長が長を務める参謀本部とは陸軍内でも別の組織であるため指揮系統が異なる（陸軍省は「軍政」、参謀本部は「軍令」）。加えて、現在見つかっている『英米』『独逸』は前述のように当時の常識的な内容であり、これが報告会で使われた資料であれば焼却する意味は全くない。

さらに、陸軍省が設置した秋丸機関の報告会で強く「開戦回避」が主張され、それに対して参謀総長が報告書の焼却を命じるようなことが起きれば陸軍内部でかなりの波紋が起きて多くの人物が知っており何らかの記録に残っているはずなのであるが、そうしたことがあったという一次資料や回想録は今のところ見つかっていない。そもそも『英米』『独逸』の内容は当時の国策に反するものではないし、根本的な問題としては当時の「国策」それ自体が曖昧なものでしかなかった（この点は後述する）。

有沢は何度も報告書は全て残っていないと証言しており、「〔報告書は〕ない。全部、秋丸中佐が責任を持って焼いてしまった[35]残っているものもみんな焼いている。だから、どこにも残っていない[36]」と断言しているが、前述のように秋丸機関が昭和一七年前半に刊行した資料（秘匿度のそこまで高くない「部外秘」「秘」扱い）で『英米』『独逸』について「既に刊行頒布したる」「先に本班の提供せる」とあるのでその時点で「頒布」「提供」されて存在していることが明らかであり、実際に有沢の蔵書などから現物が見つかった以上、筆者は現時点で、杉山元参謀総長が秋丸機関の報告書の焼却を命じ報告書はすべて焼却されたという有沢証言は事実を述べたものではないと考えている。

報告書はどう受け止められたのか②――異説の問題点

一方、異説も詳しく検討するとその根拠はかなり弱い。異説において秋丸機関報告書が影響を与えたとされる「対米英蘭蔣戦争終末促進に関する腹案」の内容及びその限界については秦郁彦氏により既に詳細に分析されている[37]が、ここでは秋丸機関報告書についての異説と関わる点に絞って考察する。

「対米英蘭蔣戦争終末促進に関する腹案」作成の経緯は次の通りである（以下、主に原四郎『大戦略なき開戦[38]』による。原は当時大本営陸軍参謀）。昭和一六年九月六日の御前会議において「帝国は自存自衛を全うする為対米、（英、蘭）戦争を辞せざる決意の下に概ね十月下旬を目途とし戦争準備を完整す」「外交交渉に依り十月上旬頃に至るも尚我要求を貫徹し得る目途なき場合に於ては直ちに対米（英、蘭）開戦を決意す」と、かなり対英米開戦が具体的な国策となった「帝国国策遂行要領」が採択されたのち、陸海軍の事務当局は「対米英蘭戦争指導要綱」を数回にわたり研究討議している。一〇月三日までに（一）戦争目的の闡明、（二）戦争の特質、（三）武力戦争指導の原則、（四）武力戦における政略範囲、（五）占領地の処理、（六）思想戦指導の眼目、（七）経済戦指導上の着想、（八）外交戦指導の準則、（九）戦争終末促進の方略、からなる戦争指導計画を作成した。

その後、一一月二日に東条英機首相が国策再検討の経緯と結論を上奏した際、最後に「開戦名目の把握、日米戦争を終末せしむる施策等に就き研究中」と付言している。これは昭和天皇の要望でもあったと考えられ、これを受けて「対米英蘭戦争終末促進要領」が研究討議された。これは結局のところ前述の「対米英蘭戦争指導要綱」の（九）の趣旨を主体としてその主要部分を抜き書きしたものであり、一一月一三日の大本営政府連絡会議で上程され、一五日に「対米英蘭蔣戦争終末促進に関する腹案」として採択された。

「対米英蘭蔣戦争終末促進に関する腹案」は以下のような内容である。(39) まず方針として「速に極東に於ける米英蘭の根拠を覆滅して自存自衛を確立すると共に更に積極的措置に依り蔣政権の屈伏を促進し独伊と提携して先ず英の屈伏を図り米の継戦意志を喪失せしむるに勉む」とある。つまり極東でアメリカ、イギリス、オランダの根拠地（植民地）を占領して自給できる体制を確立し、蔣介石政権の屈服を目指し、ドイツやイタリアと連携してイギリスを屈服させ、アメリカの継戦意志を喪失させることが目指されている。

　具体的にはまず「東亜及西南太平洋」におけるアメリカ、イギリス、オランダの根拠地を攻撃し、重要資源地域や主要交通線を確保して長期自給自足態勢を整え、アメリカ海軍の主力を誘致してこれを撃滅することが挙げられている。次に「日独伊三国協力して先ず英の屈伏を図る」ことが謳われ、日本はオーストラリアやインドとイギリス本国との間を「政略及通商破壊等の手段」で遮断してその離反を促し、ビルマを独立させてインドの独立を刺激させる。またドイツとイタリアには近東や北アフリカ、スエズ作戦の実施、対英封鎖の強化、そして「情勢之を許すに至らば」英本土上陸作戦の実施を取らせるように努力する。また「印度洋を通ずる三国間の連絡提携」に努力する。そしてアメリカに対しては日本は「対米通商破壊戦を徹底」するほか、「対米宣伝謀略を強化」し、アメリカ海軍を極東に誘い込むと共に、「極東政策の反省」と日米戦無意義であることを指摘し、「米国輿論の厭戦誘致に導く」ことが謳われている。またドイツとイタリアに対しては「大西洋及印度洋方面に於ける対米海上攻勢」「中南米に対する軍事、経済、政治的攻勢」を強化することが求められている。

　ここまでは秋丸機関の『英米』及び『独逸』の「判決」最後と重なるような内容であるが、基本的にドイツとイタリアにかなり依存した戦略であるので、ドイツの経済抗戦力の限界を指摘している『独逸』の主要な内容とは差がある。

　更にその続きでは「支那に対しては対米英蘭戦争特に其の作戦の成果を活用して援蔣の禁絶、抗戦力の減殺を図り……政戦略の手段を積極化し以て重慶政権の屈伏を促進す」とあり、ビルマなどへの進出によって連合国軍の「援蔣ルート」を絶つなどして重慶の蔣介石政権の屈服を目指すことが書かれている。さらにソ連に対しては南方作戦の間は極力対ソ戦争が起きることを防止し、ソ連とドイツを講和させてソ連を「枢軸側に引き入れ」、「場合に依りては「ソ」聯の印度「イラン」方面進出を助長することを考慮す」と書かれている。

最後に、戦争終結の機会を捕捉することに努め、「英の屈伏に際し之と直に媾和することなく英をして米を誘導せしむる如く施策するに勉む」「対米和平促進の方策として南洋方面に於ける錫、護謨の供給及比島の取扱に関し考慮す」とあり、これはイギリスが屈服する際にアメリカを誘導させて講和に持ち込み、日本が占領した英領の錫やゴムを供給したりフィリピンへのアメリカの影響を認めることで対米和平を実現する、といった内容である。

全体として「対米英蘭蔣戦争終末促進に関する腹案」の前半はある程度日本の「戦略」と言える部分があるものの、アメリカ海軍以外のイギリスやアメリカに対する直接の攻撃はドイツやイタリアに依存している。太平洋戦争開戦直前まで参謀本部欧米課員を務めた杉田一次の言葉を使えば「内容は他力本願的なもので米英をよく理解してのものではなかった。独軍の対英上陸作戦が云々されて既に一年半近く経過していたにもかかわらず、依然独軍の英本土上陸に期待し、日本の運命をこれに託していたわけであった」(40)。前述した『独逸』の「判決」は次のように指摘していたが、それは全く考慮されていない。

対ソ戦が二ケ月間位の短期戦で終了し、直ちにソ聯の生産力利用が可能となるか、それとも長期戦となり、その利用が短期間（二、三ケ月後から）になし得ざるか否かによって、今次大戦の運命も決定さる。

さらに後半は率直に言って戦略と言うよりも日本の「願望」というべき内容である（死闘を繰り広げているドイツとソ連を講和させてソ連を枢軸国側に引き入れてインドやイランに進出させる、イギリスにアメリカを誘導させる、アメリカに錫やゴムを提供して和平を実現させる）。

結局のところ「対米英蘭蔣戦争終末促進に関する腹案」は日本の取るべき「戦略」というよりも、「天皇の御下問に奉答するのが狙いに過ぎなかったとも認められ、これによって、国家の戦争指導が律せられたとはいい難いものであ」り、(41)合理的に研究されたものではないただの「官僚的作文」(42)であった。秋丸機関の報告書と「対米英蘭蔣戦争終末促進に関する腹案」の戦略の一部に似ている部分があるのは、両者が当時の常識的な内容、誰でも思いつくものであったからと考えるべきであろう。

こうした「素人考え」的な方法しか戦争を終わらせる方法がないということは陸軍も十分に認識していた。そもそも「腹案」（心の中で考えている案）という名前なのは、この検討の際に杉山元参謀総長が大本営政府連絡会議において「本件は腹案程度に止むべきものなり」としか評価していなかったからであった。(43)武藤章軍務局長の指示で「対米英蘭蔣戦争終末促進に関する腹案」策定にかかわった軍務局軍務課高級課員の石井秋穂は回想で、「戦争終末促進に関する腹案は、関係者の協力で完成、十一月十五日の連絡会議で決定となったが、実のところ確信ある方策ではなかった。それが有るほどならもっと早くもっと楽に戦争の決心ができた筈である」と述べている。これは開戦に直面した軍人の率直な思いだろう。

当時の常識的な内容や願望をまとめただけの「対米英蘭蔣戦争終末促進に関する腹案」を石井らが作文する際に、秋丸機関の報告書が資料として都合のいい部分だけ（ドイツの抗戦力の限界などを無視して）「つまみ食い」されて使われた可能性は否定できないが、逆に言えばそれだけの話であり、異説の「秋丸機関の報告書が国策に影響していた」という主張とは程遠い。

なお、大本営政府連絡会議で承認された国策である「対米英蘭蔣戦争終末促進に関する腹案」の基本的な内容も特に「秘密」というほどのものではなかったこと（つまり当時の常識だったこと）は、これとほぼ同じ内容が開戦後に新聞一面に掲載されていたことからもわかる。陸軍省整備局戦備課長の岡田菊三郎大佐は昭和一七年三月に『朝日新聞』一面で連載された「大東亜建設座談会」に出席している。同座談会には秋丸機関に参加した中山伊知郎、蠟山政道も参加している。岡田は同連載の三月二〇日の記事で「戦に勝つには彼を知り、己を知るということがまず一番に必要だ。国防経済という観点から、彼我の力を比べてみるとこれはただ数字の上で比べるということは無意味でもあり、また向うの方が、大きなことは判り切っている」と述べている。岡田は「結論としては余り相手を甘く見るのはどうかと思う」「何といっても彼等は長期持久戦に耐える国力を持っているのである」「彼等の経済力は底力が大きい」と英米の国力の大きさを認めているが、「英米に屈伏を求める手段が国防経済的に見て見当らないのかというと、そうではない」として、イギリスやアメリカの船舶を攻撃し、ドイツ、イタリアと協力してさらにインドなどと

朝日新聞
政府機關も首都撤退
セイロン島、燈管で闇
皇軍上陸に怯え大混亂
ウエーヴエル西亜も指揮
全イラン赤化
急援なくば慘敗
大東亞建設座談會
船が沈めば英も沈沒
粘りは米國の方が弱い
東部ジャバ戡定全し
山下最高指揮官 昭南島の敵鹵獲物を視察

『朝日新聞』昭和 17 年 3 月 20 日朝刊 1 面

の連絡を絶つ戦略を提案している。

そのほか手取り早い方法としては彼等の船舶を失わすことが一番かと思う。英国は戦前一千八百万トンの船が戦後独に征服せられた国の船などを抱え込んで三千数百万トンに上ったが、どんどん減らされつつある。こいつを一層徹底させれば兜を脱がざるを得まい。米国もその大経済力に似ず海運は貧弱なので援英や東亜反攻の余力は余りないのだが、船舶撃沈によって戦争目的の貫徹不能に陥れ得るかと思う。また枢軸側と相応じて印度の遮断が出来ると一寸面白い［。］人は物的資源ばかり八釜しくいっているが、貧弱な英の人口で印度の人的資源の持つ力は大きいのだ。これが使えなくなれば困らざるを得まい。印度洋が日本に制せられ、地中海が独伊に征せられ、コーカサスが独に押えられ土耳古が枢軸にくっつきでもすれば英はイラン、イラクの油が使えなくなる。英といえどもイラン、イラクの油が使えなくなれば戦争遂行上、致命的なものに逢着するだろう。まあ、だんだんこういう状態に戦争が発展すると仮定して前途には光輝ある戦勝が待ってるわけだが、相手の底力は相当のものだから皇軍が南方諸地域を占領しただけで、余り甘く相手を見くびってしまうべきでないと思う。やはり十年でも二十年でも戦う覚悟が要る［。］

陸軍省戦備課で何度も日本の抗戦力の測定を行い、日本の経済力の脆弱性を熟知していた岡田の本心は恐らく最後の部分「相手の底力は相当のものだから皇軍が南方諸地域を占領しただけで、余り甘く相手を見くびってしまうべきでない」だったと考えられるが、立場上こういう発言をせざるを得なかったのだろう。この座談会記事の見出しは「船が沈めば英も沈没　粘りは米国の方が弱い」であった。

「陸軍上層部への報告会」とは何なのか

これまで述べてきたように通説も異説も、当時の常識的な内容だった『英米一』の内容を過大評価しており大きな問題があると言わざるを得ない。第七章で詳しく取り上げるように、報告を行った武村忠雄は慶應義塾大学教授でありながら当時現役の陸軍主計少尉としてその後も引き続き陸軍省で経済調査活動をしており、また『英米』『独逸』を基にした論説を一般の雑誌に多く書いていることを考えても、少なくとも『英米』『独逸』の内容が「国策に反する」ものとみなされて焼却を命じられたり、あるいは逆に国策上の重要文書として扱われていたとは考えにくく、

「極秘」とされてはいても内容そのものは公表しても差し支えの無いものと判断されていた可能性の方が高い（現存する『英米一』『英米二』『独逸』には重要な書類であれば記入されている通し番号〈〇部中の〇号〉は無く、また本当に重要な軍の文書であれば「極秘」よりも機密度の高い「軍極秘」「軍事機密」などとされているはずである。さらに『英米二』『独逸』には組織の所蔵印も無いため、回収されることも無く秋丸機関に関係した個人が戦後も所有していたものが死後に古書店に出回ったものと考えられる）。有沢の旧蔵書中から『英米一』が発見され、また秋丸機関に関係した個人の旧蔵と考えられる『英米二』『独逸』が存在しているのは、単純に「回収する必要のない周知の事実を記したものだったので報告会後は放置されていたから」と考えるべきだろう。

さらに、通説も異説もこれまで重視してこなかったのは、有沢や秋丸があったと証言している「陸軍上層部への報告会」とは何なのか、ということである。

防衛庁防衛研修所戦史室（当時）で多数の旧軍人が加わって編纂し昭和四一（一九六六）年から五五（一九八〇）年にかけて刊行された『戦史叢書』は防衛省防衛研究所史料閲覧室や昭和館図書室で現在端末から全文が検索でき、また国立国会図書館館内および各地の公共図書館や大学図書館で国立国会図書館デジタルコレクションを通じて閲覧できるようになっているが、「陸軍省戦争経済研究班」「陸軍省主計課別班」などの名称、さらにそれと思しき機関やそこが報告会を開いたという記述は管見の限りみつからない。これは『戦史叢書』刊行以前に太平洋戦史としてよく使われた服部卓四郎の『大東亜戦争全史』でも同様である。さらに杉山元参謀総長のメモとして書類を収録した『杉山メモ』および大本営陸軍部戦争指導班の『機密戦争日誌』、当時の陸軍省医務局医事課員・医事課長の金原節三による陸軍省内の課長会報や局長会報に関する議事メモを含む『金原節三陸軍省業務日誌摘録』などの一次資料にもそのような記述は無い。さらに当時の有力な旧軍人の回想録を見ても、そのような報告会があったということに言及しているものは見つかっていない。

有沢や秋丸が上層部に報告したということを述べている以上、報告会があったことは事実であろうが、逆にそれ以外で報告会について述べている資料や回想が見つかっていないということを踏まえると、「陸軍上層部への報告会」というのは何かの別の会議・会合の一環として行われたものであり、数多くの報告が行われ資料が出される中でその一部として秋丸機関の報告（それも秋丸機関として行ったというよりも「陸軍省の研究」としての報告）が行われ、その内容もそれほど目新しいものではなかったので特に記録にも印象にも残らなかった、というのが実態ではないだろうか。

ではこの時期（報告書が作成されたとみられる昭和一六年六―七月）に陸軍内で盛んに会議・会合が開かれて議論が行われていたとすればそれは何を検討したものだったのか。それは「北進か南進か」をめぐる議論であった。

北進か南進か

一九四一年六月二二日の独ソ戦開始の前の六月六日、大島浩駐独大使から独ソ戦確実の情報が入る。これ以降、陸軍内では長年の仮想敵国であるソ連をドイツと共に攻撃することを主張する北進論（参謀本部中心）と、逆に北方のソ連の脅威が薄れるからこそ資源を求めて南方に進出しようとする南進論（陸軍省中心）とが対立するようになる。

ドイツと呼応してソ連と戦うことを訴える北進論の急先鋒は参謀本部の田中新一作戦部長であった。[45] ドイツではヒトラー自身は対ソ戦争を人種主義的な「聖戦」であり本来ゲルマン民族独力で戦うべきものと考えていたため日本の対ソ参戦に消極的であったが、リッベントロップ外相は戦略上独ソ開戦直後の六月二八日に日本の対ソ参戦を要請し、松岡洋右外相も強硬に対ソ即時開戦を主張した。[46]

その一方で陸軍省、特に軍務局は北進には反対であった。軍務局軍務課高級課員だった石井秋穂によれば、六月八日に武藤章軍務局長、石井および真田穣一郎軍事課長、佐藤賢了軍務課長、西浦進軍事課高級課員が会合して今後の対応を検討した際、武藤から「独ソ戦が始まったとしてその推移をどう判断するか」と聞かれ、ソ連は土地が広大で資源も豊富であり人口も多く、共産党による一党独裁が相当浸透しているので簡単に内乱が起るとは予想されず、日中戦争のように長期化すると答えた。他の軍務局員も異論は無く、武藤は「全然同意。ソ連が簡単に参るなんて考えるものがあったら飛んでもない誤りだ。軽率に飛びついてはいけない」と述べた。[47]

このように軍務局は北進には反対であり、その代りに南進すべきであると主張したが、南進に対する意欲には軍務局内でも差があった。軍務局長の武藤章は南進により日米戦争の危機が生じても日本とアメリカとの経済力の格差により勝ち目は無いと考えていたが、参謀本部が「遮二無二ソ連に飛びかかりそうなので、それを防ぐ」ために南進を考えた。[48] こうした武藤の消極的南進論に対し、軍事課長の真田穣一郎と軍務課長の佐藤賢了は資源を獲得するための積極的な南進論を強硬に主張した。大本営陸軍部戦争指導班『機密戦争日誌』では、独ソ戦が確実となった六月六日に軍事課長（真田）と軍務課長（佐藤）が参謀本部で「断乎南方に武力進出すべきを強調」し、「軍務課長は第一案断乎南方武力行使、第二案対米協調しつつ北方解決　第三案現状通りの三案を携行し第一案を主張」したという。[49] 佐藤と真田が独ソ戦が確実になった時点で強硬に南進を主張した理由は、独ソ戦によって北方のソ連の脅威を考えずに南進できるようになったからである。仮にドイツが短期でソ連を屈服できなくても、「独逸の不敗である限り、独ソ戦争の推移いかんにかかわら」ずソ連の脅威は著しく軽減されるため、「南進論者にとって独ソ開戦はまさに好機の到来というべきであったのである」。[50] さらに海軍（特に軍令部）も戦略資源を獲得し、さらに日米海軍力の比率が日本に有利なうちに対英米戦争をするために戦略要点である南部仏印への進駐を早期に行うことを主張した。

こうして六月一〇日の陸海軍部局長会議で南部仏印進駐の方針が採択され、六月一二日の連絡懇談会で南部仏印進駐に英米蘭等の妨害があり「帝国として自存自衛上忍び得ざるに至りたる場合」には「対英米戦を賭するも辞せず」とする「南方施策促進に関する件」が採択された。[51] しかし松岡外相がこれに反対したため、六月二一日に「対英米戦を賭するも辞せず」という文言を消した修正案が作成され松岡外相もこれに同意した。

その一方で独ソ戦に応じた北進論も強く（北進を積極的に主張する意見は柿を多少青くても強引にもぎ取ろうとする「渋柿主義」、ソ連が徹底的に弱体化してからでなければ北進してはならないという批判的な意見は「熟柿主義」と呼ばれた)、南進と北進を「両論併記」し「帝国は依然支那事変処理に邁進し且自存自衛の基礎を確立する為南方進出の歩を進め尚情勢の推移に応じ北方問題を解決す」とされた「情勢の推移に伴う帝国国策要綱」陸海軍案が六月二四日に陸海軍部局長会議で採択された。

参謀本部側はこれに基づき対ソ戦を見越して満洲国および朝鮮に大部隊を配置する関東軍特種演習の計画を策定し、六月二九日に参謀本部の田中新一作戦部長は真田穣一郎軍事課長を呼びつけて関東軍特種演習のための本格動員実施を強く要求したが、北進に批判的な真田は応じなかった。七月一日には参謀本部第二課と陸軍省軍務局軍事課および軍務課との研究会同が行われ、服部卓四郎第二課長は「独ソ戦の見通しに関し、支那における長期戦にこりごりして、過度に対ソ戦が長期戦になるという声が高いが、羹に懲りて膾を吹くことになってはならない」と慎重な陸軍省側を牽制し、「速やかに開戦準備の決意を行い、次いで八月開戦の決意がなされるべきである」と主張して二十数個師団の本格動員を早期に軌道に乗せる必要を訴えたが、軍務課の石井秋穂と軍事課の西浦進は慎重な姿勢を崩さなかった(この際に秋丸機関の報告が報告書なしで行われた可能性もある)。業を煮やした田中作戦部長は七月四日に直接東条英機陸軍大臣を口説き、ついに多数部隊の動員の承諾を取り付けた。こうして七月五日に総兵力約八五万人の本格動員が決定され、関東軍特種演習が実行されることになる(52)。

このように南進と北進の動きが錯綜する中、七月二日の御前会議で前述の陸海軍案を基にした「情勢の推移に伴う帝国国策要綱」が決定され、「帝国は本号目的達成の為対英米戦を辞せず」という表現が復活するが、これは「陸海軍を通じ真にその決意があって表明されたものとは認め難いものであった」[53]。当時軍務課長だった佐藤賢了が、昭和三三（一九五八）年に陸上自衛隊幹部学校の教官に対して行った講演の中で、「情勢の推移に伴う帝国国策要綱」について「日本には、ビシヤッと一手に握るものがおらんのです。陸軍と海軍、それから総理、ならびに外務省という3つのものがおのおの違った意見をいだいてこんな文句の上で妥協しているのです」「この時は殊にひどいもんです。みんなの考えが違っているのです[54]」と述べているように、南進すべきか、北進すべきか、または戦争回避かという様々な意見を何とでも解釈できるようにまとめた作文が「情勢の推移に伴う帝国国策要綱」であった。「情勢の推移に伴う帝国国策要綱」決定直後の七月五日の陸軍省局長会報でも東条英機陸軍大臣は「今后わが国が如何なる方向に向うかは未定なり。要は軍は沈黙の中にも如何なる事態にも応じ得る如く準備して国民に不安の念を起こさざらしむること肝要なり」と述べている[55]。昭和一六年七月の時点では日本の「国策」は「南部仏印進駐は実行、対ソ戦は状況に応じて実施」ということ以外はほとんど未定という曖昧なものでしかなかったのである。

「北進させない」ためのレトリック

このように当時「南進論」と「北進論」の二つがあり議論が行われていたことを念頭に置いて『独逸』の「判決」の最後をもう一度見てみると、そこでは「北ではなく南に向かうべきである」というかなり強い主張がされていることがわかる（傍線筆者）。

一方我国は独ソ開戦の結果、やがてソ聯と英米の提携が強化されるにつれ、完全の包囲態勢に陥る。この包囲態勢の突破路を吾人は先ず南に求む可きである。その理由とするところは

一、我国の経済抗戦力の現状からして北と南の二正面作戦は避く可し。
二、北に於ける消耗戦争は避け、南に於て生産戦争、資源戦争を遂行す可し。
三、南に於ける資源戦により短期建設を行い、経済抗戦力の実力を涵養し、これによって高度国防国家建設の経済的基礎を確立す可し。
四、実力が涵養されれば自ずと北の問題も解決し得る。
五、更に南方に於ける世界資源の確保は、単に反枢軸国家に対してのみならず、枢軸国家に対しても、我が世界政策の遂行を容易ならしむ。

まず、単に「南の資源を確保すべき」そして「（少なくとも現在は）北に向かうべきではない」という価値判断を伴う主張は、「常に客観的の実体を把握するに努め主観的の観察に陥らざる」調査を目指していた秋丸機関の報告書としてはかなり異質なものである。例えば昭和一六年八月に刊行されている秋丸機関の資料『極東ソ聯占領後の通貨、経済工作案』（防衛省防衛研究所史料閲覧室所蔵）では、関東軍特種演習の結果対ソ開戦が行われた場合、極東ソ連を占領した後は現在の機構を利用して統治を行い、石油や石炭、金、鉄鉱、マンガン鉱などを輸出して代わりに日本内地の生糸や茶を輸入するなどして「東亜共栄圏の重要なる一環たることを期すべきである」

といった提案を行っているが、これは北進を目指す参謀本部からの要請に秋丸機関が応えた研究成果であるが、特に要請そのものについての価値判断は行われていない。『英米一』の判決も、要するに「イギリスやアメリカと戦争をする場合の戦略を考える」という要請から作成されたものである。にもかかわらず『独逸』判決は、『極東ソ聯占領後の通貨、経済工作案』のような対ソ開戦の際の対応を考えるという要請を受けているにもかかわらず、明確にそうした要請の基となる「対ソ開戦」という前提そのものを批判して「南進」を求める主張を行っているのである。

なぜ秋丸機関の報告書が「北進」を批判して「南進」を求めているのかといえば、これは秋丸次朗が陸軍省経理局課員兼軍務局課員であり、昭和一四年九月に軍務局の岩畔豪雄軍事課長から「経済謀略機関」の創設を求められ、秋丸自身も前述の東亜経済懇談会九州座談会で「私は陸軍省軍務局に勤めまする秋丸中佐であります」(傍点筆者)と挨拶していることからもわかるように、実質的に秋丸機関が経理局というよりも軍務局の機関だったから、というのが最も合理的な説明と言える。したがって秋丸機関の研究は基本的には軍務局の意向に沿うものであったと考えられる。

そのような実質的に軍務局の機関であった秋丸機関が、独ソ戦に伴い「北進か南進か」が盛んに議論される中で昭和一六年七月に報告書を作成して上層部向けに報告会を開けば、北進を批判し南進を主張する軍務局の意向を反映し、北進の無意味さを説いて(消極的であっても)南進の必要性を訴えるものになったのは、むしろ当然のことであろう。

また、秋丸次朗は前述の「欧洲戦争と世界経済の新動向」において、「日本の進むべき途」として「ビルマルートの破壊と仏印よりするビルマへの圧力による援蔣行為の阻止」「泰国の英米接近を阻止し我方と軍事的、経済的関係を結び、シンガポール威圧の拠点を作る」「蘭印に於ける石油資源の実力的獲得及び英米依存の貿易関係を脱却し自給自足の政策の確立」を挙げている。(56)武村忠雄も、昭和一六年二月の総合雑誌『公論』の論説において、「我国は現在生産の素材が頗る窮屈になって来ている。この生産力素材の不足を補う為には、一方に於て高度の組織力により限られた素材から最高度の生産力を発揮しなければならぬと同時に、他方原料の海外よりの補給を確保しなければならぬ」「海外よりの原料補給の確保は、日満支以外に南方地方をも東亜共栄圏に参加せしめることである。南方への進出に伴いたとえ太平洋の波が高まると否とに拘らず、我々国民の生存権の維持と防衛の為に、否な国防経済力強化の為に、南方へ一路前進しなければならぬ」と主張している。(57)秋丸も武村も、「南進」そのものは否定的にはとらえていなかったのである。

なお、『独逸』「判決」の最後には、「第二次大戦は連合国と枢軸国との闘いだった」という現代の視点からすると一見奇妙な表現がある（傍線筆者）。

五、更に南方に於ける世界資源の確保は、単に反枢軸国家に対してのみならず、枢軸国家に対しても、我が世界政策の遂行を容易ならしむ。

つまり南進して資源を確保することで、反枢軸国家（イギリス、アメリカ）に対してだけでなく、同盟国であるはずの枢軸国家（ドイツ）に対しても優位に立てるということが主張されている。

こうしたことが言われているのは、当時の南進論が実は同盟を結ぶドイツに南方のオランダ、フランス、そしてイギリスの植民地を先に取られることに対する警戒感からも主張されていたためである。

この一年前に行われ自身が大きな役割を果した北部仏印進駐（昭和一五年九月）の目的について、佐藤賢了は前述の陸上自衛隊幹部学校での講演の中で、仏印から中国への「援蔣ルート」を遮断する、コメやゴムなどの重要物資を仏印から確保する、将来南進する場合の基地にする、といったことの他に次のような目的があったと語っている。

とにかくフランス本国というものはつぶれてしまった。そこで仏印はつぶれてしまったフランスの植民地だから、おっぽり出されて持主のない大きな宝の山みたいなものというわけなんです。これを誰が拾うかわからない。

先ず第1に資格のあるものはドイツです。とにかくフランスをやっつけてビシー政府を自分のかいらい政権にしているのですから、何でもうんと言わせることができるわけなんです。ドイツは今のところ欧州の戦争で手が伸びんが、将来これを取るかも知れない。ドイツとはこれから3国同盟を結ぼうという時なのでありますからいわば親類ですけれども、ドイツにこれを取られたらこっちは困る。［中略、またド・ゴール政権が英米に仏印管理を依頼するかも知れない］だから誰が拾うかわからないものなら一歩を先んじて進駐しようということが内面の大きな理由であったのであります。(58)

ここではフランスと仏印のことが語られているが、やはり国土がドイツに占領されていたオランダと蘭印（そしてイギリスが屈服した場合のイギリス本国とイギリス領マレー、ビルマ）についても同じことがいえる。軍務課の石井秋穂も、ソ連が短期間で撃破され、ドイツが全力を対英決戦に集中してイギリスが屈服し、「シンガポールは当然独の有に帰する結果」となることも想定していた。[59] つまりドイツがソ連と戦っている間に、ドイツに先んじて「おっぽり出されて持主のない大きな宝の山」となった東南アジアのフランスやオランダ、イギリスの植民地を確保する南進を急いで行わなければならない、という考えが独ソ戦が確実になった後の佐藤らの強硬な南進論の背景にあったと考えられる。こうした点からも、秋丸機関の報告書、特に『独逸』は陸軍省軍務局の意向を反映したものといえる。

結局のところ、秋丸次朗がどこまで意図していたかは別として、秋丸機関の報告書は当時の文脈でいえば、陸軍省軍務局の主張する「南進」を支持し「北進」を批判するための材料としての色彩を帯びたのである。したがって、こうした内容を昭和一六年七月に陸軍省および参謀本部の首脳に対する説明会で報告すれば、「北進」を求める参謀本部からは「軍務局による北進を批判するためのレトリック」として受け止められ、経理局からは、「軍務局の意向に従って経済学者が媚びた判断をした」と受け止められたと考えられる。

こうしてみると、「参謀本部が秋丸機関の報告書の内容に「国策に反する」という表現で異議を唱えた」可能性はあるが、それは「対米開戦」ではなく「対ソ開戦」をめぐる認識の違い（陸軍の伝統的な仮想敵国であるソ連と戦うことに反対するという意味で「国策に反する」)であり、有沢広巳の証言における、杉山元参謀総長が「その結論は国策に反する」と述べた云々というのはその場にいなかった有沢にかなり不正確な形で伝わったか、有沢が記憶違いしていたと考えるべきだろう(「不正確な形で伝わった」か「有沢が記憶違いしていた」と推測できる理由については第七章でもう一度取り上げる)。

秋丸次朗自身は回想で、秋丸機関の上層部への報告について、「消極的和平論には耳をかす様子もなく、大勢は無謀な戦争へと傾斜したが、実情を知る者にとっては、薄氷を踏む思いであった」と書いている(60)。一方で秋丸は報告会での様子について、晩年に(61)「今さらそんな話を聞いても仕方がない、という雰囲気でみんな居眠りしていた」とも語っている。報告書の内容から考えると、報告の内容は北進に批判的だったため参謀本部側からは文句が出たものの、報告の内容自体はごく常識的なものだったのでそれ以外の反応は特に無かった、というのが実際のところだったと考えられる。

「対英米開戦」ではなく「対英米ソ開戦」の回避

独ソ戦は当初はドイツに有利に進み、ソ連は崩壊の手前まで追いつめられる。しかしソ連の必死の抵抗に加え、一九四一年の冬が通常よりも早く到来したことでドイツの進撃は止まり、日本の真珠湾攻撃と同じ一二月八日にヒトラーは「東方における驚くべく早期の冬の到来と、それにともなう補給上の困難のため、大規模な攻撃作戦を即座に停止し、防衛態勢に移行する必要がある」とする総統指令第三九号を出す[62]。ソ連は冬季のうちに態勢を立て直す一方でドイツは――『独逸』が正確に予測したように――生産力と人的資源の限界に直面し、結局スターリングラード攻防戦の敗北を契機に完全に守勢に回っていくことになる。

したがって一九四一年中が独ソ戦でドイツに最も有利な時期であったため、この時期に日本がドイツと共にソ連を攻撃していればソ連は崩壊したのではないか（その場合、当然戦後の東西冷戦も無かった）、という考えもありうるが、実際には日本が当時そうした行動をとることは少なくとも経済的には困難であった。

まず日本の立場に立てば、仮に北進して対ソ戦が有利に進展したとしても、日本を悩ませる資源――特に石油――の問題は全く解決できず（北樺太の油田は日本の石油消費量を賄うだけの石油産出量は無かった）、『独逸』のいうように貴重な資源を使うだけの消耗戦争にしかならなかった。当時軍事課高級課員だった西浦進は戦後のインタビューで、太平洋戦争の開戦の理由について「油のための戦さだというと、なんだかあまりに物質的ですからあんまり言いたくないのだけれども、端的には油のための戦さだと言えばそのとおりです」としたうえで、北進に反対した理由を次のように語っている。

対ソ戦にわれわれがあくまで反対したというのは、われわれというより、ことに私が反対した理由は何かと言えば、対ソ戦をやれば対ソ戦のための油が要るわけです。海軍はあまり動きませんでしょう、それだってある程度は動く。海軍の飛行機はもちろん動きます。陸軍の飛行機が動く、陸軍の自動車は全面的に動くわけですから、そうすれば油というのは――当時、陸軍の油は半年ぐらいを辛うじて持っていたのではないかと思うのです、関東軍が動けば――その時に南のほうの状態が六、七月ぐらいの状態で、非常に英米との間が好転しない限りは、ロシアと半年戦さをして、……渋柿をもぎに行って半年戦さをして油がなくなったら、なんにも出来ないのです。それから油を取りに南へ向かうことは出来ないわけです。飛行機でも何でも北に行っていますからね。だから、私どもは戦後も言うのですが、「あの時に南なんかに出ずに、ドイツと協力してソ連を潰しておけばよかったのに、なんと馬鹿な奴だ」と言って、私なんかなんべんも陸軍のわれわれの先輩の人にも言われたことがあるが、しかしこれは台所を知らない人の言うことなので、あの時北に……ラッパを吹いて行ける程度のことならいいですけれども、渋柿をもぎに行くというのなら、私は絶対に出来ないと思うのです。むしろ南をやって、結局あんなことになりましたけれども、油を取って、しかもそれが北へどんどん流れるという状態になってから北をやるというのなら、これはまだわかりますけれどもね(63)。

軍務課長の佐藤賢了も「支那事変をかかえたまま対ソ戦を始め、しかも物資の何もないところに行って一体何になるのか」という考えから「対ソ戦をやったら自殺だ」と北進に強く反対した(64)。八月七日の陸軍省課長会議でも佐藤は「米国に対し日本が本格的に衝突するには時間を要し数年后になるかもしれぬ。その間南方の資源、ことに戦略物資を獲得し得ば、日本は米国を抑制する力を持つことになる」「北方をたたいたとて資源的に何等得るところなかるべし」と述べて南進を主張した[65]。つまり資源確保という観点からは日本が北進する意味は全く無かった。北進すれば作戦がうまく進捗するかどうかにかかわらず「消耗戦争」になるため、結局資源を確保するためにより困難な状況で南進——『独逸』のいう「北と南の二正面作戦」——をせざるを得なくなるのである。

もう一つの北進が困難な理由は、対ソ開戦が直ちに事実上の対英米開戦を意味したためである。『独逸』が説くように「我国は独ソ開戦の結果、やがてソ聯と英米の提携が強化されるにつれ、完全の包囲態勢に陥る」。この状態で日本が対ソ開戦すれば、ソ連は確かに危機に陥るが、それは同時にドイツと戦うイギリスの危機を意味するため、アメリカがソ連というよりもイギリスを救うために日本に圧迫を加えてくることは当然予想されることであった。終戦直後に幣原喜重郎内閣で戦争の原因を究明するために設置された戦争調査会[66]（有沢広巳も委員に任命された）において、開戦前に陸軍省戦備課長として何度も国力判断を行った岡田菊三郎は、北進に反対した理由として、西浦が挙げていた石油の消費の問題と関連して次のように証言している。岡田によれば当時参謀本部は三〇個師団、飛行機一五〇中隊を使って「半年くらいはロシアの極東兵力を叩き潰すのに時間が掛かるだろう」という見方をしていた。

これは成立たぬ。その油をどうするか。持っているストックを使ってしまったら、あとは刎ね返す力はない。ロシアが日本に東部シベリアをがんとやられて、それっきりで粉砕されてしまう国であるならば、それはそれでもよかろうが、立直られた。こちらには一滴の油もないでは、話にならぬ。そのときに英米から油の供給を受け得るか。これは国際情勢の判断であるが、イギリスとドイツは喧嘩をしている。そのドイツとロシアは喧嘩をしているのであるから、そこへ日本が戦をしかけて、英米から油の供給を受け得るとは考えられない。結局ロシアに戦を宣すれば、英米からの石油の供給は絶たれる。自分のストックだけで戦をしなければならぬ。そうすると半年三十個師団の戦には間に合わない。これは成立たぬということを、私共は申し出たのである(67)。

また、仮にソ連が崩壊すればソ連がドイツと日本とに分割され、アラスカと近いシベリア東部が日本の勢力圏になる可能性があった。事実、参謀本部の田中新一作戦部長は七月一二日に自ら対ソ戦争指導上の案を作成し、そこでは「東部シベリアの要域を日本の実勢力下に収めること」「カムチャッカの領有は米ソ又は日米関係の推移を考慮し、なし得れば外交的に解決することに努むべきも、要すれば慎重かつ果断なる武力行使によるものとする」とされていた(68)。こうした事態はアメリカにとって国防上受け入れ難いものであった。

結局のところ対ソ開戦は事実上の「対英米ソ開戦」を意味した。前述の七月一日の参謀本部第二課と陸軍省軍務局軍事課および軍務課との研究会同において、軍務課の石井秋穂は「[ソ連に対して]交戦権を発動せば米国の全面禁輸を受ける」と述べて服部卓四郎第二課長の主張する対ソ早期開戦を批判した(69)。参謀本部第二〇班は七月一七日に「対蘇戦争指導要綱」の趣旨説明を参謀本部および陸軍省軍事課・軍務課に対して行ったが、七月二三日にもたらされた陸軍省側の意見は次のようなものであり、北進すれば事実上「北と南の二正面作戦」を余儀なくされるだろうというものであった。

北は希望南は必然北をやれば南は必らず火がつく
茲《ここ》一年以内南北同時にやる様に押し込まるべしと云うのが陸軍省の情勢判断なり(70)

こうした情勢判断は前述のように独ソ戦が確実になった時期に陸軍省軍務局で行われたものであるが、前述のように『独逸』が既に六月には内容が確定していたとみられることから、軍務局側が北進を批判する際にそれを直接用いるか内容を踏まえて「独ソ戦は長期戦になるとみられ、対ソ開戦しても消耗戦になり、しかも南北並進に追い込まれるだけなのでむしろ資源を確保するために南進すべきである」と説得した可能性はある。

北進について根強い反対論がある中、資源確保及び南進基地の確保のための南部仏印進駐については陸海軍内で特に異論は無く、七月三日に南部仏印進駐準備命令（大陸命）が発せられ、一四日からフランス政府（ヴィシー政府）との交渉が開始され、最終的に二一日にフランス政府は日本軍の進駐を受諾し、二八日から進駐が開始された。これにアメリカは直ちに反応し、七月二五日に在米日本資産が凍結され、八月一日には日本に対する石油輸出が停止された。このようなアメリカの強い姿勢は南部仏印進駐に対する反応であると同時に、日本の北進を牽制するためのものでもあった。イギリスを助けるためにはイギリスの敵の敵であるソ連を防衛する必要があり、ソ連を防衛するためにはアメリカは「日本の政策決定者があえて北進することがないよう、彼らの間に、南方と日米関係について不安と心配を作り出」すことが必要であった。[71] こうして石油を入手できなくなった日本は八月初旬に昭和一六年中の北進を断念し、九月六日の御前会議で「帝国は自存自衛を全うする為対米、（英、蘭）戦争を辞せざる決意の下に概ね十月下旬を目途とし戦争準備を完整す」「外交交渉に依り十月上旬頃に至るも尚我要求を貫徹し得る目途なき場合に於ては直ちに対米（英、蘭）開戦を決意す」という「帝国国策遂行要領」が決定される。[72]

結局、北進しても南進してもアメリカ、イギリスとの戦争は避けられなかったと考えられるが、ただ一つ言えるのは、北進しなかったことによって日本が昭和二〇年八月まで、アメリカ、イギリス、ソ連と同時に戦うことだけは避けられたということである。終戦時に鈴木貫太郎内閣の内閣書記官長となって終戦に尽力した迫水久常は、戦後の江藤淳との対談で、「日本の陸軍のたった一つのとりえは、ソ連の実力を正当に評価しておったことである、もし正当に評価してなかったら、おそらくあのときに兵隊を出しただろう」「そうすれば、明らかに日本は北日本と南日本に分割されていた。ソ連の力を正当に評価して、［太平洋戦争の］最後まで恐れたから今日の日本がある。だから陸軍に点をやるとすれば、対ソ認識が正確であったということだけだ」という「ある人」の意見を紹介して「やはり対ソ認識が正しかったことだけが、陸軍のたった一つのメリットだろうと思うな」と同意している。[73] 秋丸機関の報告書の内容は、次章で見るように「対英米開戦」の回避に役立ったとは残念ながら言えないが、日本がより悲惨な状態になったことは間違いない「対英米ソ開戦」の回避には役に立ったのかもしれない。

第五章　なぜ開戦の決定が行われたのか

岩畔大佐と新庄大佐は何を伝えようとしたのか

秋丸次朗は回想で、秋丸機関による上層部への報告後、軍事課長として秋丸機関の設立を命じ、その後渡米して日米交渉に加わっていた岩畔豪雄が「現地で入手した米国の経済調査報告」を携えてアメリカから帰国し、その内容は「日米経済戦力の総合判断を一〇乃至二〇対一程度と断定していて、われわれの調査結果と符節を合することが明らかとなった。そこで、和平推進派の岩畔大佐に進言して、十六年八月中下旬にかけて、政府・大本営連絡会議に対して委細説明して、開戦に対して慎重なる考慮を促した」と書いている(1)。

岩畔が帰国した際に携えてきた「米国の経済調査報告」は、岩畔と同時にアメリカに渡った新庄健吉主計大佐が作成したものであった。新庄の報告書自体は発見されていないが、その抜粋は岩畔が自身の関与した日米交渉に関する回想の中で次頁の表のように紹介されている(2)。

岩畔はこうした数字を基に、日米関係の今後について、第一案として対米開戦論、第二案とし

主要項目	米国	日米の比率
製鋼能力	九五〇〇万トン	一対二〇
石油産出量	一億一〇〇〇万バーレル	一対数百
石炭産出量	五億トン	一対一〇
電力	一八〇〇kW	一対六
アルミニューム	計画量　八五万トン	一対三
	実績量　六〇万トン	一対六
飛行機の生産計画量	一二万台	一対五
自動車生産量	六二〇万台	一対五〇
船舶保有量	一〇〇〇万トン	一対二
工業労務者	三四〇〇万人	一対五

岩畔豪雄『昭和陸軍 謀略秘史』にある日米経済力の比較。

て日米国交回復論、第三案として情勢観望（日和見）論を考えたとしている。第一案は日米の戦力は隔絶しており、一時的な勝利はできても長期的には勝利は困難であるためそれを強行することは避け、第二案は交渉妥結のためには仏印と中国から全面撤兵する必要があるため安易ではないが日本国家の存立のためには第一案より優れており、第三案では盛り上がっている主戦熱に対抗することができずクーデターや内乱によって主戦派が台頭して対米戦争となる公算が大になる。したがって岩畔は当時第二案に執着したとしている(3)。

八月一五日に帰国した岩畔は一八日に陸軍省、一九日に参謀本部、二〇日に宮中における政府大本営情報交換会で帰朝報告を行った。岩畔によれば近衛首相のほか、木戸幸一内大臣、松平恒雄宮内大臣、鈴木貫太郎侍従長、蓮沼蕃《しげる》侍従武官長は岩畔の話を熱心に聞いたものの、陸海軍で岩畔の話を真剣に受け止めたのは武藤章軍務局長と杉田一次参謀本部欧米課員だけだったとしている。帰朝報告の直後、岩畔は南部仏印に進駐する近衛歩兵第五連隊長への赴任を命令され日本を去る。岩畔はこれを対米戦回避を訴えたための左遷であると考えた[4]。なお、岩畔が持ち帰った経済調査報告を作成した新庄健吉は太平洋戦争開戦直前の一二月五日にアメリカで病死している[5]。

こうした岩畔豪雄の対米交渉及び対米開戦回避の努力、およびそれの裏付けとなった新庄健吉の経済調査は有名であるが、これも子細に検討すると岩畔の証言を全面的に事実と認めてよいかは疑問が残る。新庄の米国経済調査報告が陸軍からはほとんど重視されなかったのは恐らく事実であるが、その調査について、当時秋丸次朗の上官にあたる主計課長だった遠藤武勝は昭和四五（一九七〇）年一二月の三輪公忠氏からの電話での質問に対し「新庄大佐の調査と称するものが、商社マンからの情報にほとんど全部おぶさっていた」という証言をしている[6]。アメリカの国力が非常に大きいことは誰にとっても自明のことであり、それを分析せずそのまま示したとしても陸軍の関心を引くものではなかったと考えられる。国策研究会主宰者の矢次一夫は、「岩畔は、アメリカから帰国して以来、日米戦の不可を論じ、持ち帰った膨大な米国経済力や、軍事力の強大さを示す資料などを見せたりしていた。私も、これを何度か見せられたり、話を聞かされたものだが、当時の記憶によると、日米不戦論を説く岩畔に対する陸軍内の反応は冷たく、彼が訪米前に「昭和一三―一四年」、熱心な「日独伊」三国同盟推進論者だっただけに、岩畔の

岩畔豪雄

「悧巧さと変身の早さ」としてのみ受取られるに過ぎなかった」と書いている。(7)

もちろん、こうした数字を新庄が作成し、これを基に岩畔が報告し、対米開戦に悲観的だったこと自体は事実であると考えられるが、新庄や岩畔が開戦に絶対反対だったのかは不明である。既に塩崎弘明氏が指摘しているように、(8)岩畔と共に日米交渉に携わっていた井川忠雄は昭和一七年三月四日に大蔵公望（東亜研究所副総裁）に対して、新庄と岩畔の判断について次のように述べている。

○故新庄大佐は米国の対日準備は数年遅れており、今戦争しても少しも心配はないと云うていた。
○岩畔大佐も日米の話がどうせまとまらないなら、一日も早く開戦する方が日本の利益だと云う意見であった。(9)

つまり新庄や岩畔が対米戦争に慎重であったとしても、「戦争絶対回避」という意見であったのか、それとも「戦争はできるだけ避けるべきであるが、もし避けられないのであればアメリカの準備が整わないうちに早期に開戦すべきだ」という意見であったのかは判断し難い。

また、岩畔は宮中以外では必ずしも前述の第二案を訴えたわけではなく、日米交渉の経緯を説明しただけのようであり、中国から全面撤兵してまで日米国交調整を行うべきであるという進言が陸軍省や参謀本部になされたならば（秋丸機関の報告が対米開戦回避を強く訴えた場合と同様に）

当然起こるはずの強い反響が起きた形跡は無い[10]。また岩畔の近衛歩兵第五連隊長への赴任は岩畔の帰国前からの予定人事であり、帰国後の報告の内容とは無関係であるという複数の証言がある[11]。

なお、秋丸次朗に「経済謀略機関」の設立を命じた岩畔は有沢によれば「初めのうちはちょいちょい秋丸機関に来たりしていたが、その後いなくなった[12]」という。岩畔自身は戦後の回想ではあまり秋丸機関について言及していないが、昭和三一（一九五六）年の回想「準備されていた秘密戦」において陸軍中野学校や陸軍登戸研究所、「石井〝細菌〟部隊」（関東軍第七三一部隊）、総力戦研究所などと並んで秋丸機関（岩畔は「経済戦研究所」と書いている）について簡潔に紹介し、有沢広巳や中山伊知郎などが参加して「これらの学者連中はつぶさに各国の事情を調査し、第二次大戦の遂行に寄与するところが多大であった」と書いている[13]。ただ岩畔は前述のように昭和一六年三月に渡米して八月に帰国し、直後にまた日本を離れているので、秋丸機関の実際の活動をどれだけ把握していたかは疑問であり、岩畔のこの評価に対して秋丸次朗が「必ずしもその実を収め得なかった」と書いている[14]のが実際のところであったと考えられる。

陸軍省戦備課の判断

昭和一六年七月の南部仏印進駐によって対日石油輸出停止というアメリカの強力な経済制裁が行われたことで対米開戦の機運が高まり、陸軍省戦備課は東条英機陸軍大臣から一一月一日開戦を前提として再度物的国力判断を求められた。正確には北方武力行使、南方武力行使、重慶攻略（独ソ戦によりソ連の脅威が軽減したことから蔣介石政権の根拠地の重慶を攻略して日中戦争に決着をつけるべきという意見もあった)、現状維持の四想定を考え、それぞれの場合の物的国力推移の検討を求めたものであった。

岡田菊三郎戦備課長は八月六日に参謀本部部課長、翌七日に杉山元参謀総長に物的国力判断を説明報告した(この戦備課の説明の際に秋丸機関の報告が「陸軍省の研究」として同時に行われたのかもしれない)。その判断はまず船舶については北方武力行使・重慶攻略・現状維持の場合は問題ないものの、南方武力行使の場合は陸軍と海軍の民間船舶の徴用により民需用船腹は作戦開始当初約一三〇万総トンに落ち込み、六ヶ月後に陸軍側の解傭によって増加するが、一三〇万総トン程度に落ちた状態で輸送できる物資の量は製鋼原料と米は所要量の八〇%、石炭、肥料、大豆、各種鉱石類、綿花、塩などは四〇%、その他は一〇%となり、「斯くては国民が生きて行けぬ」。したがって南方作戦においては陸海軍の船舶の徴用を合計三〇〇万総トン程度に抑えることが「絶対必要である」。つまり船舶の問題から言えば南方武力行使は極めてリスクが高いことが示されている。

一方で石油については、北方武力行使の場合は消耗が大きいので反転して南進することは困難だが、南方武力行使の場合はその後北進しても不足はあっても昭和二〇年以降石油の自給が可能となるため、「北方をやり次で南方をやるよりも、南方をやり次で北方をやる方が安全率大なり」。重慶攻略の場合はその後の北進や南進は燃料消費の点から困難であり、現状維持の場合は航空燃料は昭和一八、一九年は何とかなるものの自動車燃料は困難になる。そのため石油問題についてはは「油だけにて云えば南方をやるのがよし」という結論であった(15)。

つまり戦備課の判断は船舶の問題から言えば南進には否定的、石油の問題からは南進に肯定的といえたが、岡田菊三郎は終戦直後に「特に米英蘭の経済圧迫下に隠忍自重することに依り我国の前途に光明を見出さんとしたが、遺憾ながら将来に亘る強国日本の存在の有り得ざることのみ明白となり、而も決然開戦を断行するとしても二年以上先の産業経済情勢に対しては確信なき判決を得るのみであった」と回想しており[16]、実際に主張したかったのは前者の船舶の問題からの慎重論であったと考えられる。ただそれは実際には逆に受け止められたようである（後述）。

アクティブラーニングの一環だった総力戦研究所のシミュレーション

秋丸次朗は昭和一六年一〇月四日、内閣附属の組織として昭和一五年九月に官制公布された総力戦研究所の所員を兼任することになる[17]。秋丸は総力戦研究所演習審判部（研究生が行なう「演練」の指導・評価を行う側）[18]で昭和一六年度及び一七年度に「経済戦審判部」において「経済戦一般」の演習主務を務めている。秋丸は昭和一七年七月から八月にかけて総力戦研究所で行った講義「経済戦史」の中で、『英米合作経済抗戦力調査』の結論を最新の数字で修正して説明し、「今次大戦に於ける破壊手段としての経済戦は、正に米英経済抗戦力の最大弱点たる船舶輸送力に攻撃重点を向く可きである」と主張している[19]。さらに秋丸は「南方よりの物資補給を確保するための通貨工作、貿易統制、船舶輸送力の増強」を行うことで南方から豊富な資源を得て日本の経済抗戦力を強化していくことを説いている[20]。

総力戦研究所という組織は「太平洋戦争開戦前に日本必敗を予測していた機関」として有名で

ある。[21] 同研究所における机上演習実施の結果についての講評と所員および研究生による報告は昭和一六年八月末に行われ、総括的な結論は「対米英戦は日本の敗北となる」というものであった。この報告の際には近衛文麿首相や東条英機陸軍大臣など各大臣、企画院総裁、陸海軍関係者も参加しており、「対米英戦は敗北する可能性が高い」という情報は日本の指導者に共有されていた。

総力戦研究所はこの昭和一六年夏の机上演習についてのみ注目されることが多いが、しかしその実体は研究機関というよりも教育機関であり、ヨーロッパに留学した陸軍軍人たち（辰巳栄一や西浦進、高嶋辰彦など）が英仏独では高度な教育研究機関（イギリスの帝国国防大学など）で文官・武官を問わず人材育成をしていることに注目して設立を進めた今でいうところの「大学院大学」である。[22] そのため名称も「国防大学」にしたかったようであるが、「国防大学なる字句は文部省の所管とならねば異存が出る」というので、推進者の一人の西浦進が書いた設立要綱案に使った仮称の「総力戦研究所」という名称になった。[23] 西浦の証言によれば当時軍事課長だった岩畔豪雄や企画院調査官だった秋永月三が総力戦研究所の設立に協力したという。[24] また総力戦研究所兼任所員には秋永のほか陸軍省軍事課長の真田穣一郎、戦備課長の岡田菊三郎、商工省物価局総務課長の美濃部洋次らがおり、[25] 岩畔や秋永と関係が深い秋丸次朗がここに関わるのはごく自然なことであった。総力戦研究所は内閣直属の組織として昭和一五年八月に設立が閣議決定され九月に設立され、昭和一六年四月からは各省庁や民間から研究生を受け入れて教育訓練を行っている。教育においては「講義」と共に「演練」（今でいうところのロールプレイや課題解決型学習〈Problem（Project）-Based Learning、ＰＢＬ〉などのアクティブラーニング）が重視されており、日本の敗北を予測したと言われる演練（昭和一六年八月）もこうした教育の一環として行われたものであった。

その一方で総力戦研究所は最初から「官僚の訓練施設」「各省庁の割拠主義を克服するための機関」としてしか位置づけられておらず[26]、演練による研究成果を政策に活かすということは全く考えられていなかった。当時参謀本部欧米課員だった杉田一次は昭和一六年八月の総力戦研究所の演練について「当時これらのことは、われわれの聞知するところではなかった」と述べている[27]。設立を推進した西浦自身、「とにかく集ってガヤガヤ言っているだけでいいのだから、お互いに自由に討議が出来るような場を作ることがいいのだから[28]」「私としてはここで立派な総力戦理論をつくることは望むところであるが、仮に何等の結論が得られなくても国防という問題を中心にして、陸海軍及び一般文官の少壮有為の士が一年でも一緒に暮らし、一緒に議論をすること自体が多大の価値ありと信じていた[29]」と、あくまで教育機関としての評価しかしていなかった。総力戦研究所という名称ではあっても実体は「研究所」ではなく教育機関だったからこそ自由な議論ができた一方、教育機関であるがゆえに研究成果を政策に反映させることができなかったといえる。

なお、総力戦研究所で昭和一六年初頭にアメリカ、イギリスとの開戦を想定して作成された資料では、長期戦になればアメリカの経済力が優位に立つものの、開戦当初における日本の武力的優位性やアメリカ国内の民族問題、思想問題の存在により「日独伊対英米戦」は「長期戦とならざる限り彼は対日勝算なかるべし」と、長期戦にならない限りは対米戦に勝利の見込みがあるとされていた[30]。太平洋戦争開戦直後の昭和一六年一二月一五日には、「大東亜戦争」を遂行した後にソ連との決戦が控えており、対ソ戦に備えた国力整備が必要であるとする演練の結果を提言しているなど[31]、様々な内容の提言をしているため、昭和一六年八月の演練のみに注目するのは問題がある。

したがって総力戦研究所もその研究成果がかなり過大に評価されている面があるが、むしろその「成果」は「教育機関」としてのそれの方が重要であると考えられる。西浦が「その時一緒にはいっていた者がみんな各省の次官クラスになって、大いに総力戦研究所が敗戦後の処理に役立ったと言って、私も随分方々から言われました[32]」と述べているように、総力戦研究所は「大学院大学」として戦後に活躍する人材の育成に役立った。

さらに総力戦研究所での「演練」中心の教育は、そこに参加した官僚が受けてきた大学における座学・知識中心の教育とは大きく異なるものであった。総力戦研究所初代所長になった飯村穣は長く陸軍大学校教官を務め、昭和一三年には同校校長にもなっているが、「陸大の教育は、知識を与えるよりは、観察力、思考力、判断力等を養う頭の体操、否剣術を主とした。この教育法は、よかったと思う。これらの力をもっていれば、事に当たり、適当に、わが行く道を発見し得るからである」と、「知識を与えるよりは、観察力、思考力、判断力等を養う」陸軍大学校の教育を評価していた。そのため飯村は教育機関としての総力戦研究所でも座学よりもアクティブラーニング的な教育を行った。

私は初代の総力戦研究所長として陸大式の教育を実施し、また、陸大での高等司令部演習と同一のやり方で、三十五名の学生を以て総理大臣、各省大臣、企画院、日銀、情報局等を組織し、昭和十六年七月の情況で、南方に油を取りに行ったらどうなるかとの簡単な想定で、机上演習を実施した。〔中略〕こんな陸大式の教育の評判は、どうであったのであろうか。この学生達は、頭脳の鍛練を目標とする陸大式の教育に心酔し、女子高等師範の教授である某学生は、毎週この教育法を所属の女子高等師範の教授会に報告し、満州国の満業総裁（満鉄にあらず）から石炭業務担任の国務大臣となった鮎川義介氏は、この机上演習のやり方に共鳴し、その担任である石炭業務の処理に、机上演習の方式を採用したのであった。[33]

最後の鮎川義介の行ったシミュレーションについては第七章で言及するが、重要なのは飯村が挙げている「女子高等師範の教授である某学生」である。これは文部省から昭和一六年四月に総力戦研究所一期研究生として派遣された東京女子高等師範学校（現・お茶の水女子大学）助教授の倉沢剛《たかし》のことであり、昭和一六年夏の演練では文部次官の役割を演じた（以下、市川新氏の研究による）[34]。倉沢は昭和一九年に刊行した『総力戦教育の理論』（目黒書店）において、総力戦研究所での経験にも言及しつつ、知識中心の教育から経験学習への転換を提言している。

戦後、学校教育において「社会科」が設けられ、昭和二二（一九四七）年には学習指導要領社会科編試案版が公表される。初期社会科の理念は、1．人と他の人との関係、2．人間と自然環境との関係、3．個人と社会制度や施設との関係を理解することを通して、社会生活を営んでいく青少年に必要な各種の能力や態度を育成すること、とされている。その教育目標は一五項目に及ぶが、最後の項目では「ある主題について、討議して学習を進め、人々に会って知識を得る習慣を作り、社会生活に関して、自分で調査し、資料を集め、記録・地図・写真統計等を利用し、またこれを自分で作製する能力を養う」とされている。こうした初期社会科の経験主義的な内容はアメリカの一九四三年版のバージニア州のコース・オブ・スタディを基に作成されたと言われるが、戦後に東京学芸大学教授として初期社会科の理論化と普及・実践に大きな役割を果した倉沢は日本の独自性を主張している。倉沢の念頭にあったのは、むしろ総力戦研究所で自身が体験した演練であったと考えられる。総力戦研究所は戦後初期の経験主義的な、現在の言葉で言えばアクティブラーニングを導入した社会科教育に影響を与えた可能性がある。

なお、こうした戦後のアクティブラーニングを重視する経験主義的な社会科教育は、マルクス主義の立場に立ち知識の系統性に基づく教育を目指す民間教育研究運動団体からは体系の無い「はいまわる経験主義」として批判され、他方で保守派からも、生徒が地理や歴史に関する常識的な知識を身につけていなかったり道徳の理解や道徳的判断の養成が不十分であると批判され、結局昭和三〇（一九五五）年の小・中学校学習指導要領社会科編の改訂において、「生活経験を通しての問題解決学習」から「各分野の知識に関する系統学習」への社会科の転換が行われた。[35]

「正確な情報」は皆知っていた

話を元に戻せば、秋丸機関の研究だけでなく、岩畔豪雄の報告にしろ陸軍省戦備課の判断にしろ総力戦研究所での演練にしろ、「対英米開戦の困難さ」を示す研究は無数にあった。対英米開戦をすれば短期的には何とかなっても長期戦（二―三年）になれば日本は困難な情勢に陥るということは、当時の日本の指導者は皆知っていた。というよりも、これから戦争をしようとする英米と日本との間で巨大な経済格差があり日本が長期戦を戦うことは難しい、というのはわざわざ調査するまでもない「常識」であり、一般の人々にも英米と日本の国力の隔絶は数字で公表されていた。

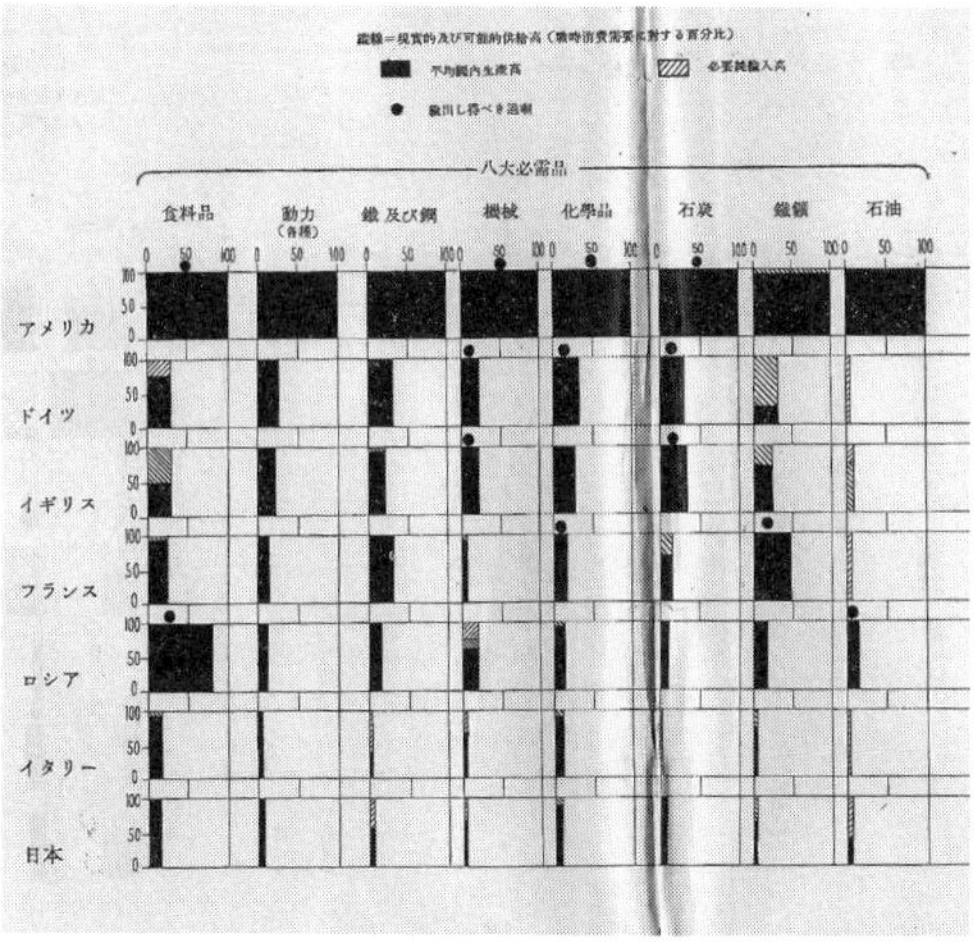

ブルクス・エメニイ、豊崎稔訳『軍需資源論』河出書房（昭和14年刊）の付表「七大強国の戦略的地位」（原著は Brooks Emeny, *The Strategy of Raw Materials – A Study of America in Peace and War*, New York, Macmillan, 1937.）

したがって秋丸次朗が日米の国力比を二〇対一と説明したり、岩畔豪雄が新庄健吉の作成した日本とアメリカとの経済力の隔絶を示す資料を使って説明したとしても、それは「当たり前のことを言っている」としか受け止められなかったのである。

　このように対英米戦の困難さは誰でも知っていたが、にもかかわらず開戦に至ったのはなぜなのだろうか。それは当時の指導者の「非合理的な意思決定」「精神主義」が原因なのだろうか。

　昭和四〇（一九六五）年の『朝日ジャーナル』誌上での久野収（評論家）、石川達三（作家）、脇村義太郎の座談会では、久野と脇村が次のようなやり取りをしている。なお久野の発言中に出てくる青山秀夫は当時京都帝国大学経済学部助教授だった理論経済学者であり、久野と青山はともに雑誌『世界文化』の同人であった。

久野　［前略］当時出たブルックス・エメニーの『国際資源論《ママ》』のうしろの図表を見ると、鉄鋼の生産額でアメリカと日本が一〇対一と書いてある。これで戦争していったいやれるんだろうかという疑問を、青山秀夫君に聞いたら、「ぜんぜんやれん」という意見だった。しかし、そんな話はもうすみのほうでボソボソいわれているだけで、表通りは、だからこそ不可能を可能にするのだという精神万能主義の大合唱で、少しでも数字をいえば、敗北主義だということになる。

脇村　そのときに、だから日本は南方進出をするんだという主張があり、それが勝った。いままでの戦争というのは自分の持っているものだけで戦争をした。ところが、今度の第二次大戦になってから、ドイツは占領地を押えて、そこから物を持ってきて、それを戦力にプラスする。これが新しい戦争理論だ。日本も南方に進出して、南方の資源をわがほうへ持ってくれば、これは絶対敗れない体制ができるという主張だった。もってこれるかどうかを忘れていた。(36)

久野の発言を受けて脇村が述べている内容は重要である。「経済力の格差が大きい」「長期戦になれば敗北する」ということは当時自明なことだったので、それを指摘しても逆に「だからこそ戦争により資源を確保しなければならない」というロジックに回収されてしまい、戦争回避の意味を持ちにくかった。

南進を強く主張した佐藤賢了は戦後に次のように述べている。

戦後一般的によくいわれることだが「日米生産力の比較において、鉄鋼は十倍、造船・造機は四倍以上であり、長期戦になったら勝てる道理がない。全然勝算のない戦争を敢えてした」と。

軍隊の動員計画、各種の作戦準備、および緒戦の作戦計画は、戦時計画の原則通り少しも不定の要素を含んではならない。マレーの上陸が失敗したり、蘭印の油田の占領が出来なかったりしたら、この戦争は全然成り立たないことはわかりきっている。

しかしそれから先のことは「戦いつつ戦いを養う」のであって、昔の「糧を敵に拠る」方式で占領地を開発建設しながら、生産を増強しようというのが、この戦争の本質なのである。だから、戦略拠点と資源地域を至短時間に攻略占領し、内地との運輸・交通を確保してから、敵の本格的反攻までに軍需生産を防御に必要なだけの戦力になるように高めるのである。

その以前の、即ち戦わない前における生産を比較したので［は］議論にも何にもならないのである。[37]

しかしこうした「戦いつつ戦いを養う」方法は「作戦がうまくいく」ことを前提としている。

佐藤自身も認めるように開戦直後から「陸海軍の徴傭船が増加の傾向を示し、予想通りの解傭が出来なかった。このことは、後に損耗量の増大と相まって軍需生産の癌をなす原因となるものであった」[38]。陸軍省戦備課が正確に指摘していたように、南方に進出しても資源を日本まで持って来られないリスクは当然存在し、そのリスクが過小に評価されたことが問題だった。

つまり、経済力の大きなアメリカを相手とする戦争が困難であること自体は皆知っていたので「専門家の分析が無視された」というのはやや不正確であり、「専門的な分析をするまでもなく正確な情報は誰もが知っていたのに、極めてリスクの高い「開戦」という選択が行われた」と考えるべきなのである。

なぜリスクの高い選択が行われたのか①――行動経済学による説明

このように、現代の目から見て非合理と思われるリスクの高い選択が行われたのはなぜか。筆者は現時点では、逆説的ではあるが「開戦すれば高い確率で日本は敗北する」という指摘自体が逆に「だからこそ低い確率に賭けてリスクを取っても開戦しなければならない」という意思決定の材料となってしまったのだろうと考えている。それはどういうことなのだろうか（以下、A.S. Levi と G. Whyte の研究を参考にしている[39]）。

経済学では「人間は合理的に意思決定をする」と考えられてきたが、実際には人間は非合理的に見える行動を取ることがよくある。例えば、以下の二つの選択肢のうちどちらが望ましいかという問題を考える[40]。

a　確実に三〇〇〇円支払わなければならない。
b　八割の確率で四〇〇〇円支払わなければならないが、二割の確率で一円も支払わなくてもよい。

bの損失の期待値はマイナス三二〇〇円（=マイナス四〇〇〇円×〇・八+〇円×〇・二）で、aよりも損失は大きくなる。したがって人間が「合理的」であれば、より損失の小さいaを必ず選ぶはずなのであるが、実験をしてみると実際には確実に損失が生じるaよりも、高い確率でより多くの損失になるが低い確率で損失を免れることもあるbを選ぶ人が多いことがわかっている（ある実験では九二%がbを選択した）。つまり、人間は損失を被る場合にはリスク愛好的（追求的）な行動を取るのである。

なぜこのような選択肢が選ばれるのかを説明するのが、近年急速に発展している行動経済学におけるプロスペクト理論である（D・カーネマンはこの業績などにより二〇〇二年にノーベル経済学賞を受賞した）。プロスペクト理論では通常の経済学が財の所有量に応じて効用が高まると仮定するのに対し、ある水準（参照点）からの財の変化の量に注目する。簡潔にいうと、人間は現在所有している財が一単位増加する場合と一単位減少する場合とでは、減少する場合の方の価値を高く評価する。そのため、人間は損失が発生する場合には少しでもその損失を小さくすることを望む（損失回避性）。そうすると、選択肢aでは確実に三〇〇〇円を支払わなければならないが、選択肢bでは二割の確率で損失は〇円になるので、人間は低い確率であっても損失が〇円になる可能性のあるbの方につい魅力を感じがちである。

さらにプロスペクト理論では客観的な確率がそのまま人間の主観的な確率となるわけではなく、心の中で何らかの重みづけをされると考える（客観的には二割の確率でも主観的には三割と考えられるかもしれない）。客観的な確率と主観的な確率との乖離は実証されており、自然災害などの客観的には滅多に起きない現象は主観的には高い確率として認識される一方、生活習慣病による将来の死といった客観的には高い確率で起きる現象は主観的には低い確率として認識されている（だからこそ「当選確率は極めて低いのに多くの人が宝くじを購入する」「将来ガンになる確率が高いのに多くの人が喫煙する」といった現象が起きる）。それゆえ、先ほどの選択肢bで「一円も支払わなくてもよい」という確率が主観的に過大に評価され（例えば三割）、aよりもbの方が望ましいと考えられて選択されることになる。

さて、こうしたプロスペクト理論を踏まえると、昭和一六年八月以降の当時の日本が置かれていた状況は先ほどの選択肢aおよびbとほとんど同じであった。日本の選ぶべき道は、政策決定者の主観的には二つあった。

A　昭和一六年八月以降はアメリカの資金凍結・石油禁輸措置により日本の国力は弱っており、開戦しない場合、二―三年後には確実に「ジリ貧」になり、戦わずして屈服する。

B　国力の強大なアメリカを敵に回して戦うことは非常に高い確率で日本の致命的な敗北を招

太平洋戦争開戦前の各種シミュレーション

日本の指導者の主観的な選択肢	想定される結果		対応する予測
開戦しない（A）	2–3年後には確実に国力を失い、戦わずして屈服（ジリ貧）		陸軍省戦備課の昭和16年8月の物的国力判断での石油の問題における現状維持の想定
開戦する（B）	非常に高い確率	致命的な敗北（ドカ貧）	企画院の応急物動計画試案 新庄健吉が作成した資料を基にした岩畔豪雄の主張 総力戦研究所の昭和16年8月の演練 陸軍省戦備課の昭和16年1-3月の物的国力判断と8月の船舶の問題における南方武力行使の想定 **秋丸機関日本班の研究、『英米合作経済抗戦力調査』『独逸経済抗戦力調査』で長期戦になった場合**
	非常に低い確率	イギリスの屈服によるアメリカの交戦意欲喪失、有利な講和	総力戦研究所の昭和16年1月の提言 陸軍省戦備課の昭和16年8月の物的国力判断の石油の問題における南方武力行使の想定 **秋丸機関『英米合作経済抗戦力調査』『独逸経済抗戦力調査』で短期でドイツが勝利した場合**

く（ドカ貧）。しかし非常に低い確率ではあるが、もし独ソ戦が短期間で（少なくとも一九四二年中に）ドイツの勝利に終わり、東方の脅威から解放されソ連の資源と労働力を利用して経済力を強化したドイツが英米間の海上輸送を寸断するか対英上陸作戦を実行し、さらに日本が東南アジアを占領して資源を獲得して国力を強化し、イギリスが屈服すれば、アメリカの戦争準備は間に合わず交戦意欲を失って講和に応じるかもしれない。日本も消耗するが講和の結果南方の資源を獲得できれば少なくとも開戦前の国力は維持できる。

これまで紹介してきた当時の秋丸機関以外の研究をこれに当てはめると、Aのシミュレーションは陸軍省戦備課の昭和一六年八月の物的国力判断での石油の問題における現状維持の想定に該当する。Ｂのうち日本の敗北を示す場合は企画院の応急物動計画試案、新庄健吉が作成した資料を基にした岩畔豪雄の主張、総力戦研究所の昭和一六年八月の演練、陸軍省戦備課の昭和一六年一―三月の物的国力判断と八月の船舶の問題における南方武力行使の想定にあたる。Ｂのうち日本が敗北しない場合は総力戦研究所の昭和一六年一月の提言、陸軍省戦備課の八月の物的国力判断の石油の問題における南方武力行使の想定などである。

つまり当時の日本では様々な研究によりＡもＢも選択肢として提示されていた。それぞれの研究はどれも正確であり、合理的に考えれば開戦が無謀なことはわかるのであるが、プロスペクト理論に基づけば、それぞれの選択肢が明らかになればなるほど「現状維持よりも開戦した方がまだわずかながら可能性がある」というリスク愛好的な選択の材料になってしまうのである。前述の陸軍省戦備課の昭和一六年八月の国力判断について、軍務課高級課員だった石井秋穂は「「戦をやれば不可能でもない」と感じた。もちろん苦しいと思った。誰も同じだったろう」と回想している(41)。

それを踏まえて秋丸機関の研究、特に日本班の結論と『英米合作経済抗戦力調査』『独逸経済抗戦力調査』をもう一度見直すと、これらはＢの選択肢の場合を詳しく論じたものといえる。

・日本班の研究では日中戦争の二倍の戦争は日本の国力では無理であることを指摘し、さらに『英米合作経済抗戦力調査』『独逸経済抗戦力調査』を合わせれば英米の弱点と言える船舶輸送力を攻撃するドイツの経済力に限界があるのでアメリカは当然のこととしてイギリスを屈服させることも困難であり、時間が経てば経つほどアメリカの軍事力は強大になっていく。つまり日本は非常に高い確率で致命的な敗北を喫する。

・一方で独ソ戦が短期間でドイツの勝利に終わり、ドイツがソ連の資源と労働力を手に入れさらに南アフリカに進出して自給力を高め経済力と軍事力を強化し、その結果イギリスを早期に屈服させられれば、アメリカは交戦意欲を無くして、日本が南方の資源を入手した状態で講和をできるかもしれない。つまり日本は非常に低い確率ではあるが有利な講和をできる可能性がある。

もちろん秋丸機関の参加者の本音は前者だったと思われるが、陸軍内の組織であり、さらに第三章で見たように正確な研究を目指していた秋丸機関では、「全く日本の勝利の可能性は無い」という主張はせず、わずかではあっても敗北を回避できる可能性があることを指摘することになった。それは合理的な判断が行われるという前提の下では「開戦回避」という結論になる筈であるが、より実際の人間が行なう判断に近いプロスペクト理論を用いると「開戦」という結論を下す選択肢を提供することになってしまったと考えられる。

参謀本部ソ連班の委嘱を受けて昭和一五年頃にソ連の経済力測定に参加するなど陸軍との関係もあった赤松要（当時東京商科大学）は、前述の昭和四六年の座談会で中山伊知郎と有沢広巳に「洩れ聞いたことがあるのだが、その［秋丸機関の］研究は、アメリカと戦争しても大丈夫だという答申を出したと聞いているが……」と尋ねており、中山と有沢はそれを否定しているが[42]、秋丸機関参加者が開戦回避を意図し、報告書をそうした意図で書いたとしても、それは陸軍側からは全く反対の結論を出すための材料と受け止められたのだろう。

なぜリスクの高い選択が行われたのか②――社会心理学による説明

前述の選択肢aとbにおいても、冷静に（合理的に）判断すれば期待値のより大きい（期待される損失の小さい）選択肢aを選択することが可能であるし、実験をしてもbを選択する人は多いもののaを選択する人は必ずいる。したがって日本の意思決定が通常の経済学が想定する意味で「合理的」に行われていれば開戦という期待損失の大きい判断は行われなかった。

開戦しない方が「合理的」だったという評価は戦後に何度もされてきた。昭和二六（一九五一）年一月中旬、外務省政務局政務課長の齋藤鎮男（のちインドネシア大使・オーストラリア大使・国連大使を歴任）は当時の吉田茂首相から過去の日本外交を検証するよう指示される。齋藤が同僚とまとめた外務省の文書「日本外交の過誤」（昭和二六年四月一〇日）の最後では、対英米開戦の判断について次のような指摘がされている。

かりに、あの際日本が隠忍自重して、戦争に入っていなかったと仮定したら、どうだろうか。戦争を前提とするからこそ、石油も足りない、屑鉄も足りない、ジリ貧だということになる。戦争さえしなければ、生きて行くに不足はなかったはずである。又、米国は、早晩欧州戦争に介入すべき運命にあったとすれば、その後だったら、日米交渉もできたかも知れない（もっとも、それも、日本が戦争は絶対しないという建前で行っての話であるが)。この点については、そうしていたら、日本は、戦争終了後において国際的な孤立に陥り、ひどい目にあったであろうという論もありうるだろう。しかし、スペインの如きは、現に米英側からだんだん接近して行っている。ソ連という国際関係におけるパブリック・エネミー・ナンバー・ワンが現れたからである。日本の場合にも、そうなりえなかったという理由はない。いずれにせよ、この方のチャンスがより合理的であったことは確かである[43]。

このように、親枢軸国的でありながら中立を維持し、冷戦によってアメリカとの関係を改善したスペインのような選択肢を日本も取れたのではないかという意見は現在に至るまでみられる[44]。もちろん日本の場合は日中戦争を戦う中国の問題があり、蔣介石政権を無視してアメリカが日本と国交を改善することはできなかったため、スペインと比べて中立の維持はより困難であった。だがそれ以上に問題だったのは意思決定である。スペインの場合は内戦の勝利者であるフランコが独裁体制を敷いており、強力な指導者のトップダウンで意思決定をすることができた。一九四〇年のバトル・オブ・ブリテンの結果イギリスの敗北が遠のくと、自国スペインの国力の限界を知るフランコはヒトラーの再三の要求にもかかわらず対英参戦しなかった。

他方、日本では強力なリーダーシップを取れる人物は誰もいなかった。第二章で取り上げたように、大日本帝国憲法下における意思決定の機能不全状態を打破するための取り組みであった昭和一五年の政治新体制運動は挫折してしまう。そのため日本の意思決定システムは日本の命運を左右することになった昭和一六年の時点において「船頭多くして船山に登る」状態であった[45]。服部卓四郎も戦後に書いているように、「日本における戦争指導は、陸軍、海軍及び政府の三鼎立の合議妥協によって律せられるのが、その実相であり、ややもすれば、思想の統一と施策の決断及び一貫性とを欠除していた[46]」。

こうした「集団意思決定」の状態では、個人が意思決定を行うよりも結論が極端になることが多いことが社会心理学の研究で知られている。慎重な人たちが集団決定すればより慎重な選択が行われ、逆に危険を厭わない人たちが集団決定すればますます危険な方向の選択が行われる。このように集団成員の平均より極端な方向に意見が偏ることを集団極化（group polarization）と呼び、特にリスクを冒す方向に意見が偏ることをリスキーシフトという。集団極化が起きる原因としては、他者と比較して（集団の規範と一致する方向で）極端な立場を表明することが他のメンバーの印象を善くし、注意を引き、集団の中での存在感を高める、つまりはっきりしない意見よりも極端ではっきりした意見の方が魅力的に思えるということ、また集団規範や価値に合致する議論が自然と多くなって集団成員がそれに説得されてしまうことが指摘されている[47]。つまりもともと個人の状態でもプロスペクト理論によってリスクの高い選択が行われやすい状態の中で、そうした人々が集団で意思決定をすれば、リスキーシフトが起きて極めて低い確率の可能性に賭けて開戦という選択肢が選ばれてしまうのである。

したがって日本がスペインのような選択肢を取れればそれは——犠牲者をより少なくするという意味で——望ましいことであったが、実際には小倉和夫氏の言うように「日本がスペインのようになれたとすれば、それは内戦またはそれに近い変動を経て、全軍、全政治勢力を統括し得る独裁的指導者を持った時のみであったであろう」[48]。フランコのような「冷静な独裁者」のいない日本では、集団意思決定によりリスクの高い選択が行われてしまうことになる。

昭和一五年の新体制運動は「国体」を守ろうとする観念右翼、「議会制民主主義」を守ろうとする政党政治家、「私有財産制」を守ろうとする経済自由主義者の反対に依り挫折した。それは明治維新の結果である大日本帝国憲法とそれに体現される政治経済システムを守ったことになるが、皮肉なことにそのために「船頭多くして船山に登る」状態を変えることができず、日本が一層重大な決断を迫られた翌年に対英米開戦という極めてリスクの高い選択になってしまったともいえるのである。

硬化する世論と悩む指導者

昭和一六年八月以降のアメリカの資産凍結と石油禁輸を一番深刻に受け止めたのは実際に戦争を経済面から検討していた専門家たちであった。前述の陸軍省戦備課の八月の報告が「油だけにて云えば南方をやるのがよし」というものだったのはその象徴である。五百旗頭真氏の言葉を借りれば「戦争の経済的側面の専門家からすれば、在米日本資産凍結と対日石油全面禁輸はあまりにも明白かつ確実な日本の死を意味した。文字通り「必死」であった。それとくらべれば、万に一しかない対米戦争の勝算すらも、不確定の要素が残されているだけ、まだ可能な選択なのである」[49]。

もちろん秋丸機関ほか多くの判断は「長期戦は不可能」であることを示していた。しかし前述のようにリスクが高い選択肢が選択されやすい状況の中で、「長期戦は不可能」の裏返しである「短期戦なら可能かもしれない」という判断が過大に評価されるようになっていく。

『独逸経済抗戦力調査』を執筆した武村忠雄は回想で「日本は石油がほとんどないから、石油の貯蔵量がその戦争経済力を決定する」ので、経済戦力に関する判断から「一つのチャンスは、昭和一六年の一二月に開戦して一七年中に休戦に持って行ければ、あるいは日本は名誉ある和平ができるかもしれない」と考えたと語っている。[50] 武村がアメリカによる石油禁輸の実施後、日本の石油貯蔵量から開戦の可能性を考えていたことは、総合雑誌『日本評論』昭和一六年九月号（八月一九日印刷納本）に掲載された武村の論説「日米関係今後の見透」からわかる。この中で武村はアメリカの経済制裁を詳しく紹介し、次のように結んでいる。

この重要戦略物資に対する米の圧力に我国は如何なる程度抗し得るか。特に我国は如何なる程石油を貯蔵しているであろうか。勿論その数量は軍事機密であって吾々の知る所ではない。然し仮にノックス海軍長官が八月二日記者団との会見で発表した推測、即ち「日本は大体に於て一年や一年半徹底的な戦時消費をやっても困らぬだけの石油、ガソリンの戦備貯蔵を持っている」と云う推測が正しいとすれば、我国はこの一年乃至一年半の間に石油資源の確保と、その開発、精製その輸送施設とを完成する必要に迫られている訳である。従って米の出方によって重大決意をなす可き時期が身近に迫りつつあることを自覚しなければならぬ。（八月十日記）[51]

現役の陸軍省主計課の将校でもあり秋丸機関の主力として活躍した武村は「軍事機密」である日本の石油貯蔵量を当然知ったうえでこうしたことを書いている。海外の報道を引用するという形ではあるが、「日本の石油備蓄は一年から一年半分しかない」という情報は国民にも知らされ、「重大決意をなす」ことの覚悟が求められていたのである。

このように南部仏印進駐後のアメリカの資金凍結・石油禁輸措置は日本の新聞・雑誌でも大々的に報じられ国民にも知らされていた[52]が、それは「アメリカが不当な圧力を日本にかけている」という形で報道・論評され、国民世論は対米強硬論に傾いていった。近衛文麿首相はルーズベルト大統領との直接会談で開戦を回避しようとしたが、「これをアメリカの新聞が書きたて、日本側にも伝わって、親枢軸派や右翼の連中が騒ぎ出し、反米的言辞がやたらに横行してしまった」と保科善四郎（当時海軍省兵備局長）は回想している。[53]東郷茂徳（開戦時外務大臣）も次のように日本国内の対米強硬論の高まりを記している。

［対米］交渉が停頓したこと、近衛首相が首脳者会談を提議したが米は之に応ぜぬこと等の事実が伝えられ、交渉の前途に対する悲観説が盛んで、新聞雑誌の対英米態度は益々強硬となった。一般国民は軍部の宣伝によって自国の強大を盲信した点もあるが、新発展を望んで千載一遇の好機となし、米英戦争も敢て辞せずという冒険的気分に浸されていた。東方会［中野正剛の政事結社］一派を中心とする対米「デモンストレーション」さえ行わるる形勢となった。[54]

対米交渉に自信を失った近衛文麿首相は辞職し、一〇月一八日に東条英機内閣が成立する。東条英機の内閣総理大臣就任と共に陸軍大臣（東条が兼任）秘書官となった西浦進は、東条内閣成立後間もなくの議会で議員が対米強硬論を演説したことに対し、「この頃の議会の速記録を見てみると面白いと思う。当時の強硬論者で今口を拭っている者は誰々か」と終戦直後の回想で皮肉っている(55)。ある意味では日本全体が集団極化してリスキーシフトにより「冒険的気分」が広がり、対米強硬論が世論となっていったのである。

こうした激化する世論と比べると、日本の軍事力と国力の実情をよく知っている指導者たちはまだ慎重だったと言える。昭和天皇から対米交渉に力を尽くすように指示された東条首相は前述の九月六日の「外交交渉に依り十月上旬頃に至るも尚我要求を貫徹し得る目途なき場合に於ては直ちに対米（英、蘭）開戦を決意す」という「帝国国策遂行要領」をいったん白紙に還元し今後の国策を再検討する。しかし国策の再検討を行った大本営政府連絡会議でも参加者は開戦後の見通しを持てないままであった。外務大臣としてこれに参加した東郷茂徳によれば、「米国の戦争遂行能力」の検討において「軍部其他の方面より詳細且具体的な検討の結果が披露せられた」が、「其兵力に就ては殆ど全部公表せられて居るから問題はなく、又其生産能力に就ては米国側で広範囲に渉り公表したものを割引しないで採用することにしたので、其戦争遂行能力の偉大なることは日本現存工業等が足許にも及ぶべからざることを明白に認め」たものであった。それゆえ「戦争に入りたる場合直接之［アメリカ］を屈伏し得べき方法なしと云うに一致したのである」(56)。

日本の指導者たちはアメリカと日本の経済力の格差を十分すぎるほど認識していた。

保科善四郎のメモによると、一一月一日の大本営政府連絡会議で海軍の永野修身軍令部総長は開戦後「二年間は相当やれる」としながらも「第三年後は彼我戦力の補充、資材の補給を始めとして、一切の総力と世界情勢の推移とによって決るので、それ以後の算はわからず」と述べている。(57)賀屋興宣《かやおきのり》蔵相は「二ヵ年先は解らぬということだが、もし米が優勢となれば南方を奪還さるることとなるべし。ソ［連］はこれを見越して頑張るべし。長期戦となっても南方を確保しうるや」と質問したが、嶋田繁太郎海相は「兵力の差が相当多い結果確たる成算ありとは言いえず。見透しつかず」と述べた。(58)東条首相は「わからぬということでは首相としては決めかねる。曲りなりにも三年後は責任を取らるるか否かは解らぬか」と聞いたが、永野軍令部総長はやはり「わからぬ」と答えている（杉山元参謀総長は「占領地の保持は成算あり」と答えている）。(59)

この連絡会議で武藤章陸軍省軍務局長が述べた発言は当時の日本の選択肢を端的に表している。

三年後の Risk は物に即したる Risk なり。要は国力にあり。結局外交上の成功なき臥薪嘗胆となる。戦争をやれば希望なき Risk なり。結末は国際情勢の推移を待つの外なし(60)［。］

日本の直面するリスクは「物に即したる Risk」つまり国力の問題である。「外交上の成功なき臥薪嘗胆」（アメリカの資金凍結・石油禁輸が続くままの開戦回避）と「希望なき Risk」である開戦のどちらが日本の国力が維持できるかという問題であった。軍務局長として秋丸機関の研究内容は知っていたと考えられる武藤自身は「希望なき」という表現から見ても開戦後の展望には悲観的だったと考えられるが、一方で日米交渉が成功しなければ日本の国力が三年後には底を尽くことは確実であった。

「国際情勢の推移」に期待した開戦の決定

結局のところ、特に前述のプロスペクト理論と集団意思決定によるリスキーシフトも相まって、日本の指導者にとっては、三年後の確実な敗北よりも、国際情勢次第で結末が変化し、場合によっては日本に有利に働くかもしれない開戦の方が「まだまし」と思えたのである。

後に『海上護衛戦』などの著書で有名になる大井篤（開戦時は海軍省人事局第一課先任課員）は終戦直後、ＧＨＱ参謀第二部（Ｇ２）歴史課でチャールズ・ウィロビー部長の下で前出の服部卓四郎・杉田一次のほか有末精三（開戦時は北支那方面軍参謀副長、のち参謀本部第二部長）・河辺虎四郎（開戦時は陸軍航空総監部総務部長、のち参謀次長）ら旧陸海軍将校や元東京帝国大学経済学部教授の荒木光太郎らと共に太平洋戦争史編纂に携わった（後に『マッカーサー元帥レポート』として刊行）。ある日大井は同郷（山形県鶴岡）の先輩にあたる服部卓四郎と歴史課の食堂で二人で食事した際、服部に「あなたがたは勝てるつもりで開戦を主張したと言うけれども、勝てると本気で考えるなどとは、理解に苦しみます」と言ったところ、服部は次のように答えたという。

ヨーロッパでドイツが英国を屈服すると信じていたので、英国が屈服すれば米国は孤立して寂しくなり、それ以上の戦争を継続する気にはならなくなって、日本との講和に応じてくるようになると考えたんです。それに日本の海軍はそれまでの期間は、持ち応えるものと信じていたし、殊に、あんなに商船が沈められるようになるとは思わなかった。(61)

服部の発言の後半は、昭和一八年一一月の海上護衛総司令部設立と共に作戦参謀として日本の輸送船の護衛に携わった大井への皮肉とも愚痴ともいえる内容だが、前半は開戦の意思決定が「国際情勢の推移」、とりわけ同盟国のドイツと敵であるはずのアメリカに依存した「他力本願」的なものであったことを示している。こうした考えを現在の視点から批判するのは簡単であるが、意思決定をする当事者はそのように信じるしかなかったのだろう。

服部や杉田、大井らが関わったG2歴史課の資料は防衛省防衛研究所のほか、第三章で紹介した名古屋大学の「荒木光太郎文書」に所蔵されている。特に名古屋大学「荒木光太郎文書」には服部が執筆した文章「日本の基本戦略」(昭和二二年八月二八日)が残されており、そこで服部は太平洋戦争開戦の経緯について――さすがに「米国は孤立して寂しくなり」などといった表現ではないが――次のように説明しており、やはり「日本以外の全般情勢とも関聯して」「終末を確かめ得ずして開戦」したことが述べられている。

持久戦遂行に関する戦略的考察並に国力に関する考察は共に絶対性を認められて居なかったのであって特に第三年以後の持久に関しては日本以外の全般情勢とも関聯して大なる浮動の要素

ありと考えられて居たのである。即ち日本政府並に統帥部共に持久戦に関する終末を確かめ得ずして開戦に決意せざるべからざるに至ったのは一九四一年秋頃に於ける情勢上止むを得ず死中に活を求むるの途を撰ばなければならなかったが為に外ならない(62)。

「荒木光太郎文書」に所蔵されている他の「日本の基本戦略」は杉田一次執筆と推定され(昭和二二年七月二九日)、そこでは開戦経緯について次のように書かれている。

要するに日本は対米英戦争を決意したけれども米国を屈伏せしむる積極的方策なく長期持久と世界情勢の変化等により聯合国就中米国の戦争断念の時機を待つのみであった[。]而して之が為には対米長期戦に即応する戦略が必要であったが実際に於て之に即応する対米英戦略として陸海軍にも統合せられた主旨一貫したものが殆んどなかった(63)[。]

既に第四章で述べたように「対米英蘭蔣戦争終末促進に関する腹案」は「陸海軍にも統合せられた主旨一貫したもの」とは程遠く、日本が開戦時に考えていた「戦略」は「長期持久」しながら「世界情勢の変化等により」「米国の戦争断念の時機を待つ」ことだけであった。臥薪嘗胆による確実な国力低下よりも、南方の資源を確保して持久しているうちにアメリカが何らかの要因(主にドイツによるイギリスの早期の屈服)で戦争を断念する可能性がごくわずかにある、客観的に見れば極めてリスクの高い「開戦」という選択肢に日本は賭けたのである。

先の見通しが立たなかったからこそ始まった戦争

一一月五日の御前会議では前述の大本営政府連絡会議での議論を受けて「帝国は現下の危局を打開して自存自衛を完うし大東亜の新秩序を建設する為此の際対米英蘭戦争を決意」し、「武力発動の時機を十二月初頭と定め陸海軍は作戦準備を完整す」「対米交渉が十二月一日午前零時迄に成功せば武力発動を中止す」と交渉の期限を切った「帝国国策遂行要領」が再度採択される[64]。アメリカとの外交交渉がうまくいかなくとも開戦を回避し「臥薪嘗胆」するという選択肢は日本の国力低下を確定させてしまうために選ばれなかった。森山優氏の言葉を借りれば「外交交渉と戦争は、その結果において曖昧だった。つまり、アメリカが乗ってくるかどうかわからない外交交渉と、開戦三年めからの見通しがつかない戦争は、どうなるかわからないにもかかわらず選ばれたのではなく、ともにどうなるかわからないからこそ、指導者たちが合意することができたのである[65]」。結局一一月二六日にハル・ノートが提示され、日米交渉は頓挫し、残された唯一の選択肢である「開戦」が選ばれることになる。

西浦進は開戦直前の一二月五日か六日頃に陸軍省記者クラブの記者から「どうですか対米交渉は、国民の間にはもう東条内閣の弱腰に非難の声が起り出した」と言われたという[66]。昭和天皇は昭和二一年に側近に語った記録（『昭和天皇独白録』として知られる）で、「実に石油の輸入《ママ》禁止は日本を窮地に追込んだものである。かくなった以上は、万一の僥倖に期しても、戦った方が良いという考が決定的になったのは自然の勢と云わねばならぬ、若しあの時、私が主戦論を抑えたらば、陸海に多年錬磨の精鋭なる軍を持ち乍ら、ムザムザ米国に屈伏すると云うので、国内の与論は必ず沸騰し、クーデタが起ったであろう(67)」と述べている。前述のように実際には世論が既に対米強硬論で沸騰している中で、陸海軍を含む日本の指導者たちは先の見通しが立たずむしろ開戦に慎重だったとすら言えるが、結局「確実な敗北」よりも「万一の僥倖」に賭けて開戦することになった。河西晃祐氏の言葉を借りれば、「もし現在のわれわれが太平洋戦争開戦に至る歴史から何かを学びえるとすれば、それは日本の国力を過信していた訳でも、アメリカの国力を過小評価していた訳でもなかったアクターらによって戦争が選択されたという事実である。正しい情報と判断力があれば戦争が回避できるわけではない怖さを、この時のアクターらの行動は示しているといえよう(68)」。

真珠湾攻撃成功の報が入った後の大本営陸軍部戦争指導班の一二月八日の日記は次のように書かれている。

戦争第一日を送るに方り作戦の急襲と言い全国民戦意の昂揚と言い理想的戦争発起の成功せるを確認し戦争指導班として感激感謝の念尽きざるものあり

然れども戦争の終末を如何に求むべきや是本戦争最大の難事　神人一如の境地に於て始めて之が完きを得べき哉(69)

結局のところ、日本は「戦争の終末」の見通しなく、そしてそれゆえに戦争を始めたのである。

第六章　「正しい戦略」とは何だったのか

秋丸機関の「戦略」は有効だったか

第四章で見たように、秋丸機関の現状分析や提案した「戦略」というのは当時のいわば常識的な内容であり、日本の開戦前の唯一の戦争終結案といえる「対米英蘭蔣戦争終末促進に関する腹案」も当時の常識や願望を並べたものであったが、圧倒的な国力格差があるアメリカと戦ってかつ有利な条件で講和を結ぶとすれば、こうした常識的な戦略――南方の資源を確保して防御を固めると共にインド洋方面に進出してイギリスと植民地との連絡を絶ってイギリスを弱体化させる――は、秦郁彦氏の言うように、「四一年秋の時点で日米開戦を不可避の前提とすれば、ほかに代案が見つからないという意味で、「腹案」は最善に近い大戦略だったと判断する」という評価もできる(1)。

秋丸機関の報告書や「腹案」の戦略とその後の太平洋戦争の経過は大きく異なったが、逆にそれ故に、開戦前に考えられていた戦略を取れば日本は少なくとも無残な負け方をしなかったのではないか、と考えたくなるのは人情である。昭和二〇年二月一六日、参謀本部戦争指導班長の種村佐孝は前首相の東条英機に現在の情勢を説明したが、その際に東条は次のような反省の弁を述べたという。

開戦の可否に関しては、今でも日本はあれより外に進む途がなかったと信じている。しかしその後の戦争指導に関しては大いに反省しなければならぬ点が多い。私は開戦前わが海軍の実力に関する判断を誤った。しかも緒戦後海軍に引きずられてしまった。一方わが攻勢の終末を誤った。緒戦後のわが攻勢は印度洋に方向を採るべきであった。また石油に関する観察も誤った。日満支の燃料施設を、全部南方に送ってしまったのは誤りであった。更に独ソ戦の推移に関する判断を誤った。独ソ和平斡旋のチャンスもあったのに惜しいことをした。三国同盟の功罪は今日自分からは何ともいえぬが、単独不講和の条約は帝国の戦争終末施策を束縛したことは事実である[2]。

ただ戦略というのは実行できなければ意味が無く、結論から言えば、そうした常識的な戦略を効果的に実施することは様々な理由で困難であった。そして根本的には、そもそも戦略で解決できる問題ではなかったのである。

日本とドイツとのすれ違い

『英米合作経済抗戦力調査』ではアメリカからイギリスへの軍需品輸送における船舶の不足が「弱点」とされていたが、その輸送船を攻撃するのは地理的に日本ではなく同じ枢軸国のドイツである。さらに『独逸経済抗戦力調査』の「判決」最後で述べられていたように、ドイツの抗戦力を支える資源をある程度供給するためにもインド洋で日本とドイツが連絡することが必要であるが、そのためには日本が南方を占領すると共にドイツがスエズを占領して中東に進出しなければならない。どちらにしても、日本とドイツ（そしてイタリア）が協力して行動しなければこうした戦略は有効ではない。昭和一六年一一月六日の陸軍省課長会議で佐藤賢了軍務課長は「戦争終末の問題を如何にするか最も困難なり」としつつ、「日本は南方洋域を確保し戦略的にまた資源的に不敗の態勢をとり、一方独逸はアフリカ、ダカール等を占領して日独相応じて太平、大西両洋における海軍及び空軍を打た《ママ》いて米を孤立せしむるのが賢明である。ともかくこうして米国の戦争意志を破砕する目的をもって日独両国が十分に提携協力する要あり。この目的をお互が十分に把握する要あり」と述べていた(3)。

ところが、実際の日本とドイツとの間では共通の目標も戦略もほとんど無かった（以下、本節の註のない情報は平間洋一氏の著書および工藤章・田嶋信雄両氏の編著に依る(4)）。そもそも太平洋戦争開戦時点でドイツはソ連と激戦を繰り広げていたため主要な敵は第一にソ連であり、対英上陸作戦を凍結していたイギリス、そしてアメリカは主要な攻撃対象ではなかった。一方で日本にとっては第一章及び第五章で見たように第一の主要敵はイギリス、次いでアメリカであり、ソ連とは日ソ中立条約を結んでいた。それゆえドイツにとってはソ連、日本にとってはイギリスの打倒が最も優先されるべきであり、その時点で戦争の目標が大きく異なっていた。日本にとってはドイツがソ連に向かわずにイギリスの打倒に専念することが本来は最も望ましく、それゆえ独ソ開戦の報が入った時に南進論者の真田穣一郎軍事課長は「アア、ヒットラーは馬鹿をした」と叫んだ。(5)

ドイツは戦略上日本の対ソ参戦を要請する一方(第四章)、イギリスの船舶を攻撃し経済力を削ぐためにインド洋への日本の潜水艦派遣を要請したが、他方でドイツはスエズへの進出よりも対ソ戦争を優先した。さらに日本は英領インドの独立を支援してイギリスに打撃を与えようとするが、アーリア民族を文化創造者とし、優秀なゲルマン民族とアングロサクソン民族が世界を支配すべきであると考えていたヒトラーはイギリスと戦争しながらも敬意を払っており、イギリスとの講和を考えていたためインドの独立には消極的であった。日本は「印度及アラビヤに関する日独伊三国共同宣言」を提案したがドイツからは時期尚早として拒否された。ヒトラーは日本がイギリス植民地を占領すると表面上は喝采を送ったが、一方でやがては白色人種と黄色人種の最後の戦争をしなければならないだろうと語っており、ドイツ国内でも日本の優勢を危険視する黄禍論が台頭した。ドイツは日本を本心では信用していなかった。

他方で日本はドイツに対して中東への進出を何度も要請した。既に第四章で述べたように「対米英蘭蔣戦争終末促進に関する腹案」ではドイツが日本に呼応して中東に進出し、さらにイギリスを屈服させるための攻撃を強化するだろうと予測(というよりも願望)していた。昭和一六年一二月一二日に永野修身軍令部総長はドイツのヴェネカー武官に対し、ドイツは対ソ戦を中断し、スエズ方面を攻撃してイギリス勢力を中東から追放すべきであると進言している。しかし一二月一七日にレーダー海軍長官は日本側代表に対し、日本が期待していた対英上陸作戦は困難で航空作戦でイギリスを屈服させることも不可能であるが、今後とも日独海軍が毎月八〇万トンから一〇〇万トン撃沈できればイギリスを屈服させられるため、ドイツ海軍としては日本海軍がインド洋に艦艇を派遣し、連合国の海上交通を遮断することを期待していると述べた（こうしたドイツ側の当時の判断からも、『英米合作経済抗戦力調査』の「判決」が当時の常識的なものであったことがわかる）。一九四二年二月にはヨードル国防軍最高司令部作戦部長から日本側に対し、中東方面の作戦の重要性は十分認めるもののまず対ソ戦に重点を置かざるを得ないという説明がなされ、これに対し日本側は対ソ戦の重要性を認めるものの日本が最も重要視するのは中近東作戦であり、日中戦争の経験からしてもソ連に深入りするべきではないと訴えた。実際にはドイツ内部でも攻撃正面を中東に向けることやソ連との講和も考えられていたが、ソ連打倒に固執するヒトラーは耳を貸さなかった。

このようにすれ違う日本とドイツの戦略はどこかで調整されなければならなかった。太平洋戦争開戦後、日本とドイツ、イタリアは日独伊軍事協定の締結交渉を進めたが、イギリス本土上陸作戦を求める日本とソ連攻撃を求めるドイツとの間での調整が一ヶ月も続き、最終的にソ連問題には触れずに日本が東経七〇度以東、ドイツ・イタリアが同以西の海域の敵根拠地、艦船、航空機などの撃破、三国間の情報交換、枢軸国の海上および航空連絡を強化することで妥結し、一九四二年一月一八日に日独伊軍事協定が調印された。協定の発表に際して、日本はソ連を刺激しないように協定の対象が英米であることを明確にするよう申し入れたが、ドイツはそれを無視して協定成立を大々的に発表してしまった。

また、一九四〇年九月に調印された日独伊三国軍事同盟では、戦争指導や作戦計画を調整するために混合専門委員会を遅滞なく開催することが第四条に明記され、同一二月には大使と外務大臣などからなる混合委員会、戦略や作戦および経済協力などを協議する軍事専門委員会と経済専門委員会を設置する協定が署名されていた。しかし日本もドイツもこうした委員会で協議を行うことには消極的であり、軍事専門委員会が正式に発足したのは太平洋戦争開戦後二ヶ月以上経った一九四二年二月であった。しかも、ドイツ側は日本から情報が英米に流出していることを警戒し、さらに日本もドイツもイタリアからの情報流出を警戒していたため、委員会はほとんど機能しなかった。

なお情報流出の理由の一つとして、日本とドイツとの間で直接人物の往来をすることが困難だったことがあげられる。そのため日本とドイツは電報による情報交換を行ったが、これが連合国に解読されて日独を結ぶ封鎖突破船や潜水艦による連絡が遮断されてしまった。

そもそもドイツと日本がイギリスおよびアメリカと戦争をするのであれば、ソ連を少なくとも敵ではない状態にしてソ連から物資を輸入したり日独間でシベリア鉄道を使って物資を輸送したり人員の連絡を行うことが必要であった。独ソ開戦前の一九四一年一月から五月までにドイツはシベリア鉄道を経て日本や満洲国からゴムや油脂、食糧、鉱物、化学製品および薬品など総計二一万トン以上の物資を入手しており、その見返りとして日本や満洲国に重機械類、車両、装甲板、航空機材等をシベリア鉄道で運んでいた。独ソ開戦によりシベリア鉄道による日独間の物資輸送や人員連絡は不可能になり（日ソ中立条約によりソ連と交戦していなかった日本側の関係者のみ、ソ連対日参戦まで中立国トルコを経由したシベリア鉄道による移動がごく少数可能であったが）、一ヶ月に五〇〇〇トンから一万トンの船舶を撃沈できる潜水艦に日独交換使節や一五〇トン程度の貨物を運んで、連合国側の攻撃による撃沈の危険を冒しながら日独間を結ぶという極めて非効率的な輸送をするしかなくなってしまった。日本とドイツとの間で経済協力の二国間協定が結ばれたのは戦局が不利になった一九四三年一月二〇日のことであり、しかも日本はドイツの生産力を過大に評価し、ドイツも日本のアジアでの物資供給能力を過大に評価して相互に「ない物ねだり」をするばかりであった。さらに日本もドイツも技術を出し渋り、日本が最も必要としていた石炭の液化技術をドイツ側が供与することを認めたのは一九四四年三月であった。

結局のところ、日本とドイツは同盟を結びながら全く利害が一致せず、一部を除いて効果的な共同作戦をすることはできなかった。平間洋一氏の言葉を借りれば、「日独両軍は共通の敵と戦いながらも共通の目標も戦略もなく、最後まで相互に「おらが国」の国益を前面に出し、個々に戦い個々に敗れたのであった」(6)。

陸軍と海軍の戦略不一致

秋丸機関の報告書ではアメリカと直接戦う戦略はほとんど考えられておらず、また「対米英蘭蔣戦争終末促進に関する腹案」においてもアメリカとどう戦うかについては、「凡有手段を尽して適時米海軍主力を誘致し之を撃滅するに勉む」とされているほか、「対米通商破壊戦を徹底す」

また「対米宣伝謀略を強化す」という項目の中で「米海軍主力の極東への誘致」と「極東政策の反省と日米戦無意義指摘に置き米国輿論の厭戦誘致に導く」といったことが書かれているだけである。つまり太平洋戦争はアメリカと戦う戦争であったものの、開戦時に日本が想定していたのはイギリスを屈服させることによって間接的にアメリカと有利な講和を結ぶことであり、アメリカとの直接の「戦闘」についてはせいぜいアメリカ海軍主力が日本に近づいてきた際にそれを迎え撃つということしか考えられていなかった。

このようにアメリカ海軍を迎え撃つという「漸減邀撃」の戦略は日露戦争以降の日本海軍が維持してきたものであったが、しかしこうした戦略には特に太平洋戦争開戦の時点では大きな問題があった。既に石油禁輸により石油備蓄が減少している日本では待てば待つほど艦隊を動かすのに不利になることは明らかであり、もしアメリカが開戦からしばらく戦力増強に専念し、それから本格的に艦隊を日本に向けて来れば、石油の無い日本がアメリカ艦隊を迎え撃つことはできなかった（南方での石油資源確保がうまくいくかはその時点では不明であった）。それゆえ、アメリカ艦隊を「待つ」ことはできず、海上航空戦力を使って先にハワイの真珠湾のアメリカ太平洋艦隊を攻撃せざるを得なかった。(7)

真珠湾攻撃は周知のように成功を収めるが、海軍はなおも不安を持っていたと考えられる。海軍艦政本部長などの要職を務め当時予備役になっていた中村良三（海軍大将）は、改造社が刊行していた『時局雑誌』昭和一七年一月号における軍事評論家の齋藤忠との対談記事において、真珠湾攻撃による戦果を過大視することを戒めている。中村は真珠湾攻撃で大破着底した戦艦が復活する可能性を示唆している。

大破せりというやつは、損害の程度が分りませんが、真珠湾内は、非常に水底が浅いところですから、底に喰付いておるかも知れん。従ってこれを修理することは或は可能かも知れぬ。ですから、構わずにおけば復活するという可能性も考えねばいかん。すっかり沈没したやつは、これは非常に日数を要して難かしいとしても、大破せりというやつは、案外早く復活するかも知れん。最も安全な考え方をすれば、これはどうしてもある期間の後には復活するものと思わねばなるまい。〔中略〕目下のところは、兎に角優勢であるが、いつまでも優勢を持続できるかという問題が起って来る。われわれとして見ると、そういうことの有り得ることも頭の中に存して置かねばならぬ。余りに今度の戦捷に有頂天になって、米国の海軍は無くなってしまったなどというような心持でおっちゃこれは困ると思う。(8)

実際、アメリカは真珠湾で沈没または大破着底した戦艦八隻のうち六隻を引き揚げて修理し、戦列に復帰させた。中村の懸念は現実のものになったのである。

さらに興味深いのは、中村がこの時点でアメリカ空母機動部隊による日本への空襲の可能性を指摘していることである。対談相手の齋藤が「〔航空〕母艦を、持って来れば必ず撃沈されるときまった日本本土の空襲作戦に出動させる勇気はありましょうか」と問うたのに対して中村は次のように答えている。

いや、それは妄りに敵を侮るわけにいかん。艦隊編成の上から見ても、彼は主力艦隊の戦闘部隊というもののほかに、哨戒部隊というものを有っておる。哨戒部隊の主力は何かというと、一万噸巡洋艦に航空母艦を附けたものです。この間も元の軍令部長のプラット大将が、論文を著しておりますが、恐ろしくこの一万噸巡洋艦を威張っておるのです。世界の海軍中、自分のところの一万噸巡洋艦のような強いやつは無いとか云って威張っている。これは索敵部隊として今まで編成されており、速力が速い。航空母艦もまた速力がはやい。従って、この快速を利用し、日本の虚を衝いて、日本列島空襲を敢行せんでもない。日本の主力艦に遭ったら逃げる、巡洋艦に遭遇したら、一戦を交える、しかも主力艦にはあまり行き合わぬところを狙うという考えでね。いくら網を張っておっても、兎に角、東西南北に渉って一万何千哩もある戦場ですから、これを蟻も通さぬようにするということは、出来ないことです。主要な地点に兵力を持ってゆけば、他の処は手薄になるのは当然で、そういう処を潜って来ないとも限らぬ。もちろん今日の状況からいって、屢々それを繰返すことは到底出来ないことだろうと思う。けれども、余りにも士気沮喪してしまって手も足も出ないとあっては、国民に対して又世界に対しても、米国海軍の面目に関わるから、ひとつやってみようかなという気が起らんとも限らぬ。結局この部隊の編成は、所謂重巡洋艦という一万噸級のやつを主力として、その掩護下に航空母艦を持って来て、それでパッとやる。そういうことは予期せられるのだから、やはり空襲にたいする総べての準備は、日本としてはやっておかなければいかぬ。(9)

中村がこの対談において語っている懸念は海軍に共有されていたと考えられる。仮想敵としてアメリカ海軍を徹底的に研究していた海軍からすれば、真珠湾で着底した戦艦の復活や残存している空母機動部隊による日本本土空襲は十分考えられる事態であった。それゆえ、インド洋にだけ関心を払うわけにはいかず、太平洋においてアメリカ艦隊を壊滅に追い込まなければ安心はできなかったのである。

なおこの対談の最後で中村はインド洋において日独伊が連絡することの重要性も指摘しており[10]、「インド洋作戦」が当時のいわば常識だったことが改めて確認できる。この中村と齋藤との対談が掲載された『時局雑誌』昭和一七年一月号には、武村忠雄の論説「武力戦から経済戦へ」も掲載されており、武村はその中でアメリカの「国民経済的組織力たる輸送力の弱点は特に海上輸送力の点に現われている」「英国の経済抗戦力の最弱点も海上輸送力にある」「濠洲、蘭印、馬来、ビルマ、印度等よりする護謨、錫、タングステン、其他食糧品の本国への輸送ルートが我が海軍力によって遮断されるならば、致命的打撃を英国は受ける。更に米国から物資援助を受けることも今後独伊海軍の海上ゲリラ戦の激化により困難さを加えるであろう。その結果は英本土上陸作戦はならずとも英本国は悲鳴をあげるに至るであろう[11]」と、秋丸機関の『英米合作経済抗戦力調査』の内容を紹介している。アメリカ艦隊の壊滅と共に、イギリスを屈服させるためにインド洋に進出することの重要性も当時の論壇では普通に論じられていた。

ただ、日本の論壇で普通に論じられている内容は当然のことながら連合国側でも十分承知していた。日本軍のインド洋進出を牽制するためにイギリスはアメリカに日本の空母部隊を太平洋に向ける作戦を要請し、一九四二年四月にはアメリカの空母から発進した爆撃機によりドーリットル空襲が実施される。それによりアメリカ空母機動部隊の脅威が大きいことが改めて明らかになり、それを壊滅させるために急遽実行に移された六月のミッドウェー海戦で日本は逆に四隻の空母を失ってしまう。その後太平洋の軍事バランスは一気にアメリカ優勢に傾いていくことになる。

なお、そもそも日本がインド洋に進出してもそれで戦局に大きな影響が与えられたかは疑問である。秋丸機関の『英米合作経済抗戦力調査』『独逸経済抗戦力調査』を総合しても、結局のところ日本の勝機はドイツの抗戦力とアメリカの動員の早さ如何にかかっていたわけであるが、『独逸経済抗戦力調査』が既に指摘していたように、仮に日本とドイツとの連絡ができ「東亜」からドイツが必要とする一部の物資が提供できてもそれではドイツの自給態勢は完成できない。先行研究で紹介されているように[12]、秋丸機関は昭和一七年三月に『独逸大東亜圏間の相互的経済依存関係の研究—物資交流の視点に於ける』という資料を刊行し、そこで「日本を盟主とする大東亜圏と独逸を中核とする欧州広域圏」との相互依存関係を分析しているが、結論はドイツから見ても「大東亜圏」から見ても補完的関係は存在しないというものであった。

一方、陸軍は「アメリカと戦争をする（している）」という意識が極めて希薄であった。陸軍の仮想敵国は第一にソ連であり、またアメリカと戦うことになったとしてもその担当は海軍と考えられていた。昭和一六年四、五月ごろ、参謀本部作戦課の少佐が「南方作戦計画」の粗案を携えて欧米課の杉田一次の意見を聞くために訪れた際、杉田は「南方作戦というが土地と戦さをするのではなかろう。対ソ、対中作戦のように対米英作戦計画があって南方作戦はその一部となるのではなかろうか」と答えた。[13]しかし陸軍がアメリカ軍と戦うことは太平洋戦争開戦直前になっても米領フィリピンの攻略以外はほとんど想定されていなかった。第四章で取り上げた「対米英蘭蔣戦争終末促進に関する腹案」はもともと「対南方戦争終末促進に関する件」という名前で研究審議されたものだった。[14]「陸軍は対米英作戦計画もなく〝南方作戦〟の名の下に「鹿を追うもの山を見ず」式で、一途に、ドイツの必勝を信じて対英米戦に突入したのであった[15]」。

太平洋戦争開戦後も陸軍は依然として対ソ戦を重視しており、当初南方作戦のために投入された陸軍兵力は全兵力の二割の一一個師団約三五万人であり、陸軍兵力の大部分は中国戦線及び対ソ戦のために温存されていた。大本営陸軍部は冬季間に南方作戦を終えた後、兵力を北方に転用して昭和一七年夏季以降の対ソ作戦や中国本土での作戦を行なおうとしていた。独ソ戦開始後に北進を強く主張した参謀本部の田中新一作戦部長は長期自給態勢を確立するために南方の資源を確保できた時点で再度対ソ武力行使を行い、ドイツと共にソ連を攻撃してソ連を崩壊させ、ドイツをイギリスに向かわせることを考えていた。[16]昭和一七年末に田中はガダルカナル島の戦いをめぐる東条首相との衝突により作戦部長を更迭されるが、その後も昭和一八年四月に大本営から関東軍へ通報された昭和一八年度作戦計画では「先制奇襲」によるウラジオストック侵攻や北樺太、カムチャッカ占領が並んでいた。陸軍教育総監が教育・訓練の重点を対ソから対米戦闘に転換するように訓令したのは昭和一八年九月であった。[17]さらに陸軍大学校での教育が対米戦闘法に切り替えられたのは昭和一九年のことであったが、これは昭和一八年末に昭和天皇が陸軍大学校（当時の校長は総力戦研究所所長を務めた飯村穣）の卒業式に行啓した帰途、侍従武官長に「日米戦争苛烈な今日、依然として対ソ戦教育をしているのはどうか」という下問があったためであった(18)。陸軍は「米国が主敵であるとする根本観念に欠けるところがあった(19)」。

結局のところ、海軍はアメリカ海軍、陸軍はソ連陸軍を仮想敵とする従来の思考法から抜け出せず、統一的な戦略を持たないまま太平洋戦争に突入したのだった。

根本的な問題①——日本の船舶の減少

このようにドイツと日本、陸軍と海軍の戦略の不一致はもちろん重要であるが、より根本的な問題はやはり連合国と枢軸国との国力の差であった。

秋丸機関の『英米合作経済抗戦力調査』が英米の船舶の問題を「弱点」として最重要視したように、日本経済においても「勢力圏下の円ブロック内から調達する軍需物資を日本本国の戦時再生産の継続のために最大限に運び込む」ために「船舶による海上輸送力が統制展開の制約条件として前面に出る」ことになった(20)。また『独逸経済抗戦力調査』で指摘されていたようにドイツの国力に限界があり、さらに日本とドイツが離れていた以上、ドイツに頼らずに日本が「長期持久」するためには南方の資源を確保した上でそれを日本に船舶で輸送して兵器や軍需品を大量に生産し、それにより防備を固める必要があった。つまり第二次大戦の日本の勝機はある意味では「連合国（特にアメリカ）はドイツの通商破壊以上に船舶を生産できるか否か」「日本が長期持久に必要な船舶を確保できるか否か」にかかっていた。そのためここでは船舶の問題に絞って日本とアメリカとを比較したい。

既に述べたように陸軍省戦備課は昭和一六年八月に南方武力行使の場合は船舶に懸念があると指摘しており、船舶の問題は開戦直前まで議論されていた。「対米英蘭蔣戦争終末促進に関する腹案」でも「重要資源地域並主要交通線を確保して長期自給自足の態勢を整う」[21]とされ、資源を日本まで運ぶ「主要交通線」を確保することが謳われていた。

しかしその「主要交通線」の保護に誤算があった。前述のように日本海軍はアメリカ海軍を仮想敵国としており、海軍の想定する戦争は伝統的に「対米一国の短期戦争」であったため、精強な艦隊を整備して敵艦隊を撃滅し根拠地攻略を行うことこそが海上交通保護（自国の船舶の安全な航行）であると考えられていた[22]。海軍が「太平洋戦争のような戦争」を想定するようになったのは開戦の一、二年前のことであり、それでも老齢駆逐艦や水雷艇などで通商保護が可能であると考えられていた[23]。海軍内部では第一次大戦時のイギリスが一年あたり保有船舶量の一〇％程度を喪失していたことを参考にして戦争の際の船舶喪失量をやはり一〇％程度と算定しており、これを基に昭和一六年一一月五日の御前会議では鈴木貞一企画院総裁が船舶喪失量を年間八〇―一〇〇万総トンと説明した[24]。

戦争当初は日本の船舶の喪失も当初の予想を下回ったので「緒戦の数カ月間は、船舶問題を心配したり、海上護衛の強化を叫んだりすることが、馬鹿馬鹿しく思われるぐらいの好況裡に戦況はすすんでいった[25]」。しかし昭和一七年八月から翌年二月までのガダルカナル島の戦いで陸海軍に徴用された船舶を前線で大量に喪失したことで、昭和一七年一〇月から昭和一八年三月までの半年で船舶喪失は七四・五万総トンに達した[26]。しかしアメリカ潜水艦による通商破壊の結果としての船舶喪失は戦前の見込みと同程度だったので、ガダルカナル島の戦いでの船舶喪失は例外だと考えられ、「主要交通線」の保護を強化しようという動きにはつながらなかった[27]。しかしその一方で昭和一八年中ごろからはアメリカの魚雷の改良などの結果、潜水艦による通商破壊が盛んになり船舶喪失は急激に増加していった。昭和一七年中までの主な船舶喪失は通商破壊によるものではなく軍事作戦に伴うものだったことが海上交通保護態勢の強化を遅らせ、実際にアメリカ潜水艦による通商破壊が深刻化した時点でそれに対応できなくなり、資源を日本まで運ぶ「主要交通線」を崩壊させることになったのである。

さらに輸送船の喪失と共に問題だったのは、日本は太平洋戦争開戦時に大量造船の準備を全く整えていなかったことであった（以下、本節は荒川憲一氏の研究[28]を主に参照）。第二章でも取り上げたように日中戦争開始後は経済統制が強化されていくが、昭和一三年から本格的に始まった物資動員計画では特定重要資源が産業部門別に配分されることになった。物資動員を担当した企画院は物資（特に鉄鋼）の造船部門への配当を削減し、その分を軍需部門と製鉄・機械工業部門に厚くした。鉄鋼の生産、配給、消費を統制した中央機関である商工省鉄鋼統制協議会では商工省と企画院が機械と官需要（軍需含む）の主査となり、造船は逓信省が主査だった。これに基因する官庁間の縄張り争いが恐らく原因で造船部門には鉄鋼があまり配給されず、これが民間造船企業の造船と関連設備の拡張に制約を加えた。このほか資金充当の面でも造船部門よりも機械・器具業部門の方が優先された。全体として、膨大な軍需品の生産を必要とする当面の日中戦争に対応するため、軍需部門と生産力拡充の基礎となる製鉄・機械工業部門とに資源が優先的に投下された結果、イギリスやアメリカと戦い南方の資源を入手するのであれば本来は大量に必要だった輸送用の船舶の増産は後回しにされていたのである。

さらに政府が経済統制の一環として昭和一四年から実施した造船承認制度では、長さ五〇メートル以上の造船契約は契約締結前に注文者と受注者連名で造船調整協議会の審査を得て承認を受けなければならなくなった。つまり通常の造船契約では必要ではない取引申請・審査・承認という取引コストが負荷されることになったため、規制対象外である長さ五〇メートル未満の船の建造に契約が集中することになった。また、物価上昇を抑えるために海運業関連の運賃や傭船料も統制の対象となったが、船価（船の価格）は統制が及んでいなかったので上昇した。つまり高い費用で船を建造しても運賃や傭船料は低く抑えられていたため利益を出すことができなくなり、船主にとって新船の建造は採算が取れなくなった。戦時標準船（第一次）の規格が設定されても船を発注するのは民間の船主であった以上、こうした経済統制の不具合により輸送船の造船は進まなかった。

こうした事情により日本では太平洋戦争開戦時に大量造船の態勢は全く整っていなかった。その上、造船の担当官庁である逓信省も海軍も戦時の大量船舶需要について危機感がなく、さらに太平洋戦争の緒戦は日本に有利であり戦争は予期した以上に早く終わると予想されたので、民間造船業者は船舶が余剰になった第一次大戦後の不況の経験から設備投資に慎重になってしまった。

このように南方からの資源を運ぶために必要な船舶の造船が進まないことについて、秋丸次朗も第五章で紹介した総力戦研究所での講義において「船舶輸送力を増強する為に、他の生産力拡充は一時停止せしめるも、造船に生産拡充を集中しなければならぬ」と主張していた。(29) ようやく逓信省が計画造船体制の実行の検討を開始するのは昭和一七年五月頃であり、ミッドウェー海戦やガダルカナル島の戦いによる戦局転換を経て官有官営の産業設備営団を介して第二次戦時標準船を大量に建造する計画造船体制が整うのは同年末のことであった。第二次戦時標準船は資源節約と急速な建造が最優先されたために船体の強度および安全上から不可欠な二重底構造を廃止するなど粗悪な船であったが、ともかくもその建造が本格的に行われ、実際に使用されるようになる昭和一八年後半以降は、既に戦局は悪化し造船の原材料となる資源の本土への還送が難しくなっていた。

全体として日本の商船の護衛と建造は後手に回り、その必要性に気付いた時には既に手遅れだった。太平洋戦争開戦時に日本は六四六万総トンの船舶を保有しており、以後終戦までに新造や拿捕等で三六三万総トンが追加されたが、主にアメリカ軍の潜水艦および爆撃機、空母艦載機の攻撃により八四三万総トンが失われ、終戦時には一六六万総トンしか残存していなかった。(30)

根本的な問題②——アメリカの造船力の桁外れの大きさ

秋丸機関の報告書、特に『英米合作経済抗戦力調査（其一）』「判決」に記載された「英米の船舶の攻撃」という戦略について、脇村義太郎は最晩年の平成七（一九九五）年に日本学士院で行った講演で詳しく分析している（脇村はこの講演後に体調を崩し平成九年四月に死去したため、これが恐らく生前最後の講演である)。脇村は戦後は船員中央労働委員会会長、海運造船合理化審議会委員を務めた海運・造船の専門家であった。脇村は「英米の合作した経済抗戦力は船腹がどのくらいあるかということで決まるということ」を「非常にポイントを突いている」と評価し、有沢ではなく秋丸機関に参加した日本郵船関係者がこれを指摘したのだろうと推測しているが、[31]同時にその限界も指摘している。

『英米合作経済抗戦力調査(其一)』では前述のように英米の合計の一年間の造船能力の最大値を約六〇〇万[総]トンと推測している。この数字は『英米合作経済抗戦力調査(其二)』に「過去における米国の造船能力を見るに、最大記録は第一次世界大戦終了直後たる一九一九年の約四〇八万総噸(世界的記録)である」「英国の造船能力(進水高)を観るに、過去の最高記録は一九二〇年の約二百六万総噸[32]」とあるように、第一次大戦直後のイギリスとアメリカの最大造船能力を足し合わせて計算していた。しかしこれはアメリカの実際の造船能力を過小に評価したものであった(以下、この節の註のない情報は前述荒川氏の研究と大内建二氏の著書に依る[33])。

脇村義太郎

前述のように『英米合作経済抗戦力調査(其二)』では「米国海運の弱点」として、「商船隊の老齢性」が指摘されている。確かにアメリカは第一次大戦時に多くの貨物船を建造し、戦争が終わると大量の余剰船舶を抱え込んでいた。アメリカ国内の港湾や河川には余剰貨物船が大量に係留されたが、世界恐慌により貿易も停滞したため係留されている貨物船も使われないまま放置され老朽化が目立つようになる。こうした状態ではアメリカの造船業も新造船が無いために疲弊するようになった。アメリカが一九二二年から一九三七年までに新造した外航商船はわずか貨物船二隻、油槽船数隻、大小二九隻の客船だけであった。

一方で日本は国策によって船舶のスクラップ・アンド・ビルドを進めており（優秀船を建造することが目的で大量建造は考えられていなかったが）、アメリカでもこれを一つの目標として一九三六年に新しい商船法が成立し、各船主が新造船を建造する場合は建造費の二分の一から三分の一を国が補助する一方で有事の場合は国家使用船として徴用できることになった。この商船法を施行する組織として大統領直属の連邦海事委員会（ＦＭＣ）が設立され、一九三八年以降一〇年間で毎年五〇隻ずつ各種商船を建造して老朽船を一掃すると共に、すべての外洋商船を用途と規模によって分類してそれぞれについて基本船体や主機関などが定められた。こうした規格化により使用する各種鋼材からスクリュー、錨に至るまでを計画的に同一仕様で量産できるようになった。

こうしてアメリカが商船界の再建を進めようとした直後の一九三九年に第二次大戦が勃発する。アメリカは国内で係留されていた旧式余剰商船をイギリスに提供すると共に、イギリス国内で緊急建造が進められていた戦時標準船であるエンパイア型貨物船を参考にリバティー型貨物船の大量建造を計画する。リバティー型貨物船には当時すでに旧式だったレシプロ機関が採用されたが、これは製造コストの高いディーゼル機関や製造が複雑なタービン機関よりも安価で大量に生産できるからであった。レシプロ機関は低速だったがそのかわりに船体は可能な限り大量の貨物が搭載できるように設計されていた。さらに建造期間を短縮し大量建造を可能にするためにブロック建造方式が採用された。これは船の各ブロックを造船所内であらかじめ組立てておき、船台の上で一気に並べて接続して短時間で一隻の船を完成させる方法であり、同時に同じブロックを完成させて船台が空き次第次々にブロックを運び込んで流れ作業的に商船を大量生産するものであった。さらに電気溶接工法が大々的に採用されることによってリベット打ちの場合よりもこうした作業を簡単にできるようになった。アメリカでは既に一九二〇年代から電気溶接工法による造船が行われるようになっており実績を積んでいた。

脇村は前述の講演で、既に第一次大戦でアメリカが商船の大量建造を経験していた上に、一九三六年以降アメリカ海軍の大規模な拡充が進められていたため、商船大量建造の「ウォーミングアップできていた」ことを指摘している。さらに電気溶接工法が普及したのに加え「プリファブリケーション」つまり前述のブロック建造方式が取り入れられたことを紹介し、秋丸機関の『英米合作経済抗戦力調査（其二）』でのアメリカの造船量予測について、「造船のやり方について第一次大戦と第二次大戦との間に大きな変化があったということを考えない予想だったのです」「有沢さんなども第一次大戦のときの事情を頭に置いて、船はどのぐらい造れるだろうかということを考えている」と、秋丸機関で有沢らが行った分析は第一次大戦を基に考えていたという点で限界があったことを述べている。(34)

さらに組織面では、ＦＭＣはすべての戦時関連の造船について、政府の予算及び支出権限によって既設民間造船所と契約したり、民間造船所の新設を財政的に援助してこれと契約する形をとった。一九三九年から四五年の大戦中に米国で建造された商船の九六・四％はＦＭＣ契約であった。アメリカは本格的に第二次大戦に参戦する前から豊富な資金と強い権限によって船舶の建造を加速していたのである。

アメリカは一九四一年一月に二〇〇隻、一四〇万総トンのリバティー型貨物船をイギリス救援のために建造する計画を発表したが、その後も四月には第二次建造計画一一二隻、七月には第三次建造計画四一八隻、一〇月には第四次建造計画六三二隻と、一九四一年だけで合計一三六二隻（九七七万総トン）の建造計画が発表された。アメリカ政府は建造計画と同時に造船所の拡充計画も同時に開始し、一八の造船所（総計一五九船台）が緊急に建設されることになった。これらは一九四三年中にすべて操業を開始し、その後の船台の増設により最終的には四〇〇の船台が準備された。太平洋戦争開戦直後の一九四一年一二月三〇日には第一号のリバティー型貨物船が完成し、一九四二年中ごろからはリバティー型貨物船の急速建造は完全に軌道に乗った。一隻のリバティー型貨物船の起工から完成までの建造期間は平均九〇日以内となり、最短記録は七日であった。建造のピークを迎える一九四三年から四四年にかけては一日平均三隻のリバティー型貨物船がアメリカのどこかの造船所で完成していた。

左頁の図でわかるように、すでに一九四二年にはアメリカで大量の貨物船が猛烈な勢いで建造されるようになり、また連合国軍のドイツ潜水艦に対する攻撃システムの確立によって船舶の損失も一九四三年から大幅に減少したため、イギリスへの軍事物資の補給も問題なく行なえるようになっていく。英米の唯一の「弱点」と言えた船舶の問題は解決されたのである。

こうした事実は既に戦争中に秋丸機関参加者によって解説されていた。昭和一八（一九四三）年に義父にあたる近衛文麿の意を受けて昭和天皇の弟の高松宮の御用掛となった細川護貞は海軍

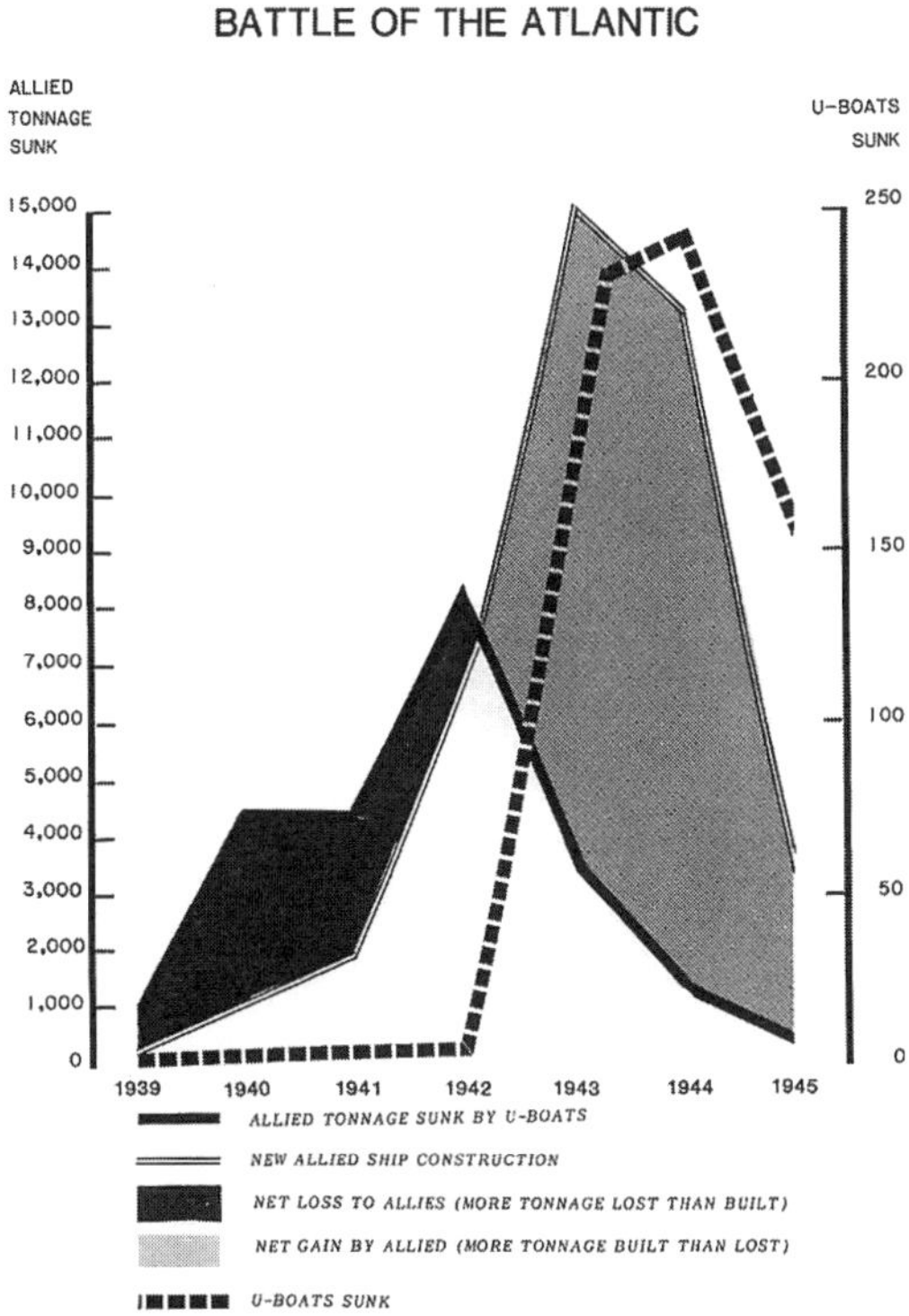

連合国の船舶建造量と喪失量の推移
Robert Goralski, *World War II Almanac 1931-1945*, New York, Bonanza, 1981, p. 247

の高木惣吉らの反東条英機グループと関係しながら情報収集を行っていたが、秋丸機関の主力として活躍した武村忠雄は現役の陸軍主計少尉でありながら高木が組織した海軍のブレーン・トラストの一員であった（後述）。細川は昭和一八年一一月一九日に海軍ブレーン・トラストの集りに出席してそこで武村と東大法学部の政治学者の矢部貞治とに会っており、二日後の一一月二一日に武村と矢部から各国の戦力の現状について説明を受けている。

武村は『独逸経済抗戦力調査』などで行っていた自分の分析手法を説明し、さらに「開戦以来、各国共に此の組織力の強化に努力した結果、最早既にその限度に達しているのであって、従って現段階に於ては、此のベースを為す所の三つの素材〔労働力、生産設備、原料資材〕に制約されるのである」[35]と開戦後の変化を述べた上で交戦各国の経済力を分析しているが、特にアメリカとイギリスの船舶の問題については次のように解説している。

先ず船の問題を見よう。米英の戦争に必要とする船腹の最低限度は、英六五〇、米三五〇で、計一〇〇〇万噸であるが、昭和十七年中頃には、二七〇〇万トンから二八〇〇万トン位の所まで迫ったのである。それは十七年上半期に、月九〇万トン沈められたに対し、米英の造船能力が四〇—五〇万トンに過ぎなかったからである。で若し昨年末まで此のままならば、非常に苦しいと思われたのであるが、米国の造船能力は此の予想を裏切ったのである。月産米が七〇万トン、英は加、濠を合して一〇—二〇万トン、計九〇万トンが出来る様になった。従って十七年下半期には、持ち合いの状態となり、翌十八年三月まで此の状態が続いた。

四月からは、対潜艦防禦の完成により、独の撃破数は激減、三〇万トンに降り、日伊を合するも、五〇万トン位にしかならぬ。是に反し、造船能力は月に一一〇―一二〇万総トン位出来る様になり、七〇万トンがその差に於て浮いて来た。従って機動力が豊富となり、米国は自信を持った。[36]

「米英の造船能力が〔月〕四〇―五〇万トン」つまり年六〇〇万総トンというのは秋丸機関の想定の最大値のはずであったのが、「米国の造船能力は此の予想を裏切」り、現在では想定の二倍以上の「月に一一〇―一二〇万総トン位」に達し、「機動力が豊富となり、米国は自信を持」つようになった。武村はこのように細川への説明において、秋丸機関の想定が誤っていたことを認めていた。

なお、この細川の日記は『情報天皇に達せず』として昭和二八（一九五三）年に刊行され、昭和五三（一九七八）年には『細川日記』と改題のうえ再刊されて昭和史の一級史料として参考にされ続けてきた。秋丸機関の研究を基にした分析はそれと知られぬまま現在に至るまで六〇年以上も多くの人目に触れていたのである。

話を元に戻すと、一九四三年のアメリカの商船建造量は一二五〇万総トンと、武村が述べたように秋丸機関の英米合作の想定最大値の二倍以上、第一次大戦時のアメリカの最大造船量の三倍に達した。この年の日本の商船建造量は九六万六千総トンであり、一二倍以上の開きがあった。リバティー型貨物船にはアメリカの歴史上著名な人物の名前が付けられたが、最終的に二七一二隻も建造されたためアメリカの短い歴史の中で人物名を探すのに苦労することになった。脇村義太郎の講演の言葉をそのまま使えば「アメリカも船を造りすぎたと考えた。すなわち、四三年まで造ってきて、これは少し造りすぎだということで、仕方がないからリバティシップをやめてヴィクトリーシップという戦争に使うような簡単な船じゃなくて、戦後も使えるような立派な船にしようということで、四四年にはスピードを落とします」。こうしたアメリカの「桁違い」の造船量について、脇村は「それが結局今度の戦争で日本が負けドイツが負けた最大の原因でしょう」と述べている[37]。

「日英米開戦」はどうすれば避けられ、経済学者は何をすべきだったのか

経営学者の高橋伸夫氏が軍事的戦略の例（ダンピール海峡の悲劇として知られる、日本の輸送船団が壊滅した昭和一八年三月のビスマルク海戦。ゲーム理論の分析でよく使われる）を用いて指摘するように、「われわれは戦略の適否が勝敗に結び付くケースを想定しがちであるが、実際には、戦略の適否が勝敗に結び付くのは、両者の力がかなり拮抗した場面のみであって、むしろまれなケースといった方がよいのである」。戦略の適否を考えることは重要であるが、実際には戦略の判断材料となる数字を改善する努力をした方が良い。「なぜなら、それさえうまくいけば、戦略の適否にかかわらず勝利することができるからである[38]」。平凡な結論ではあるが、船舶の例だけを考えても、連合国と枢軸国との圧倒的な国力——資源だけでなく技術なども含めた——の差がある以上、それは戦略によって逆転できるものではなく、日本は開戦した以上は何をしても敗北は免

れなかったと考えられる。

もちろん、「負けることは分かっていても戦わなければならなかった」という考えはありうる。第四章で取り上げたように元陸軍省戦備課長の岡田菊三郎は終戦直後の戦争調査会で証言をしているが、そこで開戦時の武藤章陸軍省軍務局長の考えについて次のように述べている（岡田がこの証言をした昭和二一年五月の時点で武藤はA級戦犯容疑者として巣鴨プリズンに拘禁中であり、昭和二三年一二月二三日にA級戦犯として処刑される）(39)。

開戦と決まったときに、誰が言ったのか「これですべてはっきりしました。蟠《わだか》まりがみな解けて結構ですな」と言った時に、武藤中将は何と言ったか。「そうじゃないぞ。戦はしない方がいいのだ。俺は今度の戦争は、国体変革までくることを覚悟している」、開戦の直前にそういうことを言っている。ただそのときに武藤さんがもう一つ言っている。「然しそれではこのシャッポを脱いでアメリカに降参するか。凡そ民族の勃興するのと滅びるのとは、仮令嚙みついて戦に敗けても、こういう境地に追い込まれて戦う民族は、再び伸びる時期が必ずある。こういう境地に追い込まれてシャッポを脱ぐ民族は、永久にシャッポを脱ぐ民族だ」、こういうことを言っている(40)。

武藤自身はこのように、開戦すれば敗北は避けられないと考えていた一方で、敗北した後に日本が「再び伸びる」ことを期して「戦う」ことを選んだ。日本が太平洋戦争によって多くの経験をし、反省し、教訓を学んだことが戦後の日本の発展につながった、という見方自体を筆者は否定しない。

その一方で、太平洋戦争による被害は甚大だった。経済安定本部が昭和二四年四月に発表した調査では、大半が太平洋戦争によるものである戦時下の銃後（沖縄を除く日本本土）の人口被害は空襲（広島・長崎への原爆投下含む）による死亡が二九七七四六人、行方不明二三九六四人、太平洋戦争による軍人・軍属の被害（昭和一七—二三年）は死亡一五五五三〇八人、負傷・行方不明は三〇九四〇二人とされている。また沖縄戦における死亡者数は沖縄県生活福祉部援護課の資料では軍人軍属と住民計一八八一三六人である。(41) さらに、前記の経済安定本部の調査では、日本は昭和一〇年と比べて資産的一般国富の二五・四％を失い、船舶の被害率は八〇・六％に達した。(42) これに朝鮮、台湾のほかアジア各国、そして連合国の被害を加えればそれは膨大なものになる。そして日本は敗戦の結果アメリカを中心とする連合国軍に占領されることになる。

したがって、やはり第五章で取り上げたように日本がスペインのように中立を維持して開戦しない方が良かった、という評価も当然ありうる。では「開戦しない」という選択はどのようにすればできたのだろうか。

日本には「冷静な独裁者」がいない集団意思決定の状態だったために逆にリスクのある選択肢が選ばれてしまったと第五章で説明したが、逆にそれを逆手にとって意見がまとまらない状態にして開戦を「先送り」し、結果として開戦が回避できた可能性も無いわけではない。何度も指摘されているように、日本国内の意見がまとまらないまま時間が過ぎ、北太平洋での作戦行動が冬季の悪天候のために困難となって開戦の時期を逸してしまえば、一九四一年末以降のドイツの進撃の停止によってドイツに依存した日本の対英米戦が困難になったことは明白となり、開戦は避けられた可能性がある(43)。

こうした可能性を考えるには、当時の指導者が直面していた選択肢（第五章）を再考する必要がある。

A　昭和一六年八月以降はアメリカの資金凍結・石油禁輸措置により日本の国力は弱っており、開戦しない場合、二―三年後には確実に「ジリ貧」になり、戦わずして屈服する。

B　国力の強大なアメリカを敵に回して戦うことは非常に高い確率で日本の致命的な敗北を招く（ドカ貧）。しかし非常に低い確率ではあるが、もし独ソ戦が短期間で（少なくとも一九四二年中に）ドイツの勝利に終わり、東方の脅威から解放されソ連の資源と労働力を利用して経済力を強化したドイツが英米間の海上輸送を寸断するか対英上陸作戦を実行し、さらに日本が東南アジアを占領して資源を獲得して国力を強化し、イギリスが屈服すれば、アメリカの戦争準備は間に合わず交戦意欲を失って講和に応じるかもしれない。日本も消耗するが講和の結果南方の資源を獲得できれば少なくとも開戦前の国力は維持できる。

秋丸機関の報告や総力戦研究所の演練を例に挙げてこれまでしばしば言われてきたのは、「日本の指導者は合理的な研究に基づく敗北の予測を無視して非合理的な開戦という判断を下した」

というものであった。しかしこれは選択肢のうちBの中身にのみ注目した評価であり、Aという選択肢と合わせると実は「開戦」という選択をしてしまう材料になってしまうことは第五章で説明したとおりである。Bの中の「成功する」客観的な確率がどれだけ低くても、主観的には過大に評価されてしまいがちなため、結局Bでいくら悲観的な予測をしても「開戦回避」という結果にはなりにくい。

したがって、「開戦回避」という選択をするためには、BよりもAの方を変える必要がある。プロスペクト理論では、人間は損失についての選択肢ではリスク愛好的になってしまう一方、利得についてはリスク回避的になることが知られている。例えば「確実に三〇〇〇円もらえる」という選択肢と「八割の確率で四〇〇〇円もらえるが、二割の確率で一円ももらえない」(期待値は四〇〇〇円×〇・八+〇円×〇・二=三二〇〇円)という選択肢がある場合、多くの人は期待値の大きさと反対に「確実に三〇〇〇円もらえる」という選択肢を選ぶ。[44] したがって、もしAが「三年後にジリ貧になって屈服する」というネガティブなものではなく、河西晃祐氏も指摘するようにポジティブな「今戦わず、三年後でもアメリカと勝負ができる国力と戦力を日本が保持できるプラン」[45]であったならば、仮にBで「成功する」場合に「日本が大東亜共栄圏の盟主になる」といった結果になるとしても、日本が致命的な敗北を喫するリスクを避けて「開戦回避」という選択肢が選ばれた可能性がある。

「三年後でもアメリカと勝負ができる国力と戦力を日本が保持できるプラン」が無いか、当時の軍人も悩んでいた。アメリカの石油禁輸が明らかになった後の大本営陸軍部戦争指導班の八月七、八日の日記には次のように書かれている。

対英米方策を如何にすべきや
対英米戦を決意すべきや、対英米屈伏すべきや
戦争をせず而も屈伏せず打開の道なきや
此の苦悩連綿として尽きず(46)

「戦争をせず而も屈伏せず打開の道」があればそれを日本も採択したはずである。第五章で紹介した外務省の報告書「日本外交の過誤」が指摘するように、国際情勢が「連合国対枢軸国」からわずか数年で「資本主義国対社会主義国」へと変わることを利用して、日本が英米と関係を修復していくことは、困難ではあるが一つの考慮すべき選択肢であった。森山優氏が指摘するように、「戦争に踏み切っても、希望を持てる要素は国際環境の好転しかなかった。となると、臥薪嘗胆の場合も、国際環境の好転を組み入れて戦争の場合と比較すべきだろう。そうすれば、臥薪嘗胆論と開戦論の差はぐっと縮まり、逆に臥薪嘗胆の方が有利と判定されたかもしれない(47)」。しかし現実には「二—三年後に確実に石油が無くなる」という「事実」（エビデンス）だけに関心が集中し、国際情勢が大きく変化して日本を取り巻く環境が好転するという「ヴィジョン」を持つことは誰もできなかった。

西浦進は戦後に次のように反省している。

陸軍大学校というところは計画を始終やらせるところですから、あんまりものごとを計画的にやろうとすることが、かえって間違ったのじゃないかと時々思うのですよ。金がある時は使って、無くなったらなんとかまたはいって来るのじゃないかというような生活は、われわれには出来ないわけなんです。だから戦後になっても、たとえば貯金帳があと三万円あったら、もう三万円で月々の収入はいくらで、とすぐ計算をしてしまうでしょう。もっと世の中に慣れた人は、「まあいいんだ。三万円全部使ってしまったら、そのうちにまたなんとか人がくれるか、世の中がまた変わってくるだろう」と、(笑い)こういうことであったらあの時に南方に行かずにおきますよ。当時の軍人というものは、そういう人生観を持たないようにしておったのです。[48]

ただ実際問題として、「世の中がまた変わってくるだろう」というだけでは説得力はない。昭和天皇は『昭和天皇独白録』において「戦争に反対する者の意見は抽象的であるが、内閣の方は数字を挙げて戦争を主張するのだから、遺憾乍ら戦争論を抑える力がなかった」と述懐している。[49]したがって、「戦争論を抑える」ためには、「三年後でもアメリカと勝負ができる国力と戦力を日本が保持できるプラン」を数字によって説得力を持たせて明示し時間を稼ぎ、その間に国際環境が変化するのを待つことが必要であった。

恐らく日本の経済学者が「日英米開戦」の回避に貢献できたとすれば、日本とアメリカとの経済格差という「ネガティブな現実」を指摘することではなく、こうした「ポジティブなプラン」を経済学を用いて効果的に説明することだっただろう。この「ポジティブなプラン」はあくまでも開戦論を抑えて時間を稼ぐためのレトリックなので、必ずしもエビデンスに基く必要はなく、極端な場合、事実や数字を捏造しても良かっただろう（「満洲国で発見された油田は極めて有望である」等々）。その上で「ドイツの国力は現在が限界なので数年でソ連と英米に挟撃されて敗北する、その後は英米とソ連との対立が起きるのでそれを利用すべきだ」とエビデンスを踏まえてヴィジョンを示せれば、「臥薪嘗胆論」に説得力が増し、「日英米開戦」は回避された可能性がある（もちろん硬化している国民世論をどう説得するか、という問題は残る）。

筆者は秋丸機関というのは、こうしたことが可能だったかもしれない組織だったと考えている。有沢広巳をはじめ多くの優秀な経済学者を動員し、また多くの統計を持っていたので必要であれば経済学を使った「ポジティブなプラン」をレトリックとして作り上げることができただろう。また、蠟山政道らにより国際政治の研究も行われており、武村忠雄のように将来予測と戦略的思考をできる人物もいたので、今後の国際環境の「ヴィジョン」を示すこともできただろう。そして中山伊知郎、武村忠雄、蠟山政道らは当時の論壇で活躍しており、メディアを通じて世論を変化させることも可能だったかもしれない。

現実には秋丸機関の活動はすでに第二章、第三章で見たように、そして次の第七章で取り上げるように様々な形で制約され、その提言も第五章で説明したように「日英米開戦」の材料にされてしまった可能性がつよい。しかしその充実した陣容を見れば、逆の「日英米開戦回避」に必要なレトリックとヴィジョンを当時の日本において示すことができたかもしれない数少ない組織だった。そのように秋丸機関を使うことができなかった陸軍そして日本は、敗北することが確実な「日英米開戦」に踏み切ったのである。

第七章　戦中から戦後へ

「一部の」報告書や資料の回収の可能性

本書の主題である「日英米開戦と経済学者との関係」については前章までではぼ論じつくされている。最後の章である本章では、秋丸機関および秋丸次朗、武村忠雄、有沢広巳のその後を取り上げる。

第四章で述べたように秋丸機関の報告書というのは内容自体は当時の「常識」に沿ったものであり、あまり陸軍内でも大きな問題になるようなものではなく、「数多くの情報の中の一つ」でしかなかった。報告書とそれに対する陸軍の反応については、これまで重視されてきた有沢広巳の証言は「実際に起きたこと」とは異なっていたと考えられる。にもかかわらず、戦後は「報告書は開戦を決定していた陸軍の意に反するものだったので国策に反するものとして焼却された」という説が定着するようになったのはなぜなのだろうか。

その一つの理由はもちろん報告書が見つからなかったからであるが、報告書が見つかった現在ではそれを根拠にすることは難しい。ただその一方で何らかの出来事を有沢がそのように理解したという可能性がある。筆者は現時点において、『英米合作経済抗戦力調査』及び『独逸経済抗戦力調査』以外の「焼却するためという理由で当時回収された報告書ないし資料」がいくつかあり、それが秋丸機関の陸軍上層部への報告の反応と受け止められたためだろうと考えている。ただし、その回収は実際には秋丸機関の報告内容そのものとは無関係の理由で行われたものだったと推測される。

そうした推測の鍵となるのは、秋丸機関の責任者だった秋丸次朗自身が報告会が行われたのは昭和一六年七月であったと証言し、また『英米合作経済抗戦力調査（其二）』『独逸経済抗戦力調査』表紙に「昭和十六年七月調製」と明記されており、さらにこれらの報告書とほとんど同じ内容を武村忠雄が昭和一六年七月号の雑誌に掲載していることから、報告書ができあがり秋丸機関の上層部への報告会があったのは昭和一六年七月であることはほぼ確実であるにもかかわらず、一方で有沢が「九月下旬」に報告書が完成し「九月末」に報告会があったと証言していることである。昭和一六年九月末に何があったのだろうか。

ゾルゲ事件の影響

これまで本書で何度も登場した脇村義太郎は、第五章で取り上げた昭和四〇（一九六五）年の『朝日ジャーナル』誌上での石川達三および久野収との座談会で、第二次人民戦線事件で有沢と共に逮捕・保釈された後、陸軍が有沢を使い、脇村自身は海軍からブレーン組織の人選を相談され（後述）、その後外務省嘱託となったことを述べた後、次のような証言をしている。

ところが〔昭和〕一六年の一〇月になってゾルゲ事件が起った。東条内閣は尾崎秀実をつかまえると同時に、治安維持法で処罰を受けたもの、ならびにいま係争中のものを、政府ならびに大政翼賛会に入れてはいけないという決定をした。それで有沢君なんかやめたわけです。(1)

脇村は三〇年後の平成七（一九九五）年にも、ゾルゲ事件で「有澤さんに「やめろ」と東条さんがいい出しましたので有澤さんと陸軍との関係は完全に切れた」と証言している。(2) 脇村が晩年に最後にまとめようとしていた研究は、東大経済学部の同僚で共に第二次人民戦線事件で検挙された有沢広巳が関わっていた秋丸機関であったが、脇村が秋丸機関について調べ出すはるか以前の昭和四〇年に「有沢が秋丸機関を離れたのはゾルゲ事件によるものである」という内容の証言をしていることから、この情報は有沢から直接聞いたものと考えられる。脇村が最晩年に秋丸機関について語った講演やインタビューを見る限り、『英米合作経済抗戦力調査（其一）』が発見されたことから秋丸機関の「通説」に疑問を抱き、そのために秋丸機関の研究をしていた節があるが、これは有沢から直接聞いた情報と「通説」との間に差があったからではないかと推測される。

ともあれ、昭和一六年九月から一〇月にかけてゾルゲを中心とする「国際諜報団」が検挙されるので（九月二七日北林トモ逮捕、一〇月一〇日宮城与徳逮捕、一四日尾崎秀実逮捕、一八日ゾルゲら逮捕）、ゾルゲ事件が表面化した時期と有沢証言における「九月下旬」に報告書が完成し「九月末」に報告会があって、その後報告書が回収され焼却されたという時期が重なっていることは事実である。

脇村自身はゾルゲ事件後も「欠くことができない」人物とみなされて引き続き外務省嘱託を務めているが、(3)ゾルゲ事件が起きたことがなぜ秋丸機関には影響するのだろうか。一つは有沢ら左翼関係者に対する陸軍の警戒心である。第二章でも述べたように秋丸機関に左翼関係者がいることへの警戒は当初から行われており、実際に小原敬士が唯物論研究会事件、直井武夫と八木沢善次が企画院事件で検挙されるなどして、秋丸機関の左翼関係者への警戒は一層強まっていたと考えられる。それに加え、有沢がドイツ留学時代に多くの経済学者その他の知識人（東大医学部助教授でドイツ共産党日本語部に所属し、その後ソ連に亡命して一九三七年に粛清された国崎定洞ら）と交流したことはすでに司法当局によって知られており、有沢は一九二九―三二年に共産主義に基づき反帝国主義を訴えベルリンで活動した「ベルリン反帝グループ」の一員だったとみなされていた。この情報は二八年春には日本に帰国していた有沢をそのグループに加えるなど、かなり誇張された不正確なものであったが、(4)こうした有沢の過去の左翼経歴に関する情報と、有沢が第二次人民戦線事件で治安維持法違反容疑で検挙され保釈中であったという事実とがあれば、日本の情報がソ連に流れていたことが明らかになったゾルゲ事件が起きれば真っ先に有沢が陸軍の秋丸機関から追放されるのは当然のことであった。

これに加え、ゾルゲに陸軍から大量の情報が流れていたことが、陸軍の関係する仕事から左翼関係者を一掃しなければならない原因となったといえる。ゾルゲを取り調べた検事の吉河光貞は、陸軍から駐日ドイツ大使館を経てゾルゲに情報が流れていたことを戦後に示唆しており、ゾルゲ自身も情報の出所として陸軍省軍務局長の武藤章などドイツと深い関係を持つエリート将校との交流があったことを手記で書いている。[5] ゾルゲ事件の取り調べの結果、表面的には陸軍は直接関係ないということになったが、軍務局の下にあったといってもよい秋丸機関としては、九月から一〇月に起きたゾルゲ事件への対応として有沢を「切る」と共に、問題になりそうな（特に日本の）データの載った一部の資料を回収することになり、それが「都合の悪い報告書の焼却」という話になったと推測される。第三章、第四章で見たように秋丸機関は日本に関する研究もしていたことは確実であるのに、現在残されている資料は海外のものが圧倒的で、日本に関する分析を載せた資料がほとんど存在していないのはこうした推測を裏付けるものといえるだろう。[6] なお陸海軍の文書の大多数は昭和二〇年八月の終戦時に徹底的に焼却されており、[7] 特に「国力判断可能の諸資料」などは「必ずなるべく速かに焼却するを要す」とされていた。[8] 昭和一七年の時点で「頒布」「提供」されて複数存在していた『英米合作経済抗戦力調査』『独逸経済抗戦力調査』や他の秋丸機関の資料も多くは同様に昭和一六年ではなく終戦時に焼却されたと考えられる。

有沢は、秋丸から報告会の様子を聞いた後に間もなく秋丸に呼ばれて、「至急にぼくをやめさせなければならなくなった旨をきかされ」、「東条英機大将の厳命だといって副官の赤松貞雄大佐がきたので、もう自分としてはいかんとも致し方がない」と秋丸に言われてその場で辞めたとしている。[9] また、「ぼくが秋丸機関をやめてから、月に一、二回、憲兵伍長がぼくの宅に見まわりにくるようになった」とも書いている。[10] 秋丸機関の報告内容自体は陸軍にとっては何度も指摘しているように「数多くの情報の中の一つ」であり問題になるようなものではないため、有沢の証言のように「東条英機大将の厳命」があって秋丸機関を離れ、有沢宅に憲兵が見まわりに来るようになったとすれば、それは脇村の証言の通り、秋丸機関の報告の内容よりも遥かに深刻な問題であるゾルゲ事件によるものと考えるのが最も自然である。

現在、東京大学経済学部資料室に所蔵されている有沢資料の中には、国策研究会からの依頼で有沢が昭和一九年に執筆したと推測される『アメリカ経済戦力の研究』という冊子があり、その中で『英米合作経済抗戦力調査（其二）』が参考文献として挙げられている（四四、五七頁。なおこの『アメリカ経済戦力の研究』は『英米合作経済抗戦力調査（其一）』と同じ袋に入れられて有沢資料中で整理・保管されていた）。少なくとも昭和一九年の時点では、有沢は秋丸機関の報告書、少なくとも主要な『英米合作経済抗戦力調査』などがその内容を理由として回収され焼却されるようなことがなかったことは認識していたとみられる。しかし、昭和一六年七―一〇月に立て続けに様々な出来事が起きたのでそれらが戦後に有沢の中で混同されるようになり、戦後に秋丸機関についての「語り口」が固定される中でゾルゲ事件に触れられることも無くなって「秋丸機関の報告書は国策に反するものだったので回収され焼却された」ということになったのではないかと筆者は考えている。

大本営での秋丸次朗と秋丸機関の「武村機関」化

秋丸次朗は昭和一六年一〇月一五日、陸軍主計大佐に任ぜられると共に大本営野戦経理長官部部員を秋丸機関と兼務することになる(11)（野戦経理長官部は大本営兵站総監部に含まれ、長官は陸軍省経理局長の栗橋保正であり、秋丸は唯一の大佐[12]。

太平洋戦争の勃発について秋丸は「運命の大東亜戦争は、大河の欲するところこのような阻止の動き〔秋丸機関の報告会や岩畔豪雄の持参した報告書〕も空しく遂に勃発した」と書いている一方、「経済戦の本命はこれからであった」と続けている[13]。秋丸としては負けることが確実な戦争をすることには否定的だったものの、軍人として任務を全うしようと考えていたのだろう。

しかし開戦後の秋丸は大本営野戦経理長官部での業務に忙殺されることになる。南方の占領地が広がるにつれて食糧の補給継続の任務（実務は陸軍省経理局、企画推進は大本営が担う）の重要性が高まっていった。昭和一七年一月末には次女が病死するが秋丸は通夜にも出ずに仕事を続けた。秋丸は「子供に対しては済まぬことをしたが、戦地では毎日多くの兵士が倒れているのだと思い直して悲しみをこらえていたことを今も思い出す」と回想している。さらに四月には次男がやはり病死するが、「やはり戦地のことを考えれば、悲しんでばかりいるわけにはいかなかった」[14]。秋丸は昭和一七年三月に大本営野戦経理長官に随行して南方戦線視察のために出張するなど[15]、大本営での補給業務に追われるようになる。

このように大本営での仕事が中心になった秋丸に代わって秋丸機関を運営していたのは武村忠雄であったと考えられる。武村は昭和一七年五月、参謀本部船舶課長に赴任した荒尾興功《おきかつ》（終戦時陸軍省軍務局軍事課長）や同課参謀の嬉野通軌らと共に「主として船舶輸送の見地より戦力の推移」の研究を同年初夏まで行った。その研究の結論は「船舶輸送を以て作戦を行いつつ、近代戦に必要なる戦略物資を輸送し得る限界は、昭和十九年晩秋の候」というものだった。研究結果を踏まえて荒尾は嬉野を伴って杉山元参謀総長に「目下の戦況は、花々しく見えますが、昭和十九年末頃までに、光栄ある戦争の終結を求めて頂き度い」旨意見を開陳し、大本営陸軍部戦争指導班にも強く要望している[16]（後述するように杉山元は昭和一八年春には講和を考えるようになっており、この武村らの研究に基づく要望が影響を与えた可能性もある）。昭和一七年一〇月分の臨時軍事費特別会計支払額集計表では「陸軍省経済研究班」の分任官は武村忠雄となっており[17]、昭和一七年に入ると秋丸機関は実質的に「武村機関」となっていたと考えられる。

結局、「十七年夏から南太平洋方面の連合軍の反攻が本格化し、ガダルカナル島の攻防に戦勢不利となり、これに対する軍需補給に忙殺され、経済戦略などに手が廻らなくなり、研究機関も遂に閉鎖の已むなきに至ったのである[18]」と秋丸は回想している。秋丸が大本営での仕事に忙殺されて秋丸機関の活動ができなくなったことは事実だと思われるが、秋丸は昭和一七年七月に陸軍大学校教官を兼務しており、それから間もない一二月にフィリピン派遣第一六師団経理部長となっている[19]ので、秋丸機関の閉鎖と秋丸のフィリピン行きはやや唐突な印象を受ける。

有沢広巳は「経済調《マ》査《マ》班はその［報告会］後二、三ヵ月は存続していたが、そのうち廃止になった。もう太平洋戦争がはじまって、秋丸中佐も第一線の経理部隊長としてハルマヘラあたりにとばされたという話だった[20]」と書いている。報告書が原因となって秋丸機関が廃止され秋丸も左遷されたとも読める内容であるが、秋丸機関は昭和一六年夏の報告書作成と上層部への報告会後も昭和一七年末まで様々な資料を刊行しており、秋丸次朗自身も昭和一六年一〇月に主計大佐に昇進して大本営に勤務したり総力戦研究所に関与したりしている（蛇足ながら、秋丸次朗は後にハルマヘラ島と同じモルッカ諸島のアンボン島とセラム島で勤務するがハルマヘラ島には滞在していない）。秋丸と共に上層部への報告を行った武村忠雄が昭和一八年以降も陸軍省に勤務しながら多彩な活動をしていることから考えても、秋丸機関の昭和一七年末の解散と秋丸のフィリピン行が昭和一六年夏の秋丸機関の報告内容と関係ないことはほぼ確実である。ではなぜ秋丸機関は解散することになったのだろうか。筆者は現時点では、直接的には秋丸自身に関わる問題が起きたこと、そして究極的には秋丸機関の位置づけが変化していたことがその理由であると考えている。

秋丸機関の解散

昭和一七年九月二一日、秋丸機関創設時に大きな役割を果し、その後満洲国に戻っていた小泉吉雄ら満鉄調査部関係者が満洲国治安維持法違反容疑で関東憲兵隊に検挙される（満鉄調査部事件）[21]。

関東憲兵隊司令部が昭和一九年に刊行した資料では、小泉吉雄は「マルクス主義観点よりの農村協同組合運動」を進めるため、「軍の支持に依り之〔合作社運動〕を擁護維持せしめる企図」の下に「関東軍某参謀」に働きかけて「之が運動の伸張を図った」とされている[22]。第一章で取り上げた小泉の回想でわかるように、この「関東軍某参謀」とは秋丸次朗のことであり、実際に小泉は関東憲兵隊に提出した手記の中で「秋丸少佐より農業部門の取纏めをなすことを命ぜられたり」―「秋丸少佐の命に従い「組合設立に付き研究するものとす」との意味の文を挿入せり」などと秋丸の名前を何度も挙げている[23]。実際には小泉がその後起訴猶予になったように満鉄調査部事件は関東憲兵隊のフレーム・アップ（でっち上げ）でしかなかったが、前述の企画院事件・ゾルゲ事件があった上にさらに満鉄調査部事件が起きたため、特に小泉と関係のあった秋丸および秋丸機関が問題視されるようになったと考えられる。

また小泉の戦後の回想によれば、小泉が満鉄調査部事件で検挙された際、関東軍第四課で小泉を使った秋永月三（当時企画院第一部長）はわざわざ満洲国の首都の新京まで来て小泉のために釈明をしたという。(24)秋永はその後昭和一八年五月に第一七軍参謀長に補せられてブーゲンビル島に赴任しているが、小泉はこの秋永の「左遷」は、自分のために釈明したことが東条英機首相の機嫌を損ねたためではないかとしている。(25)

この秋永の昭和一八年五月のブーゲンビル島への「左遷」と合わせて考えると、昭和一七年末の秋丸機関の解散と秋丸次朗のフィリピンへの「左遷」も、結局のところ秋丸機関の研究内容とは無関係の、満鉄調査部事件に伴う陸軍内の関東軍関係者の人事異動であった可能性の方が高い。なお、フィリピンでは秋丸機関に参加した蠟山政道らによる「比島調査委員会」が昭和一七年末に活動を開始しているが、(26)これと秋丸のフィリピン行との関係は不明である。

こうした問題に加え、陸軍の関わる公的な研究機関が充実してきたことも秋丸機関の解散の背景にあったと考えられる。前述のように総力戦研究所は昭和一六年四月に研究生が入所して本格的に活動を開始し、秋丸も同年一〇月から同研究所所員を兼任していた。

また、昭和一六年五月二九日に日本経済連盟会対外委員会が改組拡大され、満鉄調査部や東亜研究所に次ぐ規模の半官半民のシンクタンクである財団法人世界経済調査会が発足している。昭和一四年四月に発足した日本経済連盟会対外委員会には美濃部洋次や迫水久常などの革新官僚、陸軍省軍務局軍務課の軍人らが加わって日本の「国策」を海外に宣伝する業務を行っていたが、日米関係の悪化に伴い迫水と美濃部が「敵国の戦力をつぶさに調査しておくこと」を強調し、その結果「英米その他主要国の経済調査を目的として」国と満洲国と民間からの資金で世界経済調査会が作られることになった[27]。第三章で美濃部洋次文書中の秋丸機関の中間報告案『経済戦の本質』を紹介したが、このことからも美濃部は秋丸機関の活動内容を当然知っていたと考えられる。にもかかわらず美濃部が昭和一六年初頭の時点で「敵国の戦力をつぶさに調査しておくこと」を主張しているということは、秋丸機関の研究が遅延する中でその研究内容にあまり期待をかけられなくなっていったことを意味しているのかもしれない。ともあれ、世界経済調査会は太平洋戦争開戦前から報告書を刊行し、開戦後も交換船でアメリカから帰国した都留重人が参加するなどして多くの研究を行っている（余談ながら、世界経済調査会の戦時中の資料は荒木光太郎が同会客員であったことから名古屋大学所蔵「荒木光太郎文書」に多数所蔵されている）。

このように、満鉄調査部事件が起きたことで秋丸次朗ら関東軍第四課出身の軍人が問題視されたこと、また公的な経済調査機関が整備されてきたことで秋丸機関の役割は終わったと判断され解散することになったと筆者は考えている。

秋丸機関の解散に当たり、その研究機能は総力戦研究所に移され[28]、貴重な文献図書は陸軍経理学校研究部に保存が委託された[29]。跡始末を終えた秋丸次朗は昭和一七年一二月一五日に第一六師団経理部長に補せられ、一九日に東京駅から栗橋保正陸軍省経理局長や秋丸機関関係者ら多数の人々に見送られて出征した[30]。

その後の秋丸次朗

秋丸次朗はフィリピンの第一六師団経理部長を一年間務めた後、昭和一八年一二月に第一九軍経理部長となりアンボン島（現・インドネシア）に着任した[31]（なお第一六師団は秋丸の離任後、昭和一九年一〇月以降のレイテ島の戦いで壊滅している）。さらに昭和一九年八月にアンボン島の貨物廠にあった衣糧は連合国軍の空襲により大半が失われ、アンボン島の隣のセラム島で現地自活が行われることになる[32]。秋丸は第一九軍のセラム島への移駐のための先遣隊長となった[33]。

セラム島では陸軍と海軍合わせて三万人の将兵が駐留したため極端な食糧不足が生じ、陸軍と海軍との間で食糧をめぐるトラブルが頻発するようになった。このため秋丸の提案によって陸軍司令部内に補給と民政の一元化を意図した陸海軍合同の組織が作られることになった。この組織も「秋丸機関」と呼ばれた[34]。セラム島では山中のジャングルを開墾して農場が作られ、サツマイモやキャッサバの栽培が行なわれたほか、サゴヤシから澱粉を取って食糧にして辛うじて自活を行った[35]。昭和二〇年三月に第一九軍司令部は本土決戦要員として解散になり、秋丸は内地帰還を命じられ、その際に北野憲造軍司令官から「昭和十八年十二月軍経理部長として着任以来克く軍司令官の意図を奉じて部下を統率し困難なる諸種の条件を克服して複雑多岐なる経理業務を処理し周到卓抜なる諸施策をなして軍の自活態勢を確立」したとして賞詞を受けている[36]。

一方、昭和一九年一二月に陸軍は連合国軍の本土方面上陸に対抗して航空作戦に専念する準備のために第六航空軍司令部を編制し、司令官には菅原道大中将が親任された。そして沖縄方面への連合国軍の襲来が現実のものとなってきたため、翌昭和二〇年三月一〇日に第六航空軍司令部は東京から福岡に移転した。第六航空軍の中核となったのは特攻隊であり、知覧などの航空基地から沖縄方面に向けて特攻作戦を行った[37]。

秋丸は四月に空路帰国すると第六航空軍経理部長となる。秋丸の第六航空軍経理部長としての仕事については、「自譜」に「特攻隊基地（飯野・小林）建設のため現地視察」とある[38]（飯野は秋丸の故郷）。第六航空軍司令官を務め昭和五八年まで存命だった菅原道大は最晩年に認知症が進行する中、特攻を行った第六航空軍のことだけが頭に残っており、「経理部長、あそこの兵隊たちは腹をすかせているから先に食べさせてやってくれ」などと家族に語るようになっていた[39]。この「経理部長」とは秋丸のことであろう。

恐らく秋丸機関当時の秋丸にとっては、各国の経済抗戦力の研究も当時は「軍務で携わった仕事の一つ」であったと考えられる。しかしその後、このような南方戦線における飢餓や戦争末期の特攻という、ある意味で「日本の国力の極限」を体験したことで、戦後になって「開戦回避」の意味づけがやや強めにされたのかもしれないと筆者は推測している。

戦後の秋丸は地元の飯野町の町長を二期務め、赤字財政の克服や酪農の振興、観光開発、民生安定に取り組み[40]（町長として上京した際に岸信介が出迎えたことがあったという）、その後は社会福祉協議会を設立し会長を長く務めた[41]。「敗軍の将は兵を談ぜず」として戦後は自分の体験を語ることはあまりなかったが、昭和五八年に陸軍経理学校同窓会の若松会の機関誌に掲載された秋丸機関についての回想の終わり近くでは次のように書かれている。

経済戦《ママ》研究班ばかりでなく、遅れて発足した総力戦研究所にしても、第二次大戦の遂行に対しては、ほとんど寄与するところなきままに悲劇的結末に終った。その因果を省みると、昭和十四・五年には陸軍の南進策が決まり、英・米を向うに回して未曾有の大戦に突入することを予想する時になって、急いで経済戦や総力戦の研究調査機関の設置に着手した〝泥縄式〟の措置であったことに基因するのである。国防とか戦争とかを考える上で、たとえ専守防衛であっても、常時、科学的・原理的な準備のため機関を常設することの重要性を痛感する次第である。[42]

秋丸は平成四（一九九二）年八月二三日、九三歳で死去した。

その後の武村忠雄

一方、武村忠雄は秋丸機関解散後も引き続き多方面で活躍する。[43]武村は警視庁特高課からは「マルキスト」、内閣情報局からは「米英派」と警戒されながらも慶應義塾大学教授として雑誌や新聞で論説を張る一方、現役の陸軍主計将校として陸軍省経理局に勤務しながら戦時中の数多くの活動に参加している。

鮎川義介率いる日産コンツェルンは関東軍第四課時代の秋丸次朗らの尽力により満洲国へ移駐したが、鮎川は同コンツェルン（日本鉱業や日立製作所）の株式を換金し、それによる利益の一部を使って昭和一七年九月に財団法人義済会を設立した。この義済会の目的は「日本を中核とするアジアにおける財政経済並にこれに関する事項につき独特の研究を遂行し、もってわが国運発展に貢献すること」であり、そのために「財政、経済並にこれと密接な関係を有する事項につき研究・実験・演練を行わしめるため、特別研究機関を設置し、その必要とする一切の設備および資金を供与し、これが運営の指導にあたること」とされていた。ここでいう演練は鮎川によれば「演習とか模擬戦」であり、今でいうシミュレーションといえる。[44] これは第五章で見たように総力戦研究所の演練を参考にしたもののようである。こうした事業を行なうため義済会の下に義済経済研究会が設置され、昭和一八年春にはさらに義済経済研究会の下部機構として戦時産業研究所が設置され、陸軍からは陸軍省経理局所属の主計少尉として武村忠雄、海軍からは嘱託の天川勇（慶應義塾大学講師）を中心として、内密に陸海軍の中堅佐官二十数名が集まって資料を持ち出して戦力の維持増強について研究することにした。さらに同年七月からは武村・天川が引き続き幹事役を務めつつ当時昭和石油社長だった長崎英造（戦後、産業復興公団総裁など）、河合良成（戦後、小松製作所社長）などの実務家が加わって造船、電力、食糧、燃料等の問題を研究した。[45]

こうして戦時産業研究所などからも情報を得ていたと考えられる武村は、陸軍省に勤める現役の陸軍将校でありながら海軍のブレーンともなっていた。高木惣吉海軍省調査課長は陸軍に対抗するために昭和一五年から本格的に海軍のブレーン・トラストの組織化を開始し、天川勇を通じて慶應義塾塾長の小泉信三に経済学者の推薦を求め、小泉は武村と財政学者の永田清を推薦した。また秋丸機関にも参加した中山伊知郎が海軍大学校嘱託であったことから中山にも東京商科大学の人選を依頼し、中山は赤松要と板垣與一を推薦した[46]。脇村義太郎は高木の部下から「陸軍が秋丸機関を作っており、研究しているが、海軍もひとつそういうものを作りたいと思います。ついては誰を使ったらいいでしょうか」と尋ねられ、政治学者として岡義武と矢部貞治、経済学者として同じ東京帝国大学経済学部の大河内一男を推薦したとしている（岡は辞退した）[47]。

第一章で紹介したように海軍省は秋丸機関について早い時期から関心を持っており、脇村の証言と合わせると、秋丸機関の結成が陸軍への対抗心から高木惣吉による海軍のブレーン・トラスト結成を促したと推測される。武村は永田清や大河内一男や矢部貞治、高山岩男（哲学者）らとともに海軍のブレーン・トラストの要となる綜合研究会のメンバーとなっており、また別働隊と言える国防経済研究会に大河内や永田、板垣、大熊信行らの経済学者とともに参加している[48]。さらに武村は矢部、大河内、高山らと総力戦研究所海軍特別委員会にも参加している[49]。海軍省軍務局でブレーン・トラストを運営した中山定義（戦後、海上幕僚長）は武村について「陸海軍に自由に出入できる特異な存在であった[50]」と評価している。

昭和一八年四月一〇日の海軍省調査課の綜合研究会で武村は矢部貞治と共に国際情勢について分析しており、武村は「物的生産力の面より各国の抗戦力を昭和二十年迄判断」している。武村は「日独伊の潜水艦による商船撃沈が一〇〇万噸維持可能」でない場合は「米英船舶に余裕を生じ「バルカン」「イタリー」に大規模なる作戦を可能にし独を危険に追込むこととなる」と述べている。武村はドイツの抗戦力について、昭和一九年上半期には「二正面作戦は不可能なり生産力の点に於ては危険にして国内の動揺も生ずべし」、下半期には「益危険状態に陥る」、そして昭和二〇年には「抗戦力は消滅す」と正確に予測している[51]。

また、第六章で紹介した昭和一八年一一月二一日の細川護貞に対する説明で武村は「米英は、明年上期にピークに達し、ソ聯は今年末、独乙も亦今年末には既に低下するとすれば、独ソは今年末には相当疲労するであろうから、英米は此の両者の疲労を待って、明年春第二戦線を結成するであろう[52]」と述べていた。さらに武村が昭和一九（一九四四）年三月に海軍大学校研究部で作成した「決戦期総力戦略要綱」では同様の分析から「米英は「ソ」聯に肩替り、五、六月頃大規模な対独第二戦線を構成する公算あり」と予測している[53]。連合国軍のノルマンディー上陸作戦は一九四四年六月六日のことであり、武村の分析の正確さには驚かされる。細川護貞は戦後、武村の分析について「実に正確にその後の世界情勢を見抜いておりました」「学問というものはこれほど詳しく将来の予測ができるものかと、実に驚いた次第であります」と回想している[54]。

一方、昭和一八年三月に参謀本部戦争指導課長となった松谷誠は、昭和天皇の意向を踏まえて講和を考えるようになっていた杉山元参謀総長の支援を受けて早期講和の研究を開始した[55]。松谷は革新官僚の毛里英於菟に「戦争より平和への転移ならびに戦後経営を研究してもらい」、さらに陸軍省経理局に勤務していた武村が昭和一八年秋から主として米英の国力判断の調査研究に関し協力してくれたと回想している[56]。昭和一八年一〇月に参謀本部の組織再編が行われるが松谷は引き続き参謀総長・次長直属の参謀本部戦争指導班班長として講和の研究を進めた[57]。戦争指導班は昭和一九年三月には日本の物的国力のピークは同年七、八月ごろと予測し、六月二九日に松谷は同年二月から参謀総長を兼ねていた東条英機に対してドイツ崩壊後のソ連による仲介・国体護持による戦争終結を提言したが、東条の不興を買って七月三日に支那派遣軍参謀に転任を命じられた(58)。しかし直後の七月二二日に小磯国昭内閣が成立して松谷は東京に呼び戻され、陸軍大臣となった杉山元の秘書官になる。松谷は毛里や武村のほか同盟通信社の長谷川才次（のち時事通信社代表取締役）、当時外務省に勤務していた都留重人、太平洋問題調査会の平野義太郎、司法省検事局の関之《いたる》（のち公安調査庁総務部長として破壊活動防止法の草案を作成、最高検察庁検事）などと時事を懇談し戦争の収拾を探った(59)。

松谷は昭和二〇年四月に鈴木貫太郎首相の秘書官になると終戦に関する具体的な政策の研究を進め、武村と毛里にその取りまとめを依頼した(60)。松谷の記録によればその内容は「交通運輸力は空襲被害により六―八月間にはほとんど半身不随的状態に陥る公算大なり」「軍需生産は輸送力の減退、工場の破壊、労務の不振により近代戦遂行を不可能ならしむるにいたる」と日本の経済抗戦力が昭和二〇年夏には消滅するという予測をした上で「本土徹底継戦体制の確立」を目指すものであった。これは本当の本土決戦を目指すものではなく、連合国軍の九州上陸が予想される夏までに「無気力、無組織、利己的なる国民を脱皮せしめ、将来国家再建の精神的団結力の根を植える」ために あくまで戦う姿勢を維持し（「枯れ草に火を放ちてこそ春強靱なる芽を生ずるものなり」と表現されている(61)）、ソ連が戦後のキャスティングボートを握るために和平案を提示してくるタイミングで「ご詔勅」により停戦した上で「米英ソの対日処理案に対立を生ぜしめ、その間隙を衝き得る情勢を馴致す」ることが目指されていた(62)。こうした「徹底継戦体制」の強化による日本側に一定の主導権を残した形での終戦和平案は、最後まで国民の士気を落とすことなく他方で和平を模索しようとした鈴木貫太郎首相の考えにも沿うものであり、六月八日の御前会議で決定された「今後採るべき戦争指導の基本大綱」に反映され、「戦争終末への努力の足がかり」を作ることになった(63)。

もちろん実際の終戦は直接的には原爆投下と、和平仲介を期待していたソ連の対日参戦によるものであったが、秋丸機関参加者のうち少なくとも武村は、戦争終結の活動を政府が公的に始めるレトリックを作り出すことに貢献したのである。武村はこうした松谷らとの活動について、「いかにして終戦に持っていくかという…葬式の運動をやったんです」「怖かったですよ」と戦後に語っている(64)。

終戦後も武村は松谷のグループの一員として毛里のほか矢部貞治、平野義太郎、さらに秋永月三のほかビルマから帰国した岩畔豪雄らと共に戦後構想を練っていた(65)。そして極東国際軍事裁判(東京裁判)が始まったことにより松谷グループは「戦犯問題」にも協力を求められるようになる。武村は東京裁判に提出された「経済学的見地に立ちて大東亜戦争の必然性を論証す」という資料の中で、日本は過剰人口に悩み市場を海外に求めざるを得なかったにもかかわらず、日本製品がイギリスなどから締め出されさらに南部仏印進駐後に石油の禁輸を受けたことで「茲に於て我国は三度買い得ざる者は遂に盗むの罪を犯さざるを得ざる窮地に追い込まれ、太平洋戦争が勃発したのである」「太平洋戦争の経済的遠因並に近因を検討するならば、それは我国の人口問題の解決を戦争による領土の拡大以外に他に道を与えなかった独占的国際経済秩序が生んだ罪である」と主張して日本の行動を弁護している(66)。

なお、戦後の松谷グループの資料には「顧問団」として武村、岩畔のほか有沢広巳の名前もある(67)。有沢が松谷グループとどの程度接触があったのかは不明であるが、武村のほか岩畔も加わった松谷グループは秋丸機関の後継組織の一つだったとも言える。

終戦直後に武村は慶應義塾大学を教職追放となり、また日本共産党系の学術団体である民主主義科学者協会（民科）によって学界の戦争責任者の一人とされたが(68)、自分の戦中の行動について弁解は一切せず、また経済理論に関わる学術的な著述は以後全く行わなかった。武村は戦後は景気評論家として新聞やテレビなどマスメディアで活躍し、また社団法人日本経済復興協会（現・一般社団法人日本経済協会）の専務理事、理事長として景気予測とそれへの対処を会員に指導する仕事に専念した(69)。こうした景気予測も生産力を基にした分析であり、戦中に何度も行った経済抗戦力の予測の体験を生かしたものだったと考えられる。武村は昭和六二（一九八七）年一二月一四日、八二歳で死去した。

その後の有沢広巳

有沢広巳は昭和一七年九月二八日に第二次人民戦線事件の第一審判決で懲役二年・執行猶予三年の判決を受ける（同時に判決のあった大内兵衛、美濃部亮吉、脇村義太郎は無罪）。第二審判決は昭和一九年九月にあり大内、美濃部、脇村のほか有沢も無罪になった(70)。しかし東大は無罪になったにもかかわらず有沢らを復職させず休職を命じた。一方、有沢は昭和一四年秋以降、東京芝浦電気（東芝）社長の山口喜三郎（息子が有沢ゼミに参加していた）から月に一回重役会議の後で重役たちに経済問題の話をするように依頼されてそれを続けており、無罪が確定すると有沢は山口の依頼で東芝の嘱託となっている。(71)

また有沢は回想では述べていないが、国策研究会を主宰していた矢次一夫によれば、太平洋戦争開戦後に国策研究会内に「大東亜問題調査会」が設置され、それと共に行われた事務局機構改革で総務局長に矢次、調査局長に経済評論家の高橋亀吉が就任し、有沢と鈴木安蔵（憲法学者、戦後に憲法草案要綱を作成）に事務局嘱託が委嘱された。矢次は「ある友人の勧め」で有沢を常勤嘱託としたとしているが、矢次が武藤章陸軍省軍務局長のブレーン的存在であり多くの陸軍軍人と関係があったこと、また矢次が「東南ア地域に日本が進出する場合、いかなる経済形態をよしとするのか、いやしくも新秩序をスローガンとする日本として、帝国主義的形態は採るべきでないが、しからばいかなる形態を良しとするのかについては、学問的にも、政策的にも五里霧中というほかはない。私は、これ等の問題で有沢の学問的協力を得ようと考えたのである(72)」と述べていることから、有沢の国策研究会への参加は秋丸機関での活動の延長線上のものであったと推測できる。大宅壮一が述べているように、矢次の主宰した国策研究会は有沢や鈴木ら「旧左翼系または進歩的傾向」の学者を庇護する場所としての機能を果たしたのである。(73)

高橋亀吉

有沢は終戦直後、矢次から「協同民主主義」の運動への参加を求められて「一昨年世話にもなっているので」承諾しており、[74]矢次のほか中山伊知郎、大河内一男、市川房枝、東畑精一、高橋亀吉、矢部貞治らと共に昭和二〇年一一月に国策研究会の後継組織として作られた新政研究会の発起人になっている。[75]

このように有沢が国策研究会に参加したことが、同会の調査局長だった高橋亀吉からの有沢への「戦後研究」の依頼につながったと考えられる。高橋は昭和一八年末ごろ、当時東条内閣の大蔵大臣だった賀屋興宣に対し、「朝野のすべての精力は戦争遂行方策に集注されているが、どう考えても敗戦的終戦は遠くない。この際、誰かが終戦後対策そのものを研究することが刻下の急務であると思う。そこで、身軽の私の所（高橋経済研究所）でそれをやりたいが、それには、各方面の専門家や人材を相当動員せねばならず、相当の経費がいる。ついては、高橋経済研究所に対する、会社銀行の寄附金を認める措置を講じてもらえないであろうか」と申し出た。間もなく（昭和一九年二月）賀屋は蔵相を辞職したものの、賀屋から「某財界有力者」への依頼により経費が出され、研究の全責任は高橋が持ち、「万々一憲兵隊に知れた場合を考慮して、敗戦ではなく、引き分け終戦という基準で、表面上研究し、実際には敗戦の場合の対策を研究する」ことになった。[76]高橋は有沢に戦後研究を依頼し、その際「日本が負けるから、負けた後の日本の経済がどうなるか、どう再建するかということをだれか考えておかなきゃいかん」「君はドイツが前の大戦に負けたときのことをよく調べている。[77]それを使って、日本の今度負けたときにどうなるかひとつ考えてみておいてくれ」と指示した。[78]有沢は高橋経済研究所に毎日通い、高橋は有沢の研究のために書物を買ってくれたという。

一方、有沢は昭和一九年からは海軍とも関係を持った。東京帝国大学派遣学生時代に大内兵衛ゼミに所属していた海軍の伏下哲夫主計中佐は昭和一九年一月にドイツから潜水艦で帰国して海軍省調査課に配属され、前述の高木惣吉少将を中心とする海軍の反東条内閣グループの一員となる。伏下は有沢に「どうも日本の形勢がよろしくないんだが、先生ひとつどう思うか」と聞き、有沢を築地の料亭（高木らが会合場所としていた料亭「増田」と思われる）に連れていった。有沢はそこでは「海軍のそういう連中が集まっていてね。つまり、東条内閣をつぶす案を立てていたね」と証言している(79)。伏下は高橋経済研究所にも時々やってきて有沢に「うっぷんをもらしていた」といい(80)、有沢も武村ほどではないが海軍のブレーン・トラストの一員といえる存在であった。高木や伏下らによる倒閣運動もあり東条英機内閣は昭和一九年七月に倒れ、日本は戦争終結への一歩を進めることになる。

有沢は昭和一九年一一月には家族を東京都下の元八王子村（現・八王子市）に疎開させたが、二〇年五月の空襲では初台の家と蔵書を焼失している(81)。秋丸機関関係の資料を含む有沢所蔵の戦前・戦中の資料はこの時に大半が失われたとみられる。八月に日本はポツダム宣言を受諾し降伏するが、有沢は九月に幼い三女を病気で亡くした。それを契機に書き始めた日記において有沢は三女の死について、疎開先が無医村だったことや食糧欠乏、人手が足りなかったことなど「要するに戦争事情のため」「戦争のために死んだのだ」と書いて嘆いた(82)。

一方、昭和塾（昭和研究会の教育機関）で学び、大東亜省調査課で電力および工業全般を担当していた大来《おおきた》佐《さ》武《ぶ》郎《ろう》（のち日本経済研究センター理事長、外務大臣）は昭和一八、九年頃から日本の敗戦を予期して戦後の日本経済再建の問題を考えるようになっていた。大来は東大電気工学科の後輩の後藤誉之助《ごとうよのすけ》に協力を求め、石原莞爾や石橋湛山に話を聞いた上で昭和塾で師事した評論家の平貞蔵の協力を得て知識人を集め、連合国の潜水艦攻撃によって大陸の物資が日本に届かなくなった場合の自給を考えるという名目で終戦後を考える「日本本土自活方策研究会」を組織する。その初会合を八月一六日に開催するが、前日に終戦になったため大っぴらに戦後を考えることができるようになった。大東亜省が解体されると大来らは外務省に移り、研究会は外務省特別調査委員会として公的に活動を行うようになる。これは公式な政府の諮問機関ではなく外務省の非公式な委員会であったが、官僚や財界人のほか、有沢や大内兵衛、脇村義太郎、山田盛太郎、宇野弘蔵、中山伊知郎、東畑精一、都留重人らの経済学者が立場を超えて参加し、大来と後藤が会の実際の運営を行っていた(83)。有沢は「だれもなににもとらわれず意見を吐くことができた。みんな熱心で真剣だった。新しく生れる日本経済の建設のために、衆知をあつめて基本的方針をうち立てようといっしょうけんめいになっているふうだった(84)」と、この委員会における熱い議論を懐かしんでいる。

外務省特別調査委員会は昭和二一年三月にその研究結果を『日本経済再建の基本問題』という冊子にまとめており、これは当時の日本経済の置かれていた状況と今後の方向性を示すものとして各方面で広く読まれることになる(85)。「はしがき」に名前が挙がっている人物のうち、有沢広巳、近藤康男、中山伊知郎、森田優三は秋丸機関の参加者であり、稲葉秀三は第三章で取り上げた昭和一五年の企画院の応急物動計画試案に参加し、その後企画院事件で検挙された経験を持っていた。

『日本経済再建の基本問題』では敗戦により多大な被害が生じ、さらに戦後は現物（生産能力の撤去）による賠償負担（冷戦の進行によりかなり軽減される）に加えて「食糧不安と尨大なる失業人口の発生」「インフレーションの昂進」などの困難が生じていることが挙げられ、日本の直面する課題が極めて深刻であることが詳しく説明されている。ただ、こうした困難の中でも「激烈な戦争と戦時経済の体験は、また幾多の貴重な教訓と日本民族の将来に対する贈物をも残した」とされている。日本は戦時経済によって「凡ゆる種類の機械類を一応自給し得る技術を獲得し」、「一方また現実の必要に迫られて大量の技術者、徴用工その他重工業労働者が養成せられた」。また計画経済の経験と訓練を積んだこと、軍事費や「植民地経営に要した諸費用」の負担が無くなったことも有利となる条件であり、そして「たとえ外部から与えられたものにせよ」民主主義が台頭したことは「終局的には自覚あり自ら責任を持つ国民の増大によって生産力の基本的向上を齎すであろう」と期待されている。

大来佐武郎

こうした分析から後半では農業生産の合理化による農業経営の安定により農村向け工業生産を振興し、「豊富なものは労働力のみであり、しかも労働力の直接的輸出が許されぬとするならば、労働力を商品の形に換える工業製品の輸出に重点を置かねばならない」と主張されている。ただし外国貿易は自国ではどうにもならない要因によって変動することもあるため「常に眼を国際的分業の大勢に向けつつも、同時に国内資源の開発利用をはかる必要がある」。「結言」では人口過剰を解決するために移民が必要であるにしても、「日本は先ず真に民主的な政治の再建と国土の徹底的開発に営々たる努力を傾倒し、其れによって自己の信用を世界に恢復せねばならない。然る後に初めて日本人は世界において公正なる主張を為し得る資格が与えられよう」と書かれている。

こうした分析と提言を行った『日本経済再建の基本問題』は直接政府の政策にそれを反映させるために作成されたものではないが、日本に対する賠償軽減・重工業の必要性を訴える資料としてGHQに提出され一定の影響を与えたようである。

他方、現実の日本経済は戦争で多くの国富が失われた上に輸入もGHQの管理下に置かれ事実上できなくなり、国内資源と過去のストックだけに依存する極めて厳しい状態が続いていた。日本経済再建のためには消費財の生産そのものの基礎となる基礎資材（鉄鋼やエネルギー）の生産拡大が必要であった。

有沢は第一次吉田茂内閣成立後に発足した経済行政官庁である経済安定本部（安本）の初代長官として推され辞退するが、昭和二一年夏から秋にかけて吉田を囲む「昼飯会」のメンバーとして吉田の私的ブレーンになる。昼飯会は有沢のほか中山伊知郎、東畑精一、大来佐武郎、茅誠司（物理学者、のち東大総長）、農相の和田博雄、そして吉田の側近の白洲次郎などから構成されて時事問題を議論していた。

一方で、昭和二一年中ごろから生産の回復が頭打ちになる中で、外務省特別調査委員会に参加していた有沢・稲葉・大来らの間では産業の基盤となる石炭に優先的に（傾斜させて）資源を割りあて、石炭の増産と鉄鋼の増産を交互に繰り返していくことで経済全体の拡大再生産を進める構想が考えられた。これは後に「傾斜生産方式」と呼ばれることになる[86]。

昭和二一年七月末に吉田首相はGHQ（連合国軍最高司令部）のマッカーサー最高司令官に日本経済の危機を訴え、マッカーサーは日本経済復興のための資材緊急輸入を許可すると回答し、これにより具体的な緊急輸入品目に関する交渉が続けられていく。七月頃から石炭の年三〇〇〇万トン生産と石炭増産を可能とする国内体制の整備による経済危機の突破を検討していた有沢・大来らは、重油を緊急輸入してもらえればそれを鉄鋼生産に回し、それによって生産される鋼材を石炭の生産に回すことで石炭増産が可能であるとする自分たちの構想を昼飯会で吉田首相に理解させた。石炭増産のため昭和二一年一一月に吉田首相の私的諮問機関である石炭小委員会が発足し、委員長に有沢が指名される。小委員会メンバーは稲葉、大来、後藤誉之助、吉野俊彦（日本銀行）らであった。

吉田茂

後年、有沢は傾斜生産の発想が戦時中の秋丸機関での抗戦力測定の経験から来たことを認めている。

日本経済の再生産構造、それを戦争中に軍部が調査をやれというので、英米の戦力の評価と日本のこともあわせてやるつもりで、経済の再生産構造というか、再生産表式を使って物資の調達限度を測ろうとした。その考えが残っていたので、日本経済の再建の場合にもその再生産表式の議論で進むべきだ。［中略］何もかも一斉に再開をするわけにはいかない。つまり傾斜的な考え方が初めからあったんだ。(87)

また昭和二一年一一月五日付の有沢か大来の執筆と考えられる文章では、現在の日本が戦時中よりも深刻な「戦」の中にあることが明記されている。

即ち我々は現在爆弾こそ落ちることはないけれど戦時中よりも遥かに深刻且つ骨身に徹する新たな戦の中におかれているのである。この戦に敗れれば日本は将来永く世界の劣後国民として止まらねばならない。此の戦に勝ち抜くことは自国の繁栄を取戻すのみでなく、広く世界の繁栄と文化の向上に貢献することとなるのである。日本民族の真の試錬は実に戦後の今日にあると云えよう。(88)

こうした「戦時中よりも遥かに深刻且つ骨身に徹する新たな戦」のため、石炭小委員会は炭鉱への資材の優先配分、三〇〇〇万トン生産の前提条件である労働意欲向上のための諸政策（炭鉱の賃金水準の科学的算定、炭鉱労働者の老後保障、炭鉱住宅の増強、主食の確実な配給と副食物配給の増加、酒やタバコ・甘味料等の特別配給等）、国民の協力を得るための諸施策（炭鉱を主題とする映画や演劇・小説等の奨励、ラジオ放送の利用）などを盛り込んだ「石炭対策中間報告」をまとめ、これに基本的に沿った内容が閣議決定され昭和二二年初頭から傾斜生産方式が実施された。このように傾斜

石橋湛山

生産方式が政府の方針として進められる中で吉田茂のブレーンとしての有沢も注目されるようになる。当時朝日新聞論説委員だった荒垣秀雄は有沢の人物評（昭和二二年一月二二日付）の中で「参謀本部《ママ》の嘱託をして軍から金をもらったこともあり、例の国策研究会にも関係していた」と書いている[89]。有沢らが進める傾斜生産方式が戦時経済の延長であることはよく知られていた。

第四章で触れた平成三（一九九二）年のＮＨＫの番組では、大来佐武郎が傾斜生産方式が戦後復興に役立ったと証言している。しかし近年の経済史研究では傾斜生産方式の効果には否定的な見解がされている。現実には鉄鋼と石炭の相乗作用による生産回復は起きず、石炭の生産量は増加したがそれは労働力の大量投入と労働強化によるものであり、戦時統制期における石炭増産政策と大きく異なるものではなかった[90]。

また、第一次吉田内閣の大蔵大臣だった石橋湛山は復興金融金庫からの融資により石炭の増産を進めようとしたが、有沢からはインフレを加速させると批判された。湛山は後に、「復興金融金庫からの融資――。ともかく、金を出すことによって石炭を増産しようとした。有沢広巳君が、当時傾斜生産ということを言い出したが、結局同じことですね。政府が実際やっていたことをわざわざ傾斜生産と呼んで、何か新しいことをやるようにいった[91]」と述べている。傾斜生産方式というのは「政策」としてそれまでと比べて何か新しいことをしたというわけではなかった。

ただ、そもそも有沢らが傾斜生産方式を打ち出した真の理由は別なところにあった。有沢自身がGHQに輸入の許可を求める品目のうち「とくに鉄鋼と重油とを重視していた」と述べているように[92]、有沢らが日本経済復興において最も重視していたのは実は石炭の生産ではなく重油の輸入であった。有沢は昭和二一年一二月に重油の輸入がGHQにより許可された際（実際にはアメリカ側の事情で輸入は遅れたが）、「重油の輸入は此の夏の食糧輸入が日本国民の飢餓を救ったのにも比すべき重大な意義を持つものと思われます」「飢餓に瀕している我国産業に対して、産業の必要とする食糧が与えられたことを意味するのであります」とその意義を極めて高く評価している[93]。実際、昭和二三年からの生産回復は重油の緊急輸入とアメリカのエロア（占領地経済復興援助資金）によって原材料輸入に対する援助が始まったことが強く影響している[94]。

しかし重油など日本経済再建に本当に必要な資源の輸入を求めるには、有沢ほか秋丸機関参加者が関わった『日本経済再建の基本問題』において、国内の改善努力をすることによって「自己の信用を世界に恢復」し「世界において公正なる主張を為」すことができると述べられていたように、自助努力を求めるGHQに「日本側も必死に努力をしている」と認めさせる政策が必要であった。つまり傾斜生産方式というのは「日本人が日本国内の資源を用いて自助努力により経済再建をする」という形でGHQの信用を得て、本当に必要な重油の輸入を求めるためのレトリックだったのである。大来洋一氏の言葉を借りれば、「［傾斜生産方式の］「成功」とは自助努力によって生産のボトルネックを解消するというものではなく、自助努力のプログラムを示し、それによってアメリカの重油の援助を導入することに成功した、という成功であった」「傾斜生産方式は、それで本当に生産がみるみる回復するという計画としてよりは、占領軍（総司令部）を説得するための材料として非常に有効であった[95]」。

秋丸機関の研究は、対英米開戦を回避するレトリックとしては有効とは言えなかった（対英米ソ開戦を回避するレトリックとして機能した可能性はある）。しかし武村忠雄がその経験を基に戦争を終わらせるレトリックを作るのに貢献したのと同様に、有沢広巳はその経験を基に戦後に傾斜生産方式というGHQを説得するレトリックを生みだすとともに、「何か新しいことをやるようにい」うことで国民を勇気づけて労働意欲を引き出し、それが戦後復興に役立ったのである。有沢はその後も多くの産業政策や石炭・原子力などのエネルギー政策などに関わり、昭和六三（一九八八）年三月七日、九二歳で死去した。

おわりに

平成二〇（二〇〇八）年春のことである。理由は覚えていないが、筆者は脇村義太郎『二十一世紀を望んで―続　回想九十年』（岩波書店）を読んでいた。その中で脇村は秋丸機関について言及しており、秋丸機関の対外的名称が「陸軍省主計課別班」であることにも触れていた。

戦時期の日本の経済学者の思想・行動に関心があり、大学院でそれを研究した筆者は、もちろんそれ以前から秋丸機関というものがあって有沢広巳や中山伊知郎らが参加していたことは知識としては知っていた。しかし資料が焼却されたという通説だったので研究しようという気も起こらず、あまり関心を持っていなかった。秋丸機関の資料の一部（『英米合作経済抗戦力調査（其一）』など）が残っていたという情報には接していたはずなのだが、恥ずかしながらそれは全く頭に入っていなかった。正しい情報があってもそれが活用されるとは限らないことは自分の体験からもよく分かる。ついでに言えば、脇村の本は京都府立図書館で読んだとずっと思っていたのだが、最近、同図書館には所蔵されていないことを知って愕然とした（京都大学大学院経済学研究科・経済学部図書室には所蔵されているのでこちらで借りて読んだのだろう）。単に筆者が忘れっぽいだけかもしれないが、人間の記憶があてにならないこともよく分かる。

話を元に戻すと、脇村の本を読んだときにふと、「対外的名称が陸軍省主計課別班なのであれば、その名義で作成した資料が残っているのではないか」と思いついた。しばらくして、下宿の近くにあった岡崎の京都府立図書館を訪れた際、何気なく同館内のＯＰＡＣ端末で「陸軍省主計課別班」を検索したところ、一件ヒットした。それは秋丸機関が昭和一五（一九四〇）年に翻訳して刊行したマックス・ウェルナア『列強の抗戦力』であった。京都府立図書館には戦前の京都帝国大学経済学部教授で戦後に京都府知事を長く務めた蜷川虎三の資料が所蔵されており、同資料はその中に含まれていたものだった。統計学者だった蜷川が秋丸機関とどの程度関わりがあったのかは不明であるが、ともかく、ここから秋丸機関の資料は残っており、また参加者がかなり広範囲に渡ることが推測された。さらに京都大学のＯＰＡＣでも陸軍省主計課別班名義の資料がかなり見つかり、平成二二年に刊行した『戦時下の経済学者』第一章ではそれらを基にして秋丸機関について論じた。

その後は他の研究（主に社会学者・経済学者の高田保馬の思想の研究）をしていたこともあり秋丸機関については関心が薄れていたが、平成二五年にGoogle Booksで秋丸次朗の発言が掲載された『東亜経済懇談会第一回大会報告書』を見つけ、またCiNii Booksを利用して『独逸経済抗戦力調査』が静岡大学附属図書館に所蔵されていることを見つけたことで再び秋丸機関の研究をすることになり、「はじめに」や第四章で書いたように多くの資料を比較的簡単に入手できた。

しかし、そのことによって筆者は逆に悩むようになった。秋丸機関の報告書や諸資料の内容は英米の経済抗戦力の大きさを示しているものの、全体としては当時の論壇での言説や他の政府機関やシンクタンクの研究内容とそれほど変わらないものであった。したがって秋丸機関の報告書は無数にある情報の中の一つに過ぎず、「国策に反する」という理由で焼かれるようなものでは無かったはずだが、なぜそのような評価が定着したのだろうか。さらに、秋丸機関の報告書の内容自体は当時の「常識」であったとすれば、対英米開戦の困難さは誰もが知っていたことになる。「開戦すれば高い確率で敗北する」という正確な情報があったにもかかわらず、なぜ日本は対英米開戦という選択肢を選んでしまったのだろうか。「秋丸機関の謎」を解くには、根本的な問題である「日米開戦の謎」を解かなければならなかった。

一方で、日米開戦というテーマは多くの人の関心を引くものであるが、同時に人々が自分の想いや立場をそこに反映させやすいテーマでもある。筆者が秋丸機関について話したり書いたりした内容が、「通説」に反するものとみなされたためか、これまで情報を提供した相手に完全に無視されたり、感情的な反発を受けたり、思いもよらない形で利用されたりすることもあり、そのためにあまり愉快でない思いをすることも多かった。ただそうした経験も、秋丸機関について断片的に取り上げるのではなく、きちんと研究をまとめなければならないと考える契機になったと今では前向きに捉えている。

以上のような背景から秋丸機関の「謎」を解く作業に取り掛かったが、その作業には思いのほか時間がかかった。それは「正確な情報は広く知られていたのになぜ開戦したのか」という「謎」を説明する論理を探すことが難しかったことや、筆者が大学の校務や育児などで公私ともに多忙になったことなどの理由もあったが、何よりもこの問題が「重い」ものであったためである。経済思想史の研究者である自分にとって荷が重いテーマであるのと同時に、日米開戦という問題自体が一国の運命や人間の命に関わる重いものであった。第六章で取り上げたように開戦の結果数多くの人命が失われたが、そうならないために経済学者には何ができたのだろうか。もし自分が同じ立場にあったらどのようなことができたのだろうか。考えれば考えるほど、経済学は人間を生かし、同時に殺しうる学問であることを実感せざるを得なかった。

重いテーマを真正面から扱うことをためらいながらも、報告書を「見つけた」以上、研究者として「謎」を明らかにする責任があるのではないかという気持ちから少しずつ研究を進め、形になったのが本書である。「先行きが見通せないからこそ日本は対英米開戦に踏み切った」ことは太平洋戦争開戦過程の研究ではよく言われることであるが、それを当時の国力判断などの経済調査活動と合わせて、現代の経済学などの知見から理論的にまとめたのが本書の特徴といえるのではないだろうか。

歴史を学ぶ意味は、そこから現代への教訓を読み取ることである。読者の方々にとって本書が、歴史の本というだけでなく、現在の社会において「エビデンスとヴィジョン、そしてレトリックを使って、より良い選択をするためにはどうすればよいか」を考える機会となれば幸いである。

実は筆者はこの数年、秋丸機関以外の研究を同時に行っていたが、結果としてはそれら他の研究から得られた知見が本書をまとめる際に非常に有益であった。まず、秋丸機関の研究を再開したのと同じ平成二五年から筒井清忠先生からのお声がけで日本近現代史の研究会に参加させていただき、また『昭和史講義』（ちくま新書、平成二七年刊）でも「近衛新体制と革新官僚」の執筆の機会をいただいたことが大変役立った。これによって太平洋戦争に向かう国内外の情勢について、森山優氏の太平洋戦争開戦過程の優れた研究のほか、政治史や外交史についての多くの最新の研究に触れることができた。特に新体制運動や革新官僚についての知識を深めたことにより、それらとの関わりを明らかにすることで秋丸機関の位置づけがかなり明確になった。筒井先生には本書の校正段階でご助言を賜り、またご推薦も頂いた。改めてお礼申し上げたい。

もう一つ、名古屋大学大学院経済学研究科准教授の小堀聡氏（日本経済史）から、同研究科附属国際経済政策研究センター情報資料室に所蔵されている「荒木光太郎文書」についてやはり平成二五年に相談を受け、小堀氏とともに現在まで同文書の研究を続けていることも秋丸機関の研究に非常に役立った。荒木光太郎文書には本書中でも紹介した国家資力研究所、世界経済調査会、GHQ・G2歴史課の資料のほか、石橋湛山が太平洋戦争末期に設立を進言し戦後構想を研究した大蔵省戦時経済特別調査室の資料など、日本近現代史の貴重な資料が多数所蔵されている（詳細は「荒木光太郎文書」で検索していただきたい）。こうした資料の研究を通じて戦時期の日本の経済学の水準や他の組織における経済調査活動の実態、陸海軍の軍人についての理解を深めたことで、秋丸機関を客観的に評価することが可能になった。荒木光太郎文書の研究を行う機会を与えていただいた小堀氏に感謝したい。

こうして秋丸機関の周辺の研究を同時に行ったことで秋丸機関の「輪郭」が逆に浮き彫りになり、秋丸機関そのものについても研究を進めることができた。秋丸次朗ご子息の秋丸信夫氏からは秋丸次朗の人となりなどの貴重な情報をご教示いただき、また宮崎県えびの市における資料調査でもご協力をいただいた。元防衛大学校教授の荒川憲一先生からは秋丸機関及び秋丸次朗の貴重な資料を多数ご提供いただき、秋丸機関の位置づけや報告書の内容についても多くのご示唆をいただいた。東京大学経済学部資料室の小島浩之氏には『英米合作経済抗戦力調査（其二）』を蔵書として受け入れていただいたり、同資料室所蔵「有沢資料」の調査にご協力をいただくなど大変にお世話になった。中日新聞記者の今村節氏からは秋丸機関の位置づけ及び報告書の内容について鋭い質問をいただき、それらについて再考する良い機会となった。戦時期の「日本地政学」の研究者で摂南大学外国語学部講師の柴田陽一氏からは秋丸機関に参加した地理学者についての重要な情報をご教示いただいた。さらに秋丸機関に関する情報をご提供いただいた原朗先生や石井和夫氏、日本経済思想史学会や経済学史学会などで有益なコメントをいただいた方々、摂南大学図書館職員の方々、これら多くの方々のご協力があって本書を書くことができた。皆様に厚くお礼申し上げたい。ご推薦をいただいた猪木武徳先生と細谷雄一先生にもお礼申し上げる。

なお、本書は以下の科研費による研究成果である。

基盤研究（C）「日本のエネルギー政策思想についての国際歴史共同研究」（課題番号 24530408、研究代表：池尾愛子）

基盤研究（C）「戦時・占領期日本における経済学者の社会的活動──「荒木光太郎文書」の分析より」（課題番号 15K03389、研究代表：牧野邦昭）

基盤研究（B）「戦争と平和の経済思想～経済学の浸透は国際紛争を軽減できるか」（課題番号16H03603、研究代表：小峯敦）

新潮選書編集部の三辺直太氏から「新潮選書に書きませんか」というお話をいただいたのは平成二二年末のことだった。執筆テーマがなかなかまとまらなかったり、また諸事情によって前著『柴田敬――資本主義の超克を目指して』（日本経済評論社、平成二七年刊）の執筆・刊行を先にせざるを得ず、多くのご迷惑をおかけしてしまった。にもかかわらず非常に辛抱強くテーマがまとまるのを待っていただき、また適切なアドバイスをいただいた三辺氏に、心より感謝したい。

最後になるが、脇村義太郎の最晩年の秋丸機関の研究がなければ、筆者が秋丸機関に関心を持つこともなく、研究をまとめることもできなかった。一〇年前に脇村の本を読んだことから始まった本書は、脇村が最後に取り組んだ研究をある程度実現したものと言えるのかもしれない（こんなことを書くと泉下の脇村は苦笑するだろうが）。有沢広巳についても、その戦後の証言の裏にあったであろう忸怩たる思いをくみ取りつつ、その経済思想と社会に及ぼした影響について、いずれより総体的な評価を試みたいと考えている。脇村、そして有沢ら秋丸機関参加者たちに本書を捧げたい。

平成三〇年四月

牧野邦昭

図版提供

5頁	共同通信社
19頁	秋丸信夫
21頁	秋丸信夫
35頁	秋丸信夫（上下とも）
51頁	防衛省防衛研究所戦史研究センター
57頁	農文協図書館
86頁	東京大学経済学部資料室（右・中央）
86頁	静岡大学附属図書館（左）
87頁	中日新聞社
95頁	慶應義塾福澤研究センター
139頁	防衛省防衛研究所戦史研究センター
189頁	共同通信社
225頁	共同通信社
229頁	共同通信社

他は著作権保護期間が満了したもの、またはパブリック・ドメインのものを使用した。

註

はじめに

（1）松沢弘陽・植手通有・平石直昭編『定本　丸山眞男回顧談（上）』岩波現代文庫、二〇一六年、三〇二頁。

（2）経済企画庁編『戦後経済復興と経済安定本部』大蔵省印刷局、一九八八年、九四頁。有沢広巳（聞き手・矢野智雄）「戦後日本経済の再建」『有澤廣巳の昭和史』編纂委員会編・発行『歴史の中に生きる』一九八九年所収、九一―九二頁。

第一章

（1）本節は Makino, K. "Japanese Economists on Imperialism and Total War: Tanzan Ishibashi and His Peers", 『経済学史研究』第五九巻第一号、二〇一七年を基にしている。また以下の研究を参照した。Okura, M. and Teranishi, J. "Exchange Rate and Economic Recovery of Japan in the 1930s", *Hitotsubashi Journal of Economics* 35 (1), 1994. 家近亮子『蔣介石の外交戦略と日中戦争』岩波書店、二〇一二年。杉山伸也『日英経済関係史研究 1860～1940』慶應義塾大学出版会、二〇一七年。多田井喜生『昭和の迷走―「第二満州国」に憑かれて』筑摩選書、二〇一四年。筒井清忠『満州事変はなぜ起きたのか』中公選書、二〇一五年。宮田昌明『英米世界秩序と東アジアにおける日本―中国をめぐる協調と相克　一九〇六～一九三六』錦正社、二〇一四年。

（2）大前信也『陸軍省軍務局と政治―軍備充実の政策形成過程』芙蓉書房出版、二〇一七年、一一一―一一四頁。

（3）秋丸次朗「大東亜戦争秘話　開戦前後の体験記―秋丸機関の顚末を中心に」『えびの』第一三号、一九七九年、一一頁。なおこの手記は『回想』（『有澤廣巳の昭和史』編纂委員会編・発行、一九八九年）に所収されている秋丸次朗「秋丸機関の顚末」とほぼ同じであるが、『回想』には無い秋丸機関の各班の写真や自譜が同時に掲載されている。

（4）波多野澄雄・茶谷誠一編『金原節三陸軍省業務日誌摘録　前編』現代史料出版、二〇一六年、九二頁。

(5) 秋丸次朗「大東亜戦争秘話　開戦前後の体験記―秋丸機関の顚末を中心に」一〇―一一頁。
(6) 秋丸次朗「自譜」同「大東亜戦争秘話　開戦前後の体験記―秋丸機関の顚末を中心に」所収、一六―一七頁。
(7) 橋川文三編著『日本の百年7　アジア解放の夢　1931～1937』ちくま学芸文庫、二〇〇八年、四四八頁。
(8) 小泉吉雄『愚かな者の歩み―ある満鉄社員の手記』私家版、一九七八年、二二頁。
(9) 岡部牧夫「満洲産業開発五ヶ年計画」植民地文化学会・東北淪陥一四年史総編室共編『〈日中共同研究〉「満洲国」とは何だったのか』小学館、二〇〇八年所収、一一九―一二〇頁。
(10) 橋川文三編著『日本の百年7　アジア解放の夢　1931～1937』四五二頁。
(11) 岡部牧夫「満洲産業開発五ヶ年計画」一二〇―一二一頁。
(12) 秋丸次朗『朗風自伝』私家版、一九八八年、一三頁。
(13) 江夏由樹「満洲国の地籍整理事業について―「蒙地」と「皇産」の問題からみる」『一橋大学研究年報　経済学研究』第三七巻、一九九六年、一三九頁。
(14) 秋丸次朗「自譜」一七頁。
(15) 小泉吉雄『愚かな者の歩み―ある満鉄社員の手記』二二―二三頁。田中武夫『橘樸と佐藤大四郎―合作社事件・佐藤大四郎の生涯』龍溪書舎、一九七五年、一四六―一四七頁。
(16) 稲垣征夫「花の群像（一）―満洲酔虎伝」満洲回顧集刊行会編『あゝ満洲―国つくり産業開発者の手記』農林出版、一九六五年所収、一一七頁。
(17) 橋川文三編著『日本の百年7　アジア解放の夢　1931～1937』四五六―四六〇頁。
(18) 松本俊郎『侵略と開発―日本資本主義と中国植民地化』御茶の水書房、一九九二年、一〇三―一〇四頁。
(19) 秋丸次朗『朗風自伝』一三頁。
(20) 白木沢旭児「日中戦争期の東亜経済懇談会」『北海道大学文学研究科紀要』第一二〇号、二〇〇六年。
(21) 東亜経済懇談会『東亜経済懇談会第一回大会報告書』一九四〇年、一三頁。
(22) 東亜経済懇談会『東亜経済懇談会第一回大会報告書』一一―一五頁。

(23) 東亜経済懇談会『東亜経済懇談会第一回大会報告書』五〇一―五〇四頁。
(24) 東亜経済懇談会『東亜経済懇談会第一回大会報告書』五〇四頁。
(25) 東亜経済懇談会『東亜経済懇談会第一回大会報告書』五〇四―五〇七頁。
(26) 東亜経済懇談会『東亜経済懇談会第一回大会報告書』五〇五―五〇六頁。
(27) 小松直幹「満洲における日本の石油探鉱」『石油技術協会誌』第七〇巻第三号、二〇〇五年。岩間敏『日米開戦と人造石油』朝日新書、二〇一六年。
(28) 石井正紀『陸軍燃料廠―太平洋戦争を支えた石油技術者たちの戦い』光人社NF文庫、二〇一三年、第一章「石油は足下にあった」。
(29) 岩畔豪雄『昭和陸軍 謀略秘史』日本経済新聞出版社、二〇一五年、六一―六六頁。
(30) 岩畔豪雄『昭和陸軍 謀略秘史』七八―八四頁。
(31) 秋丸次朗「大東亜戦争秘話 開戦前後の体験記―秋丸機関の顚末を中心に」一一頁。
(32) 江夏由樹「満洲国の地籍整理事業について―「蒙地」と「皇産」の問題からみる」一三九頁。
(33) 秋丸次朗「経済戦研究班後日譚―『陸軍経理部よもやま話』追補として」『若松―陸軍経理学校同窓会誌』第一〇七号、一九八三年、四頁。
(34) 小泉吉雄『愚かな者の歩み―ある満鉄社員の手記』二九、三一頁。
(35) 秋丸次朗「経済戦研究班後日譚―『陸軍経理部よもやま話』追補として」四頁。
(36) 秋丸次朗「経済戦研究班後日譚―『陸軍経理部よもやま話』追補として」五頁。
(37) 矢次一夫「永田鉄山とその運命的な死」『矢次一夫対談集I 天皇・嵐の中の五十年』原書房、一九八一年所収、八二―八三頁。
(38) 原覚天『現代アジア研究成立史論―満鉄調査部・東亜研究所・IPRの研究』勁草書房、一九八四年、四六六頁。
(39) 牧野邦昭『戦時下の経済学者』中公叢書、二〇一〇年、二九―三二頁。

(40) 同志社大学人文科学研究所および国立国会図書館憲政資料室「海野普吉関係文書」所蔵。なおこの資料については我妻栄編集代表『日本政治裁判史録　昭和・後』第一法規出版、一九七〇年、二九七頁で簡単に紹介されている。
(41) 鈴木義男『有澤廣巳治安維持法違反被告事件弁護要旨』三五五—三五六頁。
(42) 有沢広巳『学問と思想と人間と』『有澤廣巳の昭和史』編纂委員会、一九八九年、一六二頁。
(43) 有沢広巳(聞き手・矢野智雄)「戦後日本経済の再建」九三頁。
(44) 脇村義太郎「心残りのこと二つ」中山知子編『一路八十年—中山伊知郎先生追想記念文集』私家版、一九八一年所収、二三八頁。
(45) 岩川隆『日本の地下人脈—戦後をつくった陰の男たち』祥伝社文庫、二〇〇七年、一四〇—一四一頁。高橋正雄『八方破れ・私の社会主義』TBSブリタニカ、一九八〇年、一九六頁も参照。
(46) 秋丸次朗「経済戦研究班後日譚—『陸軍経理部よもやま話』追補として」五頁。
(47) 増井健一「ひとりの経済学者の思想と行動—第二次世界大戦と武村忠雄」『近代日本研究』第一二巻、一九九五年、二二〇—二二一頁。
(48) 座談会「実証分析を踏まえた「沖中金融論」を確立」『月刊金融ジャーナル』第二二巻第一四号、一九八一年。
(49) 有沢広巳『学問と思想と人間と』一六二頁。
(50) 秋丸次朗「経済戦研究班後日譚—『陸軍経理部よもやま話』追補として」五頁。
(51) 秋丸次朗「大東亜戦争秘話　開戦前後の体験記—秋丸機関の顚末を中心に」一二頁。
(52) 脇村義太郎『わが故郷田辺と学問』岩波書店、一九九八年、二三二—二三三頁。
(53) 秋丸次朗「大東亜戦争秘話　開戦前後の体験記—秋丸機関の顚末を中心に」一二頁。
(54)『支那抗戦力調査報告—満鉄調査部編』三一書房、一九七〇年、九五頁。
(55) 松村高夫・柳沢遊・江田憲治編『満鉄の調査と研究—その「神話」と実像』青木書店、二〇〇八年、三八三頁。

(56)「陸軍秋丸機関ニ関スル件」一九四〇年、土井章監修・大久保達正ほか編『昭和社会経済史料集成　第十巻　海軍省資料（10）』大東文化大学東洋研究所、一九八五年所収。

(57) 森田優三は秋丸機関のある会合で当時京都帝国大学経済学部教授だった柴田敬に会ったと回想している（森田優三「留学中の憶い出」鹿島郁子・長坂淳子編『大道を行く―柴田敬追悼文集』私家版、一九八七年所収、九一頁）。ただ秋丸機関は一九四二年に解散している一方、森田はその時の柴田が「主計中尉（原文ママ）の軍服」を着ており、「当時［柴田］先生は東京の近く、横須賀かどこかに勤務しておられたように記憶していますが定かではありません」と述べており、これは柴田が陸軍主計少尉として召集され軍需省航空兵器総局に勤務していた一九四五年の別の会合と森田が混同したとみられる。

(58) 柴田陽一氏の御教示による。

(59) 川西正鑑『東亜地政学の構想』実業之日本社、一九四二年、序一―序二頁。

(60) 生島広治郎責任編集・東亜貿易政策研究会編『大東亜共栄圏綜合貿易年表（世界各国ブロック別）〔Ⅰ〕泰国』有斐閣、一九四二年、序五頁。

(61) 木下半治『戦争と政治』昭和書房、一九四二年、序五頁。

(62)「陸軍秋丸機関ニ関スル件」九六頁。

第二章

(1) 秋丸次朗「大東亜戦争秘話　開戦前後の体験記―秋丸機関の顛末を中心に」一二頁。

(2) 筒井清忠編『昭和史講義―最新研究で見る戦争への道』ちくま新書、二〇一五年所収。

(3) 矢次一夫『昭和動乱私史　中』経済往来社、一九七一年、一五五―一六〇頁。

(4) 小泉吉雄『愚かな者の歩み―ある満鉄社員の手記』三一―三五頁。

(5) 小泉吉雄『愚かな者の歩み―ある満鉄社員の手記』三四頁。

(6) 酒井三郎『昭和研究会―ある知識人集団の軌跡』ＴＢＳブリタニカ、一九七九年、一三〇―一三一頁。

（7）ローラ・ハイン、大島かおり訳『理性ある人びと　力ある言葉—大内兵衛グループの思想と行動』岩波書店、二〇〇七年、二四二頁。
（8）中村隆英「笠信太郎」三谷太一郎編『言論は日本を動かす　第①巻　近代を考える』講談社、一九八六年所収、一六五頁。
（9）矢部貞治『矢部貞治日記　銀杏の巻』読売新聞社、一九七四年、六八五頁。
（10）有沢広巳「戦後日記」『有澤廣巳の昭和史』編纂委員会編・発行『歴史の中に生きる』所収。
（11）秋丸次朗「欧洲戦争と世界経済の新動向」『陸軍主計団記事』第三七〇号、一九四一年、二七頁。本資料は荒川憲一氏からご提供いただいた。
（12）秋丸次朗「大東亜戦争秘話　開戦前後の体験記—秋丸機関の顚末を中心に」一二頁。
（13）沖中恒幸『金融国防論』ダイヤモンド社、一九四一年。
（14）秋丸次朗「大東亜戦争秘話　開戦前後の体験記—秋丸機関の顚末を中心に」一二頁。
（15）「陸軍秋丸機関ニ関スル件」一〇五頁。

第三章

（1）近藤康男『一農政学徒の回想』上下、農山漁村文化協会、一九七六年など。
（2）「班報」全文は拙稿「陸軍省主計課別班「班報」（陸軍秋丸機関内部資料）：資料解題と全文」『摂南経済研究』第八巻第一・二号、二〇一八年に掲載している。
（3）秋丸次朗「大東亜戦争秘話　開戦前後の体験記—秋丸機関の顚末を中心に」一二頁。
（4）中村隆英・伊藤隆・原朗編『現代史を創る人びと　1』毎日新聞社、一九七一年、一九四頁。
（5）秋丸次朗「大東亜戦争秘話　開戦前後の体験記—秋丸機関の顚末を中心に」一二—一三頁。
（6）「陸軍秋丸機関ニ関スル件」九六頁。
（7）陸軍省主計課別班『経研日年第一号　資料年報　昭和十五年十二月一日現在』一九四〇年。

(8) 座談会「経済政策論の発展過程およびその周辺」『中山伊知郎全集　別巻』講談社、一九七三年所収、六四—六五頁。
(9) 中村隆英・伊藤隆・原朗編『現代史を創る人びと　1』一九四—一九五頁。
(10) 脇村義太郎『二十一世紀を望んで—続　回想九十年』岩波書店、一九九三年、一四—一五頁。
(11) http://www.nul.nagoya-u.ac.jp/erc/collection/araki.html。名古屋大学大学院経済学研究科附属国際経済政策研究センター情報資料室所蔵「荒木光太郎文書」は一九五一年の荒木光太郎の死後、一九五四年に荒木の東大経済学部での門下生だった城島国弘（当時名古屋大学経済学部助教授、のち同経済学部長・四日市大学学長）の仲介により名古屋大学経済学部に受け入れられたものである（小堀聡「荒木光太郎」（近現代史の人物史料情報）『日本歴史』第八三九号、二〇一八年）。
(12) 木村洋「第二次世界大戦期に於ける日本人数学者の戦時研究」『数理解析研究所講究録』（京都大学）第一二五七巻、二〇〇二年、二六六—二六七頁。
(13) 脇村義太郎『わが故郷田辺と学問』二三三頁。
(14) 陸軍省主計課別班『経研資料第一号　貿易額ヨリ見タル我国ノ対外依存状況』一九四〇年、一—三頁。
(15) 応急物動計画試案の資料及び解説は中村隆英・原朗編『現代史資料43　国家総動員1　経済』みすず書房、一九七〇年を参照。
(16) 中山は日本の経済力の報告をした時期について、「昭和十五年の終わりごろだったと思う」（座談会「経済政策論の発展過程およびその周辺」六二頁）、また「たしか昭和十六年の初め」（「第十集への序文」『中山伊知郎全集第十集』講談社、一九七三年、I頁）と述べている。
(17) 中村隆英・伊藤隆・原朗編『現代史を創る人びと　1』一九四頁。
(18) 座談会「経済政策論の発展過程およびその周辺」六二頁。
(19) 塩崎弘明「対米英開戦と物的国力判断—陸軍省整備局の場合」近代日本研究会編『年報・近代日本研究—九戦時経済』山川出版社、一九八七年所収。

(20)『石井史料（11）　石井秋穂大佐回顧録』防衛省防衛研究所所蔵（中央―戦争指導重要国策文書―七九八）、九六―九八頁。
(21) 相澤淳「太平洋戦争開戦時の日本の戦略」防衛省防衛研究所編・発行『平成21年度戦争史研究国際フォーラム報告書』二〇一〇年所収、三七頁。
(22) 中村隆英・伊藤隆・原朗編『現代史を創る人びと　1』一九四頁。
(23) 座談会「経済政策論の発展過程およびその周辺」六二頁。
(24) 森田優三『統計遍歴私記』日本評論社、一九八〇年、一一一頁。
(25) 有沢広巳『学問と思想と人間と』一六二頁。
(26) 脇村義太郎『二十一世紀を望んで―続　回想九十年』一〇頁。
(27) 脇村義太郎『二十一世紀を望んで―続　回想九十年』一〇―一一頁。
(28) JACAR Ref. C13120884500。
(29) JACAR Ref. C15120604400。
(30) 登録番号：文庫―若松史料―四二〇。
(31) 岡田俊裕『日本地理学人物事典　近代編2』原書房、二〇一三年、二五三頁。『季報唯物論研究』編集部編『証言・唯物論研究会事件と天皇制』新泉社、一九八九年、一一七頁。
(32) 我妻栄編集代表『日本政治裁判史録　昭和・後』四〇八頁。
(33) 我妻栄編集代表『日本政治裁判史録　昭和・後』四〇六頁。
(34) 奥平康弘『治安維持法小史』岩波現代文庫、二〇〇六年、二六二―二六九頁。
(35) 三輪公忠「対米決戦へのイメージ」加藤秀俊・亀井俊介編『日本とアメリカ―相手国のイメージ研究』日本学術振興会、一九七七年所収、二六一―二六二頁。
(36) 防衛省防衛研究所図書館に家永正明『陸軍省経理局主計課別班・秋丸機関』私家版、二〇〇八年が所蔵されており（01-056782-4、荒川憲一氏からのご教示による）、これは家永氏の父で秋丸機関に参加した家永正彦の遺品中より発見された『経済戦争の本義』をワープロ打ちしたものである。家永正彦は陸軍省経理局主計課嘱託であった（JACAR Ref. C13071014300）。また靖国偕行文庫に『経済戦争の本義』の複写版が所蔵されている（受入番号51769）。

（37）本資料については牧野邦昭「『経済戦の本質』（陸軍秋丸機関中間報告案）：資料解題と「要旨」全文」『摂南経済研究』第六巻第一・二号、二〇一六年で紹介している。

（38）鈴木義男『有澤廣巳治安維持法違反被告事件弁護要旨』三六四頁。

（39）三輪公忠「対米決戦へのイメージ」二六一―二六二頁。

（40）荒川憲一氏からの御教示による。

第四章

（1）防衛庁防衛研修所戦史室『戦史叢書　大本営陸軍部大東亜戦争開戦経緯〈3〉』朝雲新聞社、一九七三年、四八四―四八六頁。

（2）有沢広巳『学問と思想と人間と』一六四頁。

（3）秋丸次朗「大東亜戦争秘話　開戦前後の体験記―秋丸機関の顚末を中心に」一三頁。

（4）秋丸次朗の実弟の朝稲又次が、秋丸機関の陸軍上層部への報告会は七月一日にあったという文章を書いているが（朝稲又次「日米開戦秘話　東条英機に諫言した秋丸機関と有沢広巳」『正論』一九九三年九月号）、秋丸次朗のご子息の信夫氏が朝稲に直接確認したところ、この文章は事実に基づくものではない一種の小説だということである（秋丸信夫氏談）。

（5）斉藤伸義「アジア太平洋戦争開戦決定過程における「戦争終末」構想に与えた秋丸機関の影響」『史苑』第六〇巻第一号、一九九九年、一七五頁。

（6）有沢広巳『学問と思想と人間と』一六三―一六四頁。

（7）秋丸次朗「大東亜戦争秘話　開戦前後の体験記―秋丸機関の顚末を中心に」一三頁。

(8) 遠藤武勝「一経理官の回想」若松会編・発行『陸軍経理部よもやま話』一九八二年所収、序に代えて(5)頁。
(9) JACAR Ref. C13120882700。
(10) 東京大学経済学図書館ほか所蔵。
(11) 脇村義太郎「学者と戦争」『日本学士院紀要』第五二巻第三号、一九九八年、一五〇―一五二頁。
(12) http://www.kosho.or.jp/servlet/top
(13) 牧野邦昭「『英米合作経済抗戦力調査（其一）』（陸軍秋丸機関報告書）―資料解題」『摂南経済研究』第五巻第一・二号、二〇一五年を参照。
(14) 牧野邦昭「陸軍秋丸機関の活動とその評価」『季報唯物論研究』第一二三号、二〇一三年。同「『独逸経済抗戦力調査』（陸軍秋丸機関報告書）―資料解題と「判決」全文」『経済学史研究』第五六巻第一号、二〇一四年。
(15) http://ut-elib.sakura.ne.jp/digitalarchive_02/rare/551233978.pdf および http://ut-elib.sakura.ne.jp/digitalarchive_02/rare/551369O858.pdf
(16) https://www.jstage.jst.go.jp/article/tja1948/52/3/52_3_129/_pdf
(17) http://jshet.net/docs/journal/56/561makino.pdf
(18) 座談会「アメリカの世界包囲策を衝く」（出席者は安達鶴太郎、飯田清三、伊藤七司、小寺巌、武村忠雄、船田中、丸山政男）『改造』一九四一年八月時局版、二〇四頁。
(19) 国立国会図書館デジタルコレクション（書誌 ID 000000971101）。
(20) 斉藤伸義「アジア太平洋戦争開戦決定過程における「戦争終末」構想に与えた秋丸機関の影響」。
(21) 林千勝『日米開戦　陸軍の勝算―「秋丸機関」の最終報告書』祥伝社新書、二〇一五年。
(22) 秋丸次朗「欧洲戦争と世界経済の新動向」一八―一九頁。
(23) 秋丸次朗「欧洲戦争と世界経済の新動向」二〇頁。
(24) 大内建二『戦時標準船入門―戦争中に急造された勝利のための量産船』光人社NF文庫、二〇一〇年、二六九頁。

(25) オットオ・フイリップ・ヘフネル「英国は餓死するか」『東洋経済新報』一九四一年四月一九日号(第一九六七号)、一二八頁。
(26) 武村忠雄「独ソ開戦と日米関係」『改造』一九四一年七月時局版、二六六—二六七頁。
(27) 武村忠雄「独ソ開戦と日米関係」二六八頁。
(28) 武村忠雄「独ソ開戦と日米関係」二七〇頁。
(29) 中外商業新報政治部編『列強の臨戦態勢—経済力より見たる抗戦力』東洋経済新報社、一九四一年、五、七頁。
(30) 中外商業新報政治部編『列強の臨戦態勢—経済力より見たる抗戦力』「序に代へて」二頁。
(31) 中外商業新報政治部編『列強の臨戦態勢—経済力より見たる抗戦力』六〇頁。
(32) 有沢広巳『学問と思想と人間と』一六四—一六五頁。
(33) NHK「現代ジャーナル　日米開戦50年(2)~新発見・秋丸機関報告書—有沢広巳と太平洋戦争」一九九一年一二月三日放送。
(34) 座談会「経済政策論の発展過程およびその周辺」六二頁。
(35) 座談会「経済政策論の発展過程およびその周辺」六二頁。
(36) 有沢広巳(聞き手・早坂忠)「戦中・戦後の経済と経済学—ワイマールと現代」『週刊東洋経済』第四四二七号(臨時増刊近経シリーズNo.65)、一九八三年、一〇一頁。
(37) 秦郁彦『旧日本陸海軍の生態学—組織・戦闘・事件』中公選書、二〇一四年の第八章「第二次大戦における日米の戦争指導—戦争終末構想の検討」参照。
(38) 原四郎『大戦略なき開戦—旧大本営陸軍部一幕僚の回想』原書房、一九八七年。
(39) 参謀本部編『杉山メモ　上』原書房、二〇〇五年、五二三—五二五頁。
(40) 杉田一次『情報なき戦争指導—大本営情報参謀の回想』原書房、一九八七年、二一九頁。
(41) 原四郎『大戦略なき開戦—旧大本営陸軍部一幕僚の回想』二九〇頁。
(42) 保科善四郎『大東亜戦争秘史—失われた和平工作』原書房、一九七五年、一一〇頁。

(43) 参謀本部編『杉山メモ　上』五一九頁。
(44) 「石井秋穂の手記」上法快男編『軍務局長　武藤章回想録』芙蓉書房、一九八一年所収、二七三―二七四頁。
(45) 松下芳男編『田中作戦部長の証言―大戦突入の真相』芙蓉書房、一九七八年。川田稔『昭和陸軍全史3―太平洋戦争』講談社現代新書、二〇一五年。
(46) 田嶋信雄「東アジア国際関係の中の日独関係―外交と戦略」工藤章・田嶋信雄編『日独関係史　一八九〇―一九四五　Ⅰ　総説／東アジアにおける邂逅』東京大学出版会、二〇〇八年所収、五一―五五頁。
(47) 「石井秋穂の手記」二四一―二四二頁。
(48) 「石井秋穂の手記」二四六頁。
(49) 軍事史学会編『大本営陸軍部戦争指導班　機密戦争日誌　上』錦正社、二〇〇八年、一一一頁。
(50) 防衛庁防衛研修所戦史室『戦史叢書　大本営陸軍部大東亜戦争開戦経緯〈4〉』朝雲新聞社、一九七四年、一四五頁。
(51) 防衛庁防衛研修所戦史室『戦史叢書　大本営陸軍部大東亜戦争開戦経緯〈4〉』一一六―一二二頁。
(52) 防衛庁防衛研修所戦史室『戦史叢書　大本営陸軍部大東亜戦争開戦経緯〈4〉』二七三―二七九頁。
(53) 防衛庁防衛研修所戦史室『戦史叢書　大本営陸軍部大東亜戦争開戦経緯〈4〉』二〇三頁。
(54) 佐藤賢了『弱きが故の戦い（大東亜戦争への足どり）』陸上自衛隊小平修親会、一九五八年、一五四頁。
(55) 波多野澄雄・茶谷誠一編『金原節三陸軍省業務日誌摘録　前編』三四六頁。
(56) 秋丸次朗「欧洲戦争と世界経済の新動向」二七頁。
(57) 武村忠雄「国防経済力の測定」『公論』一九四一年二月号、七三頁。
(58) 佐藤賢了『弱きが故の戦い（大東亜戦争への足どり）』九四頁。
(59) 防衛庁防衛研修所戦史室『戦史叢書　大本営陸軍部大東亜戦争開戦経緯〈4〉』一五七頁。
(60) 秋丸次朗「大東亜戦争秘話　開戦前後の体験記―秋丸機関の顚末を中心に」一三頁。
(61) 河野州昭「日曜論説　秋丸機関調査書　開戦前の日本を知る」『宮崎日日新聞』二〇一五年三月二九日。

(62) 田嶋信雄「東アジア国際関係の中の日独関係―外交と戦略」五六頁。
(63) 西浦進『昭和陸軍秘録―軍務局軍事課長の幻の証言』日本経済新聞出版社、二〇一四年、三三五頁。
(64) 佐藤賢了『弱きが故の戦い（大東亜戦争への足どり）』一五五頁。
(65) 波多野澄雄・茶谷誠一編『金原節三陸軍省業務日誌摘録　前編』四二九頁。
(66) 井上寿一『戦争調査会―幻の政府文書を読み解く』講談社現代新書、二〇一七年。
(67)「岡田氏談話」広瀬順晧監修『戦争調査会事務局書類　第8巻　15　資料原稿綴二（下）』ゆまに書房、二〇一五年所収、三〇〇―三〇一頁。
(68) 防衛庁防衛研修所戦史室『戦史叢書　大本営陸軍部大東亜戦争開戦経緯〈4〉』二九四頁。
(69) 防衛庁防衛研修所戦史室『戦史叢書　大本営陸軍部大東亜戦争開戦経緯〈4〉』二七五頁。
(70) 軍事史学会編『大本営陸軍部戦争指導班　機密戦争日誌　上』一三六頁。
(71) ウォルドー・ハインリックス、酒井哲哉訳「「大同盟」の形成と太平洋戦争の開幕」細谷千博・本間長世・入江昭・波多野澄雄編『太平洋戦争』東京大学出版会、一九九三年所収、一七五―一七六頁。
(72) 参謀本部編『杉山メモ　上』三一二頁。
(73) 江藤淳『もう一つの戦後史』講談社、一九七八年、三二一―三三三頁。

第五章

(1) 秋丸次朗「大東亜戦争秘話　開戦前後の体験記―秋丸機関の顚末を中心に」一三頁。
(2) 岩畔豪雄『昭和陸軍　謀略秘史』三二九頁。
(3) 岩畔豪雄『昭和陸軍　謀略秘史』三三〇―三三二頁。
(4) 岩畔豪雄『昭和陸軍　謀略秘史』三三一―三三七頁。
(5) 塩崎弘明『国内新体制を求めて―両大戦後にわたる革新運動・思想の軌跡』九州大学出版会、一九九八年、二一〇頁。

（6）三輪公忠「対米決戦へのイメージ」二六二頁。
（7）矢次一夫『昭和動乱私史　下』経済往来社、一九七三年、九四頁。
（8）塩崎弘明『日英米戦争の岐路―太平洋の宥和をめぐる政戦略』山川出版社、一九八四年、二四〇頁。
（9）『大蔵公望日記　第四巻―昭和十七～二十年』内政史研究会・日本近代史料研究会、一九七五年、一五頁。
（10）防衛庁防衛研修所戦史室『戦史叢書　大本営陸軍部大東亜戦争開戦経緯〈4〉』四九七頁。
（11）矢次一夫『昭和動乱私史　下』九五頁。防衛庁防衛研修所戦史室『戦史叢書　大本営陸軍部大東亜戦争開戦経緯〈4〉』四九八頁。
（12）有沢広巳（聞き手・早坂忠）「戦中・戦後の経済と経済学―ワイマールと現代」一〇〇頁。
（13）岩畔豪雄「準備されていた秘密戦」『週刊読売　臨時増刊　日本の秘密戦』読売新聞社、一九五六年所収、二一二頁。
（14）秋丸次朗「経済戦研究班後日譚―『陸軍経理部よもやま話』追補として」四頁。
（15）防衛庁防衛研修所戦史室『戦史叢書　大本営陸軍部大東亜戦争開戦経緯〈4〉』四七五―四七九頁。
（16）岡田菊三郎「開戦前ノ物的国力ト対米英戦争決意」広瀬順晧監修『戦争調査会事務局書類　第8巻　15　資料原稿綴二（下）』所収、四二四頁。
（17）秋丸次朗「自譜」一七頁。
（18）市川新「総力戦研究所ゲーミングと英米合作経済抗戦力調査シミュレーションの接点」『流通経済大学論集』第四〇巻第四号、二〇〇六年、二八―二九頁。
（19）『昭和十七年自七月至八月講義　秋丸陸軍主計大佐講述要旨　経済戦史』一九四三年一月総力戦研究所調製、一九五二年一〇月保安研修所複製（防衛省防衛研究所史料閲覧室所蔵、登録番号中央―全般その他―一九七―二）、四七―五六頁。本資料については荒川憲一氏からのご教示を得た。
（20）『昭和十七年自七月至八月講義　秋丸陸軍主計大佐講述要旨　経済戦史』五六―六六頁。
（21）猪瀬直樹『昭和16年夏の敗戦』中公文庫、二〇一〇年など。

(22) 粟屋憲太郎・中村陵「総力戦研究所からみる日本の「総力戦体制」」『総力戦研究所関係資料集』解説・総目次』不二出版、二〇一六年所収、一五―一六頁。
(23) 西浦進『昭和戦争史の証言　日本陸軍終焉の真実』日経ビジネス人文庫、二〇一三年、一九三頁。
(24) 西浦進『昭和陸軍秘録―軍務局軍事課長の幻の証言』二七八頁。
(25) 粟屋憲太郎・中村陵「総力戦研究所からみる日本の「総力戦体制」」二二頁。
(26) 粟屋憲太郎・中村陵「総力戦研究所からみる日本の「総力戦体制」」一八、二六―二八頁。
(27) 杉田一次『情報なき戦争指導―大本営情報参謀の回想』一九八頁。
(28) 西浦進『昭和陸軍秘録―軍務局軍事課長の幻の証言』二七八頁。
(29) 西浦進『昭和戦争史の証言　日本陸軍終焉の真実』一九三頁。
(30) 「昭和十六年度初頭ニ於ケル総力戦的内外情勢判断〈極秘〉」粟屋憲太郎・中村陵編『総力戦研究所関係資料集　第1冊』不二出版、二〇一六年所収。
(31) 「昭和十六年度綜合研究第四回研究課題答申　戦争ニ伴フ国力整備〈機密〉」粟屋憲太郎・中村陵編『総力戦研究所関係資料集　第2冊』不二出版、二〇一六年所収。
(32) 西浦進『昭和陸軍秘録―軍務局軍事課長の幻の証言』二七九頁。
(33) 飯村穣『続兵術随想―国際政治戦略雑感』日刊労働通信社、一九七〇年、二四一―二四二頁。
(34) 市川新「『総力戦教育の理論』に著された社会認識―ゲーミング理論による分析」『社会学部論叢』(流通経済大学)第一七巻第二号、二〇〇七年。
(35) 山本正身『日本教育史―教育の「今」を歴史から考える』慶應義塾大学出版会、二〇一四年、三六八―三七〇頁。
(36) 座談会「無力だった知識人―戦時体制への屈服」(脇村義太郎、石川達三、久野収)『朝日ジャーナル』第三四六号、一九六五年、七八頁(『久野収対話集・戦後の渦の中で4　戦争からの教訓』人文書院、一九七三年所収、二一一三頁)。

(37) 佐藤賢了『軍務局長の賭け―佐藤賢了の証言』芙蓉書房、一九八五年、二八一頁。
(38) 佐藤賢了『軍務局長の賭け―佐藤賢了の証言』二九八頁。
(39) A. S. Levi and G. Whyte "A Cross-Cultural Exploration of the Reference Dependence of Crucial Group Decisions under Risk: Japan's 1941 Decision for War", *Journal of Conflict Resolution*, Vol. 41 No. 6, December 1997.
(40) 数値とプロスペクト理論の内容について、友野典男『行動経済学―経済は「感情」で動いている』光文社新書、二〇〇六年、一二〇―一二一頁を参考にしている。
(41) 防衛庁防衛研修所戦史室『戦史叢書 大本営陸軍部大東亜戦争開戦経緯〈4〉』四七九頁。
(42) 座談会「経済政策論の発展過程およびその周辺」六二頁。
(43) 小倉和夫『吉田茂の自問―敗戦、そして報告書「日本外交の過誤」』藤原書店、二〇〇三年、一二五頁。
(44) 五百旗頭真『日本の近代6 戦争・占領・講和 1941~1955』中公文庫、二〇一三年、一五五―一五七頁。
(45) 森山優『日本はなぜ開戦に踏み切ったか―「両論併記」と「非決定」』新潮選書、二〇一二年、四三―四五頁。
(46) 服部卓四郎『大東亜戦争全史(明治百年史叢書35)』原書房、一九六五年、一四〇頁。
(47) 釘原直樹『グループ・ダイナミックス―集団と群集の心理学』有斐閣、二〇一一年、六四―六五頁。
(48) 小倉和夫『吉田茂の自問―敗戦、そして報告書「日本外交の過誤」』二一九頁。
(49) 五百旗頭真『日本の近代6 戦争・占領・講和 1941~1955』七八―七九頁。
(50) 増井健一「ひとりの経済学者の思想と行動―第二次世界大戦と武村忠雄」二三一頁。
(51) 武村忠雄「日米関係今後の見透」『日本評論』一九四一年九月号、一四三頁。
(52) 防衛庁防衛研修所戦史室『戦史叢書 大本営陸軍部大東亜戦争開戦経緯〈4〉』四七〇頁。
(53) 保科善四郎『大東亜戦争秘史―失われた和平工作』二六頁。
(54) 東郷茂徳『東郷茂徳外交手記―時代の一面(明治百年史叢書36)』原書房、一九六七年、一五九頁。
(55) 西浦進『昭和戦争史の証言 日本陸軍終焉の真実』二二〇頁。
(56) 東郷茂徳『東郷茂徳外交手記―時代の一面(明治百年史叢書36)』二一四―二一五頁。

(57) 保科善四郎『大東亜戦争秘史―失われた和平工作』三六頁。
(58) 保科善四郎『大東亜戦争秘史―失われた和平工作』三七頁。
(59) 保科善四郎『大東亜戦争秘史―失われた和平工作』三八―三九頁。
(60) 保科善四郎『大東亜戦争秘史―失われた和平工作』四二頁。
(61) 戸高一成編『[証言録] 海軍反省会3』PHP研究所、二〇一二年、五四一頁。
(62) 「(二) 日本の基本戦略（服部第二案）」昭和二一年八月二八日（荒木光太郎文書七一七）。
(63) 「日本の基本戦略」昭和二一年七月二九日（荒木光太郎文書七一五）。
(64) 参謀本部編『杉山メモ　上』四一七―四一八頁。
(65) 森山優『日本はなぜ開戦に踏み切ったか―「両論併記」と「非決定」』一五八―一五九頁。
(66) 西浦進『昭和戦争史の証言　日本陸軍終焉の真実』二二〇頁。
(67) 『昭和天皇独白録』文春文庫、一九九五年、八四―八五頁。
(68) 河西晃祐『大東亜共栄圏―帝国日本の南方体験』講談社選書メチエ、二〇一六年、九八―九九頁。
(69) 軍事史学会編『大本営陸軍部戦争指導班　機密戦争日誌　上』一九九頁。

第六章

(1) 秦郁彦『旧日本陸海軍の生態学―組織・戦闘・事件』三三一―三三三頁。
(2) 種村佐孝『大本営機密日誌』ダイヤモンド社、一九五二年、二一三頁。
(3) 波多野澄雄・茶谷誠一編『金原節三陸軍省業務日誌摘録　前編』五八五―五八六頁。
(4) 平間洋一『第二次世界大戦と日独伊三国同盟―海軍とコミンテルンの視点から』錦正社、二〇〇七年。田嶋信雄「東アジア国際関係の中の日独関係―外交と戦略」およびゲルハルト・クレープス「三国同盟の内実―一九三七―四五年の日本とドイツ」、ベルトホルト・ザンダー＝ナガシマ「日独海軍の協力関係」工藤章・田嶋信雄編『日独関係史　一八九〇―一九四五　Ⅱ　枢軸形成の多元的力学』東京大学出版会、二〇〇八年所収。

（5）佐藤賢了『弱きが故の戦い（大東亜戦争への足どり）』一五三頁。
（6）平間洋一『第二次世界大戦と日独伊三国同盟―海軍とコミンテルンの視点から』二二三頁。
（7）山田朗『軍備拡張の近代史―日本軍の膨張と崩壊』吉川弘文館（歴史文化ライブラリー）、一九九七年、一九三―一九四頁。
（8）中村良三・齋藤忠「太平洋の戦略」『時局雑誌』一九四二年一月号、一七頁。
（9）中村良三・齋藤忠「太平洋の戦略」二二頁。
（10）中村良三・齋藤忠「太平洋の戦略」二四―二五頁。
（11）武村忠雄「武力戦から経済戦へ」『時局雑誌』一九四二年一月号、五四頁。
（12）工藤章「日独経済関係の変遷―対立と協調」工藤章・田嶋信雄編『日独関係史　一八九〇―一九四五　I　総説／東アジアにおける邂逅』所収、一一〇―一一一、一二三頁。
（13）杉田一次『情報なき戦争指導―大本営情報参謀の回想』一八五頁。
（14）参謀本部編『杉山メモ　上』五一九頁。
（15）杉田一次『情報なき戦争指導―大本営情報参謀の回想』二一八頁。
（16）川田稔『昭和陸軍全史3―太平洋戦争』三六六頁。杉田一次『情報なき戦争指導―大本営情報参謀の回想』二一八頁。
（17）秦郁彦『旧日本陸海軍の生態学―組織・戦闘・事件』三九〇―三九一頁。
（18）杉田一次『情報なき戦争指導―大本営情報参謀の回想』三六一頁。
（19）杉田一次『情報なき戦争指導―大本営情報参謀の回想』二四五頁。
（20）原朗『日本戦時経済研究』東京大学出版会、二〇一三年、四七頁。
（21）参謀本部編『杉山メモ　上』五二三頁。
（22）坂口太助『太平洋戦争期の海上交通保護問題の研究―日本海軍の対応を中心に』芙蓉書房出版、二〇一一年、五二頁。

(23) 坂口太助『太平洋戦争期の海上交通保護問題の研究―日本海軍の対応を中心に』七〇―七一頁。
(24) 坂口太助『太平洋戦争期の海上交通保護問題の研究―日本海軍の対応を中心に』一八三、一九〇―一九一頁。
(25) 大井篤『海上護衛戦』学研M文庫、二〇〇一年、八三頁。
(26) 坂口太助『太平洋戦争期の海上交通保護問題の研究―日本海軍の対応を中心に』二〇六頁。
(27) 坂口太助『太平洋戦争期の海上交通保護問題の研究―日本海軍の対応を中心に』二〇五―二〇八頁。大井篤『海上護衛戦』一〇八―一〇九頁。
(28) 荒川憲一「戦時下の造船業―日米比較―」『東京国際大学論叢 経済学部編』第五一号、二〇一四年。
(29)『昭和十七年自七月至八月講義 秋丸陸軍主計大佐講述要旨 経済戦史』五九頁。
(30) 坂口太助『太平洋戦争期の海上交通保護問題の研究―日本海軍の対応を中心に』一〇頁。
(31) 脇村義太郎「学者と戦争」一六〇頁。
(32) 陸軍省戦争経済研究班『英米合作経済抗戦力調査(其二)』一三二頁。
(33) 大内建二『戦時商船隊―輸送という多大な功績』光人社NF文庫、二〇〇五年、特に第七章「リバティー船物語」。
(34) 脇村義太郎「学者と戦争」一五四―一五七頁。
(35) 細川護貞『細川日記 上』中公文庫、二〇〇二年、二九頁。
(36) 細川護貞『細川日記 上』三五頁。
(37) 脇村義太郎「学者と戦争」一五六頁。
(38) 高橋伸夫『経営の再生[第3版]―戦略の時代・組織の時代』有斐閣、二〇〇六年、二五五頁。
(39) 日暮吉延「解説」武藤章『比島から巣鴨へ―日本軍部の歩んだ道と一軍人の運命』中公文庫、二〇〇八年所収、三三四―三三六頁。
(40)「岡田氏談話」広瀬順晧監修『戦争調査会事務局書類 第8巻 15 資料原稿綴二(下)』三六一―三六三頁。
(41)『完結 昭和国勢総覧 第三巻』東洋経済新報社、一九九一年、二八五頁。

(42)『完結　昭和国勢総覧　第三巻』二八七頁。
(43)北岡伸一『日本の近代5　政党から軍部へ　1924~1941』中央公論新社、一九九九年、三八九頁。五百旗頭真『日本の近代6　戦争・占領・講和　1941~1955』一五三―一五七頁。
(44)友野典男『行動経済学―経済は「感情」で動いている』一二〇―一二一頁。
(45)河西晃祐『大東亜共栄圏―帝国日本の南方体験』九五頁。
(46)軍事史学会編『大本営陸軍部戦争指導班　機密戦争日誌　上』一四三頁。
(47)森山優『日本はなぜ開戦に踏み切ったか―「両論併記」と「非決定」』一六一頁。
(48)西浦進『昭和陸軍秘録―軍務局軍事課長の幻の証言』三三三頁。
(49)『昭和天皇独白録』八七頁。

第七章

(1)座談会「無力だった知識人―戦時体制への屈服」七七頁(『久野収対話集・戦後の渦の中で4　戦争からの教訓』二二二頁)。
(2)脇村義太郎(聞き手・三谷太一郎)「回想の戦中・戦後(上)戦争と学者」『中央公論』一九九五年一一月号、一六八頁。
(3)脇村義太郎『二十一世紀を望んで―続　回想九十年』三―四頁。
(4)加藤哲郎『国境を越えるユートピア―国民国家のエルゴロジー』平凡社ライブラリー、二〇〇二年、八八―九三頁。
(5)松崎昭一「ゾルゲと尾崎のはざま」ＮＨＫ取材班・下斗米伸夫『国際スパイ　ゾルゲの真実』角川文庫、一九九五年所収、二七七―二八六頁。
(6)日本班を担当していた中山伊知郎は秋丸機関の資料について「そのでき上がったものが、ガリ版で相当たくさんあったんですけれども、いまは疎開でなくなって一冊もありません」(中村隆英・伊藤隆・原朗編『現代史を創る人びと　1』一九三頁)、「全部集めて出した」(座談会「経済政策論の発展過程およびその周辺」六二頁)などと証言が一定していないが、重要な日本経済の資料は回収され、残りは疎開などで紛失したというのが実態と思われる。

(7) 田中宏巳「米議会図書館(LC)所蔵の旧陸海軍資料について」同編『米議会図書館所蔵占領接収旧陸海軍資料総目録』東洋書林、一九九五年所収、ix—x頁。

(8) 橋川文三・今井清一編著『日本の百年8　果てしなき戦線—1937～1945』ちくま学芸文庫、二〇〇八年、五〇三頁。

(9) 有沢広巳『学問と思想と人間と』一六五頁。

(10) 有沢広巳『学問と思想と人間と』一六六頁。

(11) 秋丸次朗「自譜」一七頁。

(12) 防衛庁防衛研修所戦史室『戦史叢書　大本営陸軍部〈3〉—昭和十七年四月まで』朝雲新聞社、一九七〇年、六二二頁。

(13) 秋丸次朗「大東亜戦争秘話　開戦前後の体験記—秋丸機関の顚末を中心に」一三頁。

(14) 秋丸次朗『朗風自伝』一五—一六頁。

(15) 秋丸次朗「自譜」一七頁。

(16) 松下芳男編『山紫に水清き—仙台陸軍幼年学校史』仙幼会、一九七三年、六九三頁。

(17) JACAR Ref. C14010181100。

(18) 秋丸次朗「大東亜戦争秘話　開戦前後の体験記—秋丸機関の顚末を中心に」一三頁。

(19) 秋丸次朗「自譜」一八頁。

(20) 有沢広巳『学問と思想と人間と』一六五頁。

(21) 松村高夫・柳沢遊・江田憲治編『満鉄の調査と研究—その「神話」と実像』四六五頁。

(22) 関東憲兵隊司令部編『在満日系共産主義運動(《満洲共産主義運動叢書》第3巻)』極東研究所出版会、一九六九年、二〇八―二〇九頁。
(23) 小泉吉雄「手記」小林英夫・福井紳一『満鉄調査部事件の真相―新発見史料が語る「知の集団」の見果てぬ夢』小学館、二〇〇四年所収、二三八―二四〇頁。ただし同書の史料解釈には複数の批判が提起されている。松村高夫・柳沢遊・江田憲治編『満鉄の調査と研究―その「神話」と実像』、松村高夫「満鉄調査部弾圧事件(1942・43年)再論」『三田学会雑誌』第一〇五巻第四号、二〇一三年や江田憲治・伊藤一彦・柳沢遊「学問的論争と歴史認識―小林英夫・福井紳一氏の「批判」によせて」『社会システム研究』第一七号、二〇一四年などを参照。なお、以下の回想・証言も参考になる。枝吉勇『調査屋流転』私家版、一九八一年、九五頁。「石堂清倫氏に聴く」『東京帝大新人会研究ノート』第一六号、一九九四年、一五〇―一五一頁。
(24) 伊藤隆「秋永月三研究覚書」同『昭和期の政治[続]』山川出版社、一九九三年所収、二三一―二三二頁。なお秋永はその後病気で重症になり一九四三年一〇月に内地に帰還、その後軍需監督官や綜合計画局長官を務めている。
(25) 小泉吉雄『愚かな者の歩み―ある満鉄社員の手記』一五六―一五七頁。
(26) 盛田良治「日本占領期フィリピンの現地調査」『人文学報』(京都大学人文科学研究所)第七九号、一九九七年。
(27) 小堀聡「日中戦争期財界の外資導入工作―日本経済連盟会対外委員会」『経済論叢』(京都大学)第一九一巻一号、二〇一七年。澤田壽夫編『澤田節蔵回想録―一外交官の生涯』有斐閣、一九八五年、二三〇頁。
(28) 秋丸次朗は「謀略活動は中野学校(秘密戦士養成機関)へ移し」と書いている(秋丸次朗「大東亜戦争秘話開戦前後の体験記―秋丸機関の顚末を中心に」一三頁)。
(29) 陸軍経理学校の図書は終戦直後に当時の東京産業大学(現・一橋大学)に約二七五〇〇冊が寄贈され、その後陸上自衛隊等に約一〇四〇〇冊が返還され、残りの約一七一〇〇冊が現在一橋大学附属図書館に旧陸軍経理学校旧蔵図書として保存されている(一橋大学附属図書館編・発行『一橋大学所蔵文庫・コレクション紹介』二〇〇六年)。
(30) 秋丸次朗『朗風自伝』一六頁。
(31) 秋丸次朗「自譜」一八頁。

(32) 奥隆行『南方飢餓戦線──一主計将校の記』山梨ふるさと文庫、二〇〇四年、一六六頁。
(33) 秋丸次朗「自譜」一八頁。
(34) まいけ編集室編・兼久文治監修『限りある身の力ためさん──西田安正 風雪の七十余年』まいけ編集室、一九九四年、五五─五八、二八五─二八六頁。
(35) 奥隆行『南方飢餓戦線──一主計将校の記』二二三─二三七頁。
(36) 若松会編・発行『陸軍経理部よもやま話』一九八二年、三二二頁。
(37) 生田惇『陸軍航空特別攻撃隊史』ビジネス社、一九七七年。
(38) 秋丸次朗「自譜」一八頁。飯島正三・江藤則男「苧畑（坂元）飛行場建設秘話」『えびの』第四七号、二〇一三年も参照。
(39) 大貫健一郎・渡辺考『特攻隊振武寮──証言・帰還兵は地獄を見た』講談社、二〇〇九年、二八〇頁。
(40) 秋丸次朗「町長盛衰記」『若松誌通巻一五〇号記念　若松　総集篇』陸軍経理学校同窓会若松会、一九九五年、三九頁。
(41) 秋丸次朗「大東亜戦争秘話　開戦前後の体験記──秋丸機関の顚末を中心に」九頁。
(42) 秋丸次朗「経済戦研究班後日譚──『陸軍経理部よもやま話』追補として」五頁。
(43) 畑中繁雄『覚書　昭和出版弾圧小史』図書新聞社、一九六五年、五七─五九頁。
(44) 宇田川勝「『鮎川義介　回想と抱負』（稿本、5）」『経営志林』第四三巻第一号、二〇〇六年、八六頁。市川新「鮎川義介の産業組織心理と義済会経済施策演練」『流通経済大学論集』第四二巻第二号、二〇〇七年。
(45) 宇田川勝「『鮎川義介　回想と抱負』（稿本、5）」八七頁。
(46) 辛島理人『帝国日本のアジア研究──総力戦体制・経済リアリズム・民主社会主義』明石書店、二〇一五年、五九頁。
(47) 脇村義太郎「学者と戦争」一六四─一六五頁。
(48) 辛島理人『帝国日本のアジア研究──総力戦体制・経済リアリズム・民主社会主義』六五─六六頁。

(49) 伊藤隆『昭和十年代史断章』東京大学出版会、一九八一年、一七二―一七三頁。
(50) 中山定義『一海軍士官の回想―開戦前夜から終戦まで』毎日新聞社、一九八一年、二四三頁。
(51)「世界大戦今後ノ見透シ」調査課綜合研究会、一九四三年、土井章監修・大久保達正ほか編『昭和社会経済史料集成　第十九巻　海軍省資料(19)』大東文化大学東洋研究所、一九九四年所収、二六―二八頁。
(52) 細川護貞『細川日記　上』四〇頁。
(53) 武村忠雄氏述「決戦期総力戦略要綱」海軍大学校研究部、一九四四年、土井章監修・大久保達正ほか編『昭和社会経済史料集成　第二十三巻　海軍省資料(23)』大東文化大学東洋研究所、一九九七年所収、四八八頁。
(54) 細川護貞「元老・重臣の動き」『語りつぐ昭和史　激動の半世紀3』朝日新聞社、一九七六年所収、三〇七頁。
(55) 山本智之『主戦か講和か―帝国陸軍の秘密終戦工作』新潮選書、二〇一三年、一〇三頁。
(56) 松谷誠『大東亜戦争収拾の真相［新版］』芙蓉書房、一九八四年、七〇頁。
(57) 山本智之『主戦か講和か―帝国陸軍の秘密終戦工作』九八―九九頁。
(58) 鈴木多聞『「終戦」の政治史　1943-1945』東京大学出版会、二〇一一年、六三頁。
(59) 松谷誠『大東亜戦争収拾の真相［新版］』一一五―一一七頁。
(60) 松谷誠『大東亜戦争収拾の真相［新版］』一五八―一五九頁。
(61) 松谷誠『大東亜戦争収拾の真相［新版］』二八六―二八七頁。
(62) 松谷誠『大東亜戦争収拾の真相［新版］』三〇五―三〇六頁。
(63) 波多野澄雄「鈴木貫太郎の終戦指導」軍事史学会編『第二次世界大戦(三)―終戦』錦正社、一九九五年所収、六二―六四頁。同『宰相鈴木貫太郎の決断―「聖断」と戦後日本』岩波現代全書、二〇一五年、九〇―一〇〇頁。
(64) 増井健一「ひとりの経済学者の思想と行動―第二次世界大戦と武村忠雄」二三一頁。
(65) 松谷誠『日本再建秘話　東京裁判や再軍備など―動乱の半世紀を生きた元首相秘書官の回想』朝雲新聞社、一九八三年。
(66) 武村忠雄「経済学的見地に立ちて大東亜戦争の必然性を論証す」国立公文書館所蔵（A級極東国際軍事裁判

弁護関係資料73・第二類（ロ）その32、請求番号平一一法務〇二六四〇一〇〇）。
(67) 大谷伸治「松谷誠陸軍大佐グループの活動―新憲法を先取りした「団子坂研究会」」『日本歴史』第八一五号、二〇一六年、六二頁。
(68) 柘植秀臣『民科と私―戦後一科学者の歩み』勁草書房、一九八〇年、六一頁。
(69) 増井健一「ひとりの経済学者の思想と行動―第二次世界大戦と武村忠雄」二二三頁。
(70) 我妻栄編集代表『日本政治裁判史録　昭和・後』二九七―二九八頁。有沢広巳は「昭和十六年七月、第一審の判決があった」（有沢広巳『学問と思想と人間と』一五七頁）、脇村義太郎は「裁判は昭和十六年九月に地裁の判決があり、無罪でした」（脇村義太郎『二十一世紀を望んで―続　回想九十年』四頁）としているがいずれも記憶違いである。
(71) 有沢広巳『学問と思想と人間と』一五六、一六七頁。
(72) 矢次一夫『昭和動乱私史　下』二九六頁。
(73) 大宅壮一「矢次一夫」『大宅壮一全集　第13巻　昭和怪物伝』蒼洋社、一九八一年所収、二三五頁。
(74) 有沢広巳「戦後日記」『歴史の中に生きる』所収、五四―五五頁。
(75) 矢次一夫『わが浪人外交を語る』東洋経済新報社、一九七三年、四―五、三八七―三八八頁。
(76) 高橋亀吉『私の実践経済学』はいかにして生まれたか』東洋経済新報社、二〇一一年、二三一―二三三頁。
(77) 有沢広巳（聞き手・矢野智雄）「戦後日本経済の再建」七一―七二頁。
(78) 有沢広巳『学問と思想と人間と』一六六頁。
(79) 有沢広巳（聞き手・矢野智雄）「戦後日本経済の再建」九二―九三頁。
(80) 有沢広巳『学問と思想と人間と』一六七頁。
(81) 『有澤廣巳の昭和史』編纂委員会「略年譜」『歴史の中に生きる』所収、三〇〇頁。
(82) 有沢広巳「戦後日記」四頁。
(83) 大来佐武郎『大来佐武郎　私の履歴書―日本人として・国際人として』日本経済新聞社、一九七七年、五一

―五六頁。
(84) 有沢広巳『学問と思想と人間と』一七五頁。
(85) 本節の外務省特別調査委員会および『日本経済再建の基本問題』に関する記述は中村隆英・大森とく子編『資料・戦後日本の経済政策構想　第一巻　日本経済再建の基本問題』東京大学出版会、一九九〇年に依拠する。
(86) 本節の傾斜生産方式の立案実施過程に関する記述は中村隆英・宮崎正康編『資料・戦後日本の経済政策構想　第二巻　傾斜生産方式と石炭小委員会』東京大学出版会、一九九〇年に依拠する。
(87) 有沢広巳『有澤廣巳　戦後経済を語る―昭和史への証言』東京大学出版会、一九八九年、一三頁。
(88) 「経済危機の実相と石炭三千万瓲」一九四六年、『資料・戦後日本の経済政策構想　第二巻　傾斜生産方式と石炭小委員会』所収、一二五頁。
(89) 荒垣秀雄「有沢広巳―吉田氏の頭脳的恋人」同『戦後人物論』八雲書店、一九四八年所収、二一七―二一八頁。
(90) 杉山伸也「「傾斜生産」構想と資材・労働力・資金問題」杉山伸也・牛島利明編著『日本石炭産業の衰退―戦後北海道における企業と地域』慶應義塾大学出版会、二〇一二年、九二―九三頁。
(91) 石橋湛山『湛山座談』岩波書店（同時代ライブラリー）、一九九四年、九〇頁。
(92) 有沢広巳『学問と思想と人間と』一八三頁。
(93) 有沢広巳「経済危機と重油輸入」一九四六年、『資料・戦後日本の経済政策構想　第二巻　傾斜生産方式と石炭小委員会』所収、一五〇頁。
(94) 大来洋一『戦後日本経済論―成長経済から成熟経済への転換』東洋経済新報社、二〇一〇年、一六―二三頁。
(95) 大来洋一『戦後日本経済論―成長経済から成熟経済への転換』三二頁。

新潮選書

経《けい》済《ざい》学《がく》者《しゃ》たちの日《にち》米《べい》開《かい》戦《せん》　秋《あき》丸《まる》機《き》関《かん》「幻《まぼろし》の報《ほう》告《こく》書《しょ》」の謎《なぞ》を解《と》く

著　者………………牧《まき》野《の》邦《くに》昭《あき》

発　行………………2018年5月25日
14　刷………………2024年9月30日

発行者………………佐藤隆信
発行所………………株式会社新潮社
〒162-8711 東京都新宿区矢来町71
電話　編集部 03-3266-5611
　　　読者係 03-3266-5111
https://www.shinchosha.co.jp
印刷所………………株式会社三秀舎
製本所………………株式会社大進堂

ISBN978-4-10-603828-0 C0331

自由の思想史
市場とデモクラシーは擁護できるか

猪木武徳

自由は本当に「善きもの」か？　古代ギリシア、啓蒙時代の西欧、近代日本、そして現代へ……経済学の泰斗が、古今東西の歴史から自由社会のあり方を問う。

《新潮選書》

戦後史の解放Ｉ
歴史認識とは何か
日露戦争からアジア太平洋戦争まで

細谷雄一

なぜ今も昔も日本の「正義」は世界で通用しないのか――世界史と日本史を融合させた視点から、日本と国際社会の「ずれ」の根源に迫る歴史シリーズ第一弾。

《新潮選書》

日本はなぜ開戦に踏み切ったか
―「両論併記」と「非決定」―

森山優

大日本帝国の軍事外交方針である「国策」をめぐり、昭和16年夏以降、陸海軍、外務省の首脳らが結果的に開戦を選択する意思決定プロセスを丹念に辿《たど》る。

《新潮選書》

未完のファシズム
―「持たざる国」日本の運命―

片山杜秀

天皇陛下万歳！　大正から昭和の敗戦へと、日本人はなぜ神がかっていったのか。軍人たちの戦争哲学を読み解き、「持たざる国」日本の運命を描き切る。

《新潮選書》

戦前日本の「グローバリズム」
一九三〇年代の教訓

井上寿一

昭和史の定説を覆す！　「戦争とファシズム」の機運が高まっていく一九三〇年代。だが、実は日本人にとって世界がもっとも広がった時代でもあった――。

《新潮選書》

「維新革命」への道
「文明」を求めた十九世紀日本

苅部直

明治維新で文明開化が始まったのではない。日本の近代は江戸時代に始まっていたのだ。十九世紀の思想史を通観し、「和魂洋才」などの通説を覆す意欲作。

《新潮選書》